我们一起解决问题

金融投资入门系列

资产配置从入门到精通

（第 2 版）

All About Asset Allocation

【美】理查德·A. 费里（Richard A. Ferri） 著

李妍 译

人民邮电出版社

北　京

图书在版编目（ＣＩＰ）数据

资产配置从入门到精通 ／（美）理查德·A. 费里
(Richard A. Ferri) 著；李妍译. -- 北京 ：人民邮电
出版社，2017.9
（金融投资入门系列）
ISBN 978-7-115-46621-1

Ⅰ. ①资… Ⅱ. ①理… ②李… Ⅲ. ①投资管理－基
本知识 Ⅳ. ①F830.593

中国版本图书馆CIP数据核字(2017)第176998号

内 容 提 要

试图击败市场无疑是一个糟糕的赌注。如果你想认真对待自己的长期投资的话，那你必须有意识地以一种经营生意的心态去对你的资产组合进行配置。

《资产配置从入门到精通》（第 2 版）阐释了如何将 70 年的金融投资理论应用到你的投资组合中。本书将帮助你学会：构建一个精明的资产组合策略；通过股票、债券、房产以及其他投资产品实现分散投资收益最大化；改变你的资产配置，锁定投资收益；构建真正适合你需求的资产配置。

本书可以帮助投资者确定、实施并维持一个稳健可靠且一生受益的投资方案，适合个人投资者、机构投资者阅读学习。

◆　　著　　［美］理查德·A. 费里（Richard A. Ferri）
　　　　译　　李　妍
责任编辑　　王飞龙
执行编辑　　杨佳凝
责任印制　　焦志炜

◆人民邮电出版社出版发行　　北京市丰台区成寿寺路 11 号
邮编 100164　　电子邮件 315@ptpress.com.cn
网址 https://www.ptpress.com.cn
涿州市般润文化传播有限公司印刷

◆开本：700×1000　1/16
印张：19.5　　　　　　　　　　　2017 年 9 月第 1 版
字数：280 千字　　　　　　　　2025 年 11 月河北第 37 次印刷
著作权合同登记号　图字：01-2016-7046 号

定 价：69.00 元
读者服务热线：（010）81055656　印装质量热线：（010）81055316
反盗版热线：（010）81055315

"金融投资入门系列"总序

在金融书籍琳琅满目的今天，人民邮电出版社适时引进了"金融投资入门系列"图书，目的是要给广大的金融投资者提供专业的投资工具及投资知识，解决金融投资者对于金融投资专业知识的困惑，让大家手持一本"可以说话"的投资宝典，在从"外行"跨入金融行业的这一过程中，少走弯路，最终成长为专业的金融投资人才。

稍有一些金融知识背景的人都知道，随着国内金融行业改革的不断深化，目前国内可投资的金融产品越来越丰富，而人们也不再满足于仅仅把钱投资到股市或购买银行理财产品上。但由于国内的投资者对于金融衍生品（诸如期货、期权等）缺乏相应的知识和专业指导，能从中获益的人可以说是寥寥无几。

是什么原因导致了这样的结果？其根本在于目前我国的金融行业与国外发达国家的金融行业相比，还处在改革创新的初级阶段，相关的投资品知识尚未得到普及，金融衍生品的投资市场尚未被广大投资者所熟知。多数投资者缺乏了解相关知识的渠道和途径。国内大部分的金融类教材或相关专业书籍大多都是照搬西方教科书的理论，以介绍概念和理论知识为主（从概念到原理再到公式），但对于这些知识的实战应用却很少涉及（即使有，也是照葫芦画瓢的模仿，无法对国内投资者给予有效的指导）。

当前，广大的金融投资者迫切希望能够系统地学习和掌握金融投资（尤其是衍生品投资）的相关专业知识和实战指导，因为金融市场不但瞬息万变，而且金融投资还常常涉及大量的分析（不但包括国内、国外、宏观、微观以及政治、经济政策的影响，还涉及具体事件对投资风险的影响，等等），这就要求投资者不仅需要了解相关原理，还要懂得相关因素对投资品种的影响程度，金融投资因而已成为一门真正意义上的实战课程。

在此背景下，人民邮电出版社根据目前国内比较热的投资门类，引进并组织翻译了这套"金融投资入门系列"图书，以满足广大投资者的需求。这套书的引入让大家眼前一亮，给刚刚入行的投资者提供了一整套完备、全面的投资宝典，也有利于专业的投资者借鉴国外各种投资模式的宝贵经验。本套图书第一批共引进五本，内容分别涉及大宗商品、黄金、债券、外汇、期权，涵盖了目前国内已经上市的大部分金融衍生品。本套图书不仅知识性强，而且覆盖面广、可操作性强。

首先，本套图书的原作者们都具有较高的理论水平和实践经验，他们大多为长年从事金融投资理论和实战研究的资深专家；而中国农业大学期货与金融衍生品研究中心培训部作为国内金融衍生品投资研究及实战的权威机构，受人民邮电出版社委托，承担了本套图书的翻译工作。这些年来，中国农业大学期货与金融衍生品研究中心培训部一直致力于金融衍生品投资的研究和实战教育工作，参与本套图书翻译工作的译者大都是实战专家，对于金融问题，他们不仅具有战略层面的远见，而且还具有操作层面的丰富经验。在翻译过程中，他们结合中国目前的投资环境和现有的金融产品情况，从广大投资者的需求出发，努力将这套浅显易懂、具有实战指导作用的图书完整地呈现给广大的金融投资者。

其次，本套图书框架结构清晰，逻辑性强，便于实践。本套图书的每一本都对相关金融产品的知识进行了梳理和结构化，并以简单明了的形式呈现给读者，便于读者操作。每一本书的内容都是基于该投资品的基础知识，就投资市场主体构成、投资风险、技术分析以及投资周期分析、投资者风险规避等众多方面，提供了统一的分析框架，便于读者全面了解该投资品的相关知识。

最后，本套图书中的每一本都根据当时的市场状况配有分析图表，图文并茂地说明了各种影响因素带来的投资市场的变化，便于读者直观地了解产品的市场特性。

另外，经济的发展和社会的进步离不开人才的培养；反过来，优秀的人才也能促进经济的发展和社会的进步。纵观经济大国的崛起过程，尤其是第二次世界大战后的经济发达国家，无一不是金融市场与经济发展互相适应、金融行业高度发达。在这一发达的背后，层出不穷的金融投资大师们是一种有力的支撑。在经济发展全球化的今天，只有投资大师辈出，我们才能在国际化的金融潮流中立于不败之地；只有投资大师辈出，我们才不至于在定价市场被边缘化，丧失定价话语权；只有投资大师辈出，我们才能够使民族金融业真正发展，拥有核心竞争力；只有投资大师辈出，我们才能将我国期货市场建成世界性的定价中心。美国的经济奇迹造就了索罗斯、罗杰斯、巴菲特等一批大师，而中国的经济奇迹也一定会造就与他们相媲美的杰出人物。而要造就一大批在国际上有影响力的投资大师，基础、有效的教育条件是最根本的保证（例如，科学完整的教学体系、正确的投资理念、全面详实的教辅材料以及系统的实战训练都是投资人才培养的最基本条件）。

我们可以预见，腾飞中的中国经济将有一个相当长的黄金成长期，这个时期将是中国人在世界金融市场上大师辈出的时代。不过，成为大师的道路是坎坷的，成为大师不仅仅需要机遇，需要个人的智慧和努力，需要个人交易经验的积累，更需要先行者不断地将自己的心得体会与大家一起分享，以承上启下、继往开来。无疑，在未来发展的道路上，这样的"铺路石"多了，路自然就平坦了，大师们也就应运而生了。

"金融投资入门系列"图书将为那些有志于进入金融投资领域、成为金融投资大师的读者提供权威的理论指导和有效的实战经验。相信广大投资者也一定会从中受益。

中国农业大学期货与金融衍生品研究中心培训部

推荐序

1929 年秋天，阿尔弗雷德·考尔斯三世（Alfred Cowles Ⅲ）遇到了一个普通而又严峻的问题。说它普通，是因为和其他许多美国人一样，他在这次股市暴跌中元气大伤。说它严峻，是因为他不但是《芝加哥论坛报》（*Chicago Tribune*）的股权继承者，更是管理者。

他是一个智商很高的年轻人，在管理事务上非常谨慎，花费很多的时间阅读全国证券公司、保险公司和财经评论员做出的分析资料。然而这一切都是徒劳的，没有一份资料对这次的金融风暴做出任何预警。全美国上下最耀眼的金融明星无一例外地折戟沉沙，实在是让人震惊。

这次灾难性的市场暴跌让考尔斯的股票市值在接下来的 3 年里缩水将近90%，并引发了直至今日都对金融市场产生影响的经济大萧条。现代投资者如果忽视了考尔斯及其追随者的教训，那么只会让悲剧再次上演。

考尔斯及其追随者想做的只不过是让金融投资脱离愚昧和迷信，将其建立在科学的基础上。在国内顶尖经济学家的协助下，他和同样在 1929 年股灾中遭受重创的传奇人物本杰明·格雷厄姆（Benjamin Graham）一起创立了世界计量经济学会（Econometric Sociery），一起收集数据，并尽可能透彻地分析数据。事实上，从那之后的 70 年里，考尔斯和他的追随者们一直在致力于让投资学远离占星家和骗子，接近天文学家和物理学家。毫不夸张地说，很多有优秀现代金融头脑的人都出身于物理科学界。

不幸的是，如果你只是参考金融类杂志、观看 CNBC 频道或者依赖投资经纪人，那么你就像回到了1929年之前的年代。实际上，这就像你根据今天的星座运势押上了自己的全部身家，或者让一个主要从《今日美国》（*USA Today*）上获取最新医疗知识的医生来治疗罕见的癌症一样。

就像大多数的知识革命一样，现代科学投资通常是违反直觉的。你觉得通过仔细研究股票，就可以选出可靠的战胜市场的投资组合吗？你错了。数据表明，虽然很多投资者都这么做，但是在大多数情况下，这是市场的随机结果——简而言之，就是全靠运气。有人通过彩票获得巨额财富，也有人不系安全带却安然无恙，但是这两种行为都不明智。你是否觉得，通过选择几支股票组成的投资组合就有可能获得丰厚收益，就有可能变得富有？事实上，如果你这样做，就有可能在退休之后变得生活困窘。不过有一点可以肯定：投资这个特殊的游戏的目的不是让我们变得非常富有，而是不要变得更加贫穷。

《资产配置从入门到精通》以一种全面而易懂的方式带你领略现代投资理念，阐述了如何将70年的金融投资理论应用到你的投资组合中。

建立资产配置类似于构建摩天大楼。你首先要规划蓝图——购买哪些资产类别，忽略哪些资产类别，每种资产类别占比多少。你也需要建筑材料——购买哪些建筑材料，从哪里购买这些材料。理查德·A.费里（Richard A.Ferri）会毫无保留地将这两方面的信息分享给你。

在构建你的金融摩天大楼的过程中，有一件事情是理查德、我或者任何一位金融专家都无法为你做的，那就是当你置身于风雨飘摇的30层混凝土构架上时，给你勇气让你坚持你的规划蓝图。但是有了《资产配置从入门到精通》常伴身侧，你会拥有相当完美的设计、最好的材料以及最好的安全绳索。

威廉·伯恩斯坦（William Bernstein）

前　言

"资产配置还有用吗？"

"过去的 10 年是否改变了我原来的投资方式？"

"要满足自己的经济需求，我可以相信市场吗？"

这些问题的答案，既可能是否定的，也可能是肯定的。

进入 21 世纪的第一个 10 年，对所有投资者来说都是一个很大的挑战。在这一时期，前所未有的冲击造成了市场的巨大波动。在这 10 年里，最先开始的是技术和通信类股票预期价格的收缩，紧接着则是美国参与的两场打遍半个地球的战争，最后以房地产市场崩溃引发的巨大危机收场，这次危机让世界范围内许多"大而不倒"的金融机构都栽了跟头，政府也不得不进行大规模救市。

过去这 10 年发生的各种重大事件已经动摇了传统投资理念的基础原则，迫使人们开始重新思考适合自己的投资策略，而不是随波逐流。人们开始质疑被强行灌输到投资原则中的现代投资组合理论（MPT）的有效性。市场是否还在有效率地运行？买进和持有的投资策略是否还有效？全球经济形势的剧变对我的投资组合有什么影响？美元会长期贬值吗？我还可以选择哪些新的资产类别去投资？这些都是实实在在的问题，都需要得到切实的答案。

当你在为这些问题搜寻信息和解决方法的时候，身边肯定少不了一些愿意为你解答的人——什么答案都有可能——甚至是不好的答案，也会有很多人在为你提供答案时顺带推销自己的投资产品。就算这个人不会推荐你投资黄金和消费品，也会有其他人来说服你投资中国的房地产市场。在 21 世纪的第一个 10 年里，这些人推销的投资产品都是造成市场动荡的原因，大多数人向你推销的投资产品，就是你最应该避开的产品。

其实，我相信每个人都知道，未来是难以预料的，所以这意味着你不可能只选择一个领域或者一种投资产品来确保投资安全。但这并不影响我们对预知未来市场走向的愿望，这就是人们愿意花大价钱去向专家咨询的原因。但是，你打算相信哪一个专家？你会相信谁给出的建议呢？

不要相信那些所谓大师说的股市接下来的走向以及利率或者黄金价格发展变化之类的话，因为他们根本不知道。不要相信那些顾问，而是要利用多元化的资产基础制定出积极的投资策略，然后努力认真并踏实地实施这些策略。

关于这本书

在《资产配置从入门到精通》（第 2 版）中列举出的投资策略是切实可行又高效的方法，并且易于理解、可操作性强。简而言之，利用多种不同的证券投资组合，把成本控制在最低水平，可以分散风险、降低税负。不要和市场赌博，因为你不会永远都是赢的一方，而且这会让你付出极其高昂的成本。最重要的是，你要控制你自己可以控制的东西：成本、税负、风险。其余的就让市场来做主了。这种原则可以让你实现收益的最大化。

资产配置可以做到的事和无法做到的事

按照相关原则而设计出的明智、审慎的资产配置方案，将会保障并提升你的个人资产的安全性。但其实并没有哪一种投资策略可以永远保证你的投资安全。你必须要为各种可能遇到的障碍做好准备。市场可能会有表现得非常糟糕的几个月、几个季度，甚至连续几年形势都不好。这个现实是绕不开的。

不幸的是，金融诈骗确实普遍存在。很多没有职业操守且非常不道德的投资专家会宣布，他们发现了一种没有任何风险的致富方法。这绝对是骗人的，因为高回报总是伴随着风险。在 2008 年和 2009 年，很多称自己有市场制胜手段的"骗子"专家都进了监狱。这一群比较有名的骗子里面，属伯纳德·麦道夫（Bernard Madoff）最为有名。

华尔街永远没有免费的午餐，投资也一定会伴随着风险。在投资过程中，把握好投资原则并谨慎地执行这些策略原则，在一定程度上可以控制投资风险。那些专业的、有明确的投资原则的投资者，相对于那些只追求幸运的降临，毫无头绪地从一种投资方法换到另外一种投资方法的人而言，会得到更好的投资回报。

这本书要告诉大家的东西很简单。首先，通过多种资产类别的分散投资来降低整体投资组合的风险。然后，在每个投资类别里面广泛投资，从而减少某个单一投资产品带来的特定风险。同时，尽量控制自己的成本，包括税款。最后，定期将投资组合进行再平衡，让你的投资风险符合投资原则。

资产配置的理念非常简单，理解起来也较为容易，但是实践起来却没那么容易。选择资产类别和决定每一类资产的投资比例很容易，再选择成本低廉的共同基金，仿佛就可以让你的投资组合走上正轨了。

想象固然美好，然而，其实大部分人在实施自己的投资战略时和在初始配置过后的维持过程都是十分困难的。很多时候，这都是由于太多的杂念导致的——你没有时间做研究、市场看着好像没有前景、专家们又在说着什么，等等。最为明显的就是朋友或者亲人刚刚在经纪公司就职，你就开始听信他们的销售理念。还有，"喜欢"拖延也会让好的想法被扼杀。

资产配置战略里面最难的就是重新调整投资组合，实现再平衡，因为它在很多时候都是不合常理的。实现再平衡需要你卖掉小部分正在上升的投资产品，并且去购买一些已经开始下跌的股票和证券。你能做到在 2009 年年初，市场低于其最高时期的 60% 以上，而且电视上面每一个专家都在说会继续跌的时候购买股票吗？这就是战略需要。而且在 2009 年年底，只有那些谨慎的投资者获得了超额收益，因为他们笃定地重新调整了投资组合。

偏离一个简单的投资策略是具有诱惑力的。从我很多年的经验来看，几乎没有人能够坚持到底。对于这种情况有一个方法可以解决，那就是如果你

没法管理好自己的资产配置策略，就去请一名称职而又花费不高的顾问，他 /
她可以帮你更加有效地管理投资组合。

总风险的概念

你知道你可以处理多少投资风险吗？我指的并不是所有的市场风险，还
要包括日常生活里面发生的投资以外的事情，因为这些小事也会对你的投资
决定产生影响。比如，要是市场下跌，经济也会有一些放缓或者低迷，这就
代表着消费者信心低落，这个时候，很有可能你就处于危机之中。正是生活
里面这些外在因素的影响会对你造成压力，从而影响到你对投资的战略决策
和实施。

你在进行资产配置时应该考虑到所有潜在的压力，虽然这些压力看起来
对资产配置并没有什么直接的影响。2009 年年底，一位女士在和我交谈的
时候告诉我，到达熊市底部的时候她卖掉了股票。现在，她希望恢复到之前
60% 股票的资产配置。我答复她，在 2009 年，她的投资风险早就超过了她可
以承受的范围，所以想要恢复之前的配置是错误的想法。在我看来，即使她
恢复了配置，在下一次熊市低迷的时候她还是会下意识地卖掉股票。可她却
反复表明自己不会，因为上次那样做是因为她刚刚结束了一段复杂混乱的婚
姻。而且，她的母亲也刚好生病了，她必须搬过去照顾她的母亲！她的爱狗
刚好也在那段时间死去了。

工作上面或者是生活方面的损失很有可能导致投资者放弃投资决策，哪
怕这个投资组合只是基于他们未来的财务需求。身体情况的变化也让人们感
觉无法把握好自己的未来，而且，这很有可能会在他们可以控制的某个领域
引起一种过度补偿，比如改变自己的投资组合。

很多人在做资产配置决定的时候，都不会考虑就业保障、家庭事务、家庭
成员是否健康、所欠债务多不多等问题，然而在很多时候，它们却是至关重要
的。若你受到其他外在的压力而做出一些不理智的行为——改变自己的投资组
合，正常情况下都没有好结果。在设定投资组合的资产配置策略的时候，忽略

了其他风险因素是很容易作出错误决定的，也会导致更多的"生活"风险。

在《资产配置从入门到精通》（第2版）里，我完善了行为金融学部分，还特意添加了一个新的篇章，介绍了何时应该改变资产配置，以及如何去改变。这些新的工具，可以让投资者在遇到生活里面的各种冲击时，还能冷静从容地实施和维持自己的投资原则。

这本书里面的基本理念，就是给投资者一个基本框架，帮他们确定、实施并维持一个稳健的、可靠的、一生受益的投资方案。大部分时候，投资者都可以用这个投资方案解决问题，直到自己去世为止。我们希望所有读过这本书的投资者都可以为自己打造一个适合自己的投资方案，然后认真地实施和维持。你们一定不会失望的。

经验之谈

通过婚姻或者帮助客户理财可以完全地了解一个人。在过去的几十年里，我的妻子非常完美，我也通过理财咨询工作结交了不少良师益友。

作为一名投资顾问，我的工作就是了解客户的个人信息、财务和家庭情况等，这样我才可以在投资决策方面给他们提出最合适的建议。这就意味着我会了解对方的一些隐私，而这些隐私很有可能会影响到他们以后对投资的判断。基于这些了解，我们才能建议投资者作出最为谨慎的资产配置。这个过程并不是一蹴而就的，而是一个持续的挑战。

根据我多年的经验，每个投资者都会有自己特有的问题，然而我们的问题是非常类似的：我们都有未来需要支付的债务；我们也需要确保自己有足够的金钱去满足这些未来可能遇到的问题；医疗保健、税收还有子孙的教育问题都是我们关注的，如果他们以后的生活有相关的需要，我们也会为他们提供帮助；最重要的是，我们都不希望自己在世时就花光所有的钱，也不想成为子女的负担。以上提到的担忧是很多投资者比较常见的。

我们对待财富的观念之所以各不相同，是因为我们每个人为了支付未来负债所需要的资本数量不一样。换句话说，是因为我们的生活方式不同。不

同的职业、不同的机会，让我们拥有不一样的生活水准。对你来说已经足够
舒适的生活条件，对另一个人来说可能还不够好。把当前的资产状况和未来
的收入来源与不同的负债情况进行匹配，这是一个不小的挑战。要应对这个
挑战，就需要合理的预期、财务计划和适当的投资策略。

投资策略

投资策略就是你如何配置投资组合，以及如何对其进行维护。投资策略
应该简洁明了、易于理解、便于操作。有些人是自己制定投资策略，而有些
人会寻求专业人士的帮助。投资顾问一般会做一个全面的投资计划，根据客
户的需求，找到最适合他们的投资策略。

每个人都有不同的财务需求、不同的投资经验以及对风险的不同认知。
因为这些差异的存在，所以设计投资组合时需要综合考虑多方面的因素，是
一件很复杂的事。对于还没有退休仍在工作的投资者来说，没有一种通用的
方法策略。你需要理解书中讲述的资产配置的成功案例中的关键信息，然后
根据自己的需求和情况，设计出适合自己的投资组合。

在你的一生中，你的股票、债券、房地产和其他资产类别在投资组合里
所占的比例，很大程度上决定了你的风险程度和投资回报。要想维持自己的
投资方案，必须掌握一定的资产配置知识，所以抽出一些时间来学习这些知
识是很有必要的。简而言之，资产配置就是通过选择不同类型的投资产品来
降低自己的投资风险。要想控制风险，我们必须依靠合理的计划和持续的调
整。简单来说，资产配置决定着你能否取得长期投资成功。

不同的资产配置策略

资产配置策略有三种类型。一种是长期策略，即本书的重点，它无需借
助对市场的短期预测，而另外两种类型都需要借助对市场的短期预测才能取
得成功。这一部分就留给喜欢在电视上出风头的金融大师吧。

1.战略资产配置（无需借助市场预测）。

2.战术性和动态资产配置（需要精确的市场预测）。

3.市场时效（需要精确的市场预测）。

本书讲述的是长期资产配置策略。这一策略通常被描述为"买入和持有"，但是我觉得最佳的描述应该是"买入、持有和重新调整实现再平衡"。选择适合的资产类别并从长远的角度来投资，就是战略性资产配置的重点。哪怕经济出现周期性涨幅或者外界对此策略所持的悲观怀疑态度，以及一些投资者摇摆不定的个人收益，投资者都不应该改变资产配置。虽然配置被设定好了以后，但是偶尔也确实需要反观和适当地调整，特别是投资者的生活发生了某些改变的时候。

本书的重点并不是战术性的资产配置，我只是对此简单地说明一下。战术性资产配置是通过预测短期市场收益，从而对投资组合进行积极地调整。这些预测也许会采用基本面变量（比如对利润和利率的预测）、经济变量或者技术变量（比如近期价格趋势和图表模式）。

极具有战术性的资产配置策略是市场时效。比如，实施市场时效配置的投资者可能在年初的时候将全部资金拿去购买股票，然后在年中的时候将其变为股票和债券各占一半，最后将其全部转换为现金。选择市场时效资产配置策略的投资者，全部都是自信可以一直预测市场主要走势并且以此战胜市场的人。

战术性资产配置和市场时效听起来似乎不错，所以推销给投资者也很容易。但是，大部分公正的学术研究都表明，这种资产配置咨询比掷硬币好不了多少。那些自认为自己可以成功进出市场的人，最后都没有做到。

唯一可靠的资产配置策略就是本书中讨论的。一个成功率最高的、均衡的由多种资产类别组成的投资组合，肯定是经过长时间维护的。

本书将帮助你依据你的需求来选择最适合你的资产组合和能代表某种资产类别的低成本的投资，实施投资策略，同时维持这种配置。书中内容会以浅显易懂的方式介绍。对于那些涉及技术性的数据资料，我会用图形来说明这些概念，同时尽量用容易理解的词汇解释清楚它们的含义。等你读完所有的章节，了解了每个章节的重要内容，你就可以用这些知识和工具在未来帮自己维持一个明智的投资组合配置。

各章内容摘要

《资产配置从入门到精通》一共有三个部分，这三个部分都同样重要。所以，读者最好从第 1 页开始认真阅读，一直读到最后。

第一部分主要介绍建立投资原则的意义和资产配置策略的基本理论。第 1 章介绍为什么制定一个可行的投资计划至关重要，以及资产配置在投资计划中是如何发挥作用的。第 2 章主要讨论投资风险，总结了不同的人用不同的方式可以得出不同的风险定义——从亏钱到投资组合回报的波动性。第 3 章讲解了含有两种资产类别投资组合的资产配置在技术层面的知识，囊括了基本公式和历史市场的关系。第 4 章扩展到了多种资产类别的投资。增加投资组合中的资产类别，可以在提高回报的同时降低风险。

第二部分讲的是如何发现投资机会。第 5 章讨论资产类别和样式划分的方法。第 6 章主要讲美国的股市及其各种组成。第 7 章讨论国际市场和海外市场如何帮助投资者提升收益。第 8 章是对美国固定收益市场及其组成部分的考察。第 9 章讲的是房地产投资。第 10 章解释另类投资，包括大宗商品、对冲基金、贵金属、收藏品等。每一章都提供了投资共同基金和 ETF 的样本。等你阅读完这个部分，你就会有一份具有潜在投资价值的、全面的投资清单。

第三部分是对投资组合管理的介绍。第 11 章进述了各种市场风险和回报的预测方法。第 12 章讨论了投资的生命周期和几个潜在的投资组合的例子。第 13 章比较有趣，涉及行为金融学方面。越是正确的资产配置，越能够与自己的需求和个性相匹配。第 14 章是这个版本里新增的一章，介绍了什么时候改变自己的资产配置最合适，以及如何改变。第 15 章讨论了费用、税金、指数基金和聘请专业管理顾问的利弊。

鸣谢

我要特别感谢威廉·伯恩斯坦博士（Dr. William Bernstein）为本书所写的具有启发性的推荐序。此外，我还要感谢著名作家和投资专家斯科特·西蒙（Scott Simon）和比尔·舒西斯（Bill Schultheis）。我也要特别感谢约翰·博格尔（John Bogle）先生，他是先锋集团（Vanguard Group）的创始人。我要感谢先锋集团、晨星公司（Morningstar）和彭博资讯公司（Bloomberg）的所有人，感谢他们为我收集和整理数据。我还要感谢在 Bogleheads 网站上结识的网友，多年来他们为我提出了一些很有帮助的建议。我还要感谢投资组合解决方案有限公司（Portfolio Solutions）的同事，他们出色地完成了审查手稿的工作。最后，我还要感谢我的妻子达莉亚，感谢她对我的爱和无尽的支持。

目录

第一部分

资产配置基础

第1章

投资规划

关键概念

- 对于长期投资的投资者来说，投资规划至关重要。
- 资产配置是投资规划的关键要素。
- 执行策略的过程需要遵守纪律和承诺。
- 实现财产安全没有任何捷径。

一个成功的长期投资取决于三个关键步骤：（1）制定一个谨慎的投资计划；（2）全面实施该计划；（3）无论形势好坏，都要严格遵守该计划。如果制定了一个好的计划并且按照计划执行，那么你实现财务自由的可能性也会成倍增加。

投资计划就像路线图一样指导着我们，倘若长期坚持，就会让我们得到公平、公正的投资结果。投资计划里面最重要的一步就是你的资产配置决定，也就是如何分配你手上的资金，比如股票、债券、房地产、现金等。你的资金增值途径和长期投资组合风险水平，都是由你的资产配置决定的。虽然有时候有些资产类别看起来更好更便宜，但是每种资产类别的投资比例比投资类别的选择更为重要。

你现在的投资策略是什么？以下两种投资组合管理策略，哪一个与现在的你更相似？

- 计划 A：购买一些你觉得近年内会有杰出表现的资产，如果你的某种投

资表现不佳或者前景发生了改变，就转换为其他投资类别或者变现，等
待更好的机会。

- 计划 B：无视短期市场前景，购买并持有多种不同的资产类别。要是一
  种投资产品表现不佳，就购买更多的投资产品来平衡投资组合。

如果你和大部分投资者一样，对计划 A 更熟悉一些。大家都喜欢投资一
些自认为短期内会赚钱的投资组合，然后卖掉看起来表现不佳的。但是在计
划 A 里，收益并不是可以量化的财务目标。计划 A 里面并没有明确提出应该
买进什么、买进的时间，以及在表现不佳或前景发生改变的情况下应该什么
时候卖出。研究表明，那些因为投资者在短期内看不到收益而被抛售的投资
产品，其后来的表现总是要好过投资者后来新买入的投资产品。

这些年来，和我谈论投资组合的人已经有成百上千了。我常会问他们有
没有投资计划、最后是否达到预期的投资回报，这是件很有意思的事情。大
部分人都表示他们有某种形式的投资计划，并且告诉我他们的投资和市场走
势是一致的，然而最后事实证明，这不过是他们的主观臆想而已。我在分析
他们的投资组合之后发现，没有任何迹象表明他们曾经做过规划，而且，最
后他们投资组合的表现也比他们预想的低几个百分点。遗憾的是，很多投资
者都随机选择股票、债券以及共同基金，却没有人想过它们是否适合组合，
也没有考虑过支付相关的费用、佣金和其他花销。

投资规划的特征

一个成功的投资需要三个步骤：（1）制定规划；（2）执行；（3）维持。
有一个合理的投资组合的计划对于满足一个长期的财务目标是非常重要的。
一旦投资者们意识到这一点，他们就需要制定规划，而这本书会教你相关的
方法。接下来，投资者必须执行这个计划，因为再完美的计划不去执行也没
有意义。最后一步至关重要——维持计划，因为只有严格的执行才能带来长
期稳定的收益。

通常来说，一个合理的投资方案是能够使用若干年的，这中间完全不必进行大的调整。不过，每年进行投资组合的评估与调整还是很重要的，甚至在投资者的生活发生重大变化时，也有必要对计划进行调整。但是，绝对不要因为市场表现不好或者是随便听信电视上那些财经评论员的话，便轻意对自己的投资计划进行调整。经济萧条期间，我们绝对不会随便辞去工作或者跳槽。那么同理，当市场处于熊市时，肯定不适合随意调整投资计划。这些萧条期的存在是自然的，也是可以预料的，你必须学会适应它们的存在。

将你的投资计划整理修订为书面形式，因为书面形式是不容易忘掉的。在你为自己制定投资政策声明时，一定要记得将理财需求、投资目标、资产配置、投资产品的描述，以及你认为这个计划可以达到理财目标的原因都写进去。当你试图改变投资计划时，就应该将这份声明拿出来仔细阅读，我相信这样你就不至于鲁莽行事了。

世界上任何一个好的计划如果不经过执行和定期的维护，最后都不会起到任何效果。很多投资计划都是如此，因为投资者拖沓成性、散漫、懒惰、缺乏承诺，甚至总过分追求更加完美的计划而导致计划没有被完全实施。据我猜测，市场上约有一半的投资计划是没有被完全执行的。不过，实施计划并不是投资的全部过程，因为在实施计划之后，定期的维护也是成功的关键。市场是动态的，这就意味着我们的投资组合也不是固定的，而对它进行定期的维护可以让它与我们的投资计划目标保持一致。

很有可能，那些被制定出来的投资计划，最终真正被实施并做到定期维护、严格遵守的不足10%。不要觉得我这样说是过于消极了，这是我多年观察投资业务所得出的结论。市场中每年都会有伟大的投资计划夭折，很多人有着美好的愿景，但更多人愿意拖延。

投资没有捷径

我们的生活是与金钱密不可分的。财务问题是我们永远要为之忧心的。

我们有足够的钱吗？我们的钱足够让子女上大学吗？我的收入稳定吗？社会保障会如何变化？我们能承担以后的医疗费用吗？税额会一直上涨吗？我的房子以后还值钱吗？未来我会有负债的可能吗？我的信用度好吗？大多数的工薪阶层拼命赚钱好维持日常生活以及退休后的开销。他们经常问什么时候退休，是否能够退休，或者退休后的生活能否过得安稳，这些问题让他们烦心不已。即使是在生命的最后时光，也要为剩下的钱留给谁、用什么方式留下、让谁去处理房产等各种问题劳心。资金管理是永无止境的战斗，会从我们获得第一笔薪水一直持续到我们在这个伟大的星球上消失为止。

金钱问题让我们很有压力，投资决策是压力之一。等我们有了一点积蓄，没有人希望因为自己的投资不善而失去它。我们都希望拥有可观的收益。一个人越早学习投资，就越能更好地处理经济和感情问题。

然而不幸的是，大众都没有机会学习正确的投资原则。在高中或者职业学校，都没有将投资设为必修课，即使在大学也没有。除此之外，雇主也不会要求员工学习如何执行 401（K）条款或者如何用养老金进行投资。① 当然，员工缴纳的这笔钱是不会归国家所有的，除非国家要刻意进行欺骗。大众在金融方面只能靠自学，不幸的是，这是一个代价高昂、不断摸索的过程。

要想辨别信息好坏，必须通过不断地摸索和学习，还需要经受很多失望和打击。在学习的过程中，大多数人的水平总与市场水平相差甚远，甚至大部分人都没办法将自己损失的资产赚回来。当人们意识到自己投资失误而且已经落后的时候，要么会变得过于保守，要么会变得过于激进。这两种都不可取。有些投资者"因噎废食"，如果不制定一个更为合理的投资计划，很可能无法实现财务目标。而激进投资的人则是抱着快速收回成本的想法操作的，在报纸上，这样因冲动进行操作而最终输到身无分文，甚至被无良顾问乘机诈骗的案例比比皆是。

---

① 401（K）条款，取自美国 1978 年《国内收入法》中的条款，它是美国一种特殊的退休储蓄计划，它深受欢迎的原因是可以享受税收优惠。

如果是年轻人投资失误，通常不会造成很大损失，因为这些人通常不会有太多的资本，并且他们在未来还会有很多时间去工作和存钱。但是，如果是一个老年人投资失误，后果就比较严重了。报纸上曾刊登过很多退休人员的所有积蓄都毁于一旦的悲惨故事，因为他们把所有的资本放到一个篮子里，或者是被伯纳德·麦道夫这种人骗了，最终满盘皆输。

安然公司就因假账破产而被媒体大肆报道过，很多接近退休年龄的人也因此受到打击。随便拿起一份报纸或者流行杂志，上面基本上都会有很多安然公司前雇员因为公司倒闭而失去所有积蓄的文章，一些员工为了偿还账单，甚至考虑要卖掉房子。很多人受此事件的打击而备感焦虑。这些新闻里面还会有很多受害者处于绝望状态下的照片。

但是这个国家的人都从安然公司吸取教训了吗？没有。在未来的 10 年里面，成千上万已经倒闭的公司或者面临倒闭的公司可能会让很多普通员工失去全部积蓄，因为这些员工都认为自己的公司实力很强，所以他们用一生积蓄买进了公司债券。这些公司大部分都赫赫有名，比如通用汽车、雷曼兄弟、美国国际集团、贝尔斯登和克莱斯勒。这些看上去绝对不会破产的大公司在其破产后能教会投资者让自己的投资多样化，为自己的资产进行配置并降低风险吗？答案依旧让人失望。

为什么专业人士的建议并不总是奏效

怎样才能在学习投资的同时规避代价高昂的错误呢？一种方法是雇用一位专业的投资顾问，要是你的运气还不错，就能找到一位优秀的投资顾问。不过，这完全凭运气。在投资顾问这个行业里面，需要涉及的经验和知识范围都是比较广泛的。有很多专业人士会对你制定的投资计划很有帮助。不过还有一些专业人士，他们给你带来的坏处多于好处。

投资顾问行业的薪资很高，一般顾问的收入可以和收入较高的医生或者律师比肩。不过，在医生可以为病人看病、律师可以为当事人辩护之前，都需要接受多年的专业知识的教育。然而经济公司聘请的投资顾问，很有可能在决定进入这个行业几个月内就开始管理客户的资金，如果他们的销售本领较强，那么他们可以在短短一两年内就获得非常可观的收入。

这个行业对成为一家经纪公司的注册代表或者成为一名独立的只收顾问费的咨询顾问的要求出乎意料的低。你根本不需要金融学学士学位，也不需要任何文凭。你只需要能够读写，没有犯过重罪，并通过一个简单的考试。注册成为经纪人或者专业顾问需要的时间和精力，和一个十六岁的青少年想要获得驾照需要的时间和精力是一样的。唯一的不同点是，十六岁的青少年在拿到驾照之前，必须显示出自己具备驾驶能力。由于进入投资行业的门槛很低，当你看到每周在《华尔街日报》上公布的由于重大过失、挪用客户资金、明目张胆的欺诈行为而受到监管当局处分的一长串经纪人或者顾问名单时，也就不会觉得奇怪了。

我并不是想要太过批判那些投资行业的经纪人和顾问，因为这个行业里还有很多杰出人才。你所要做的，就是将好的和坏的区别开来。想要做到这一点，没有任何捷径。就算是那些拥有最高资格证书的顾问也做不到零失误。而且要毁掉你一生的财富，有时候只需要投资顾问的一个错误决定。伯纳德·麦道夫的客户们对此深有体会。

资产配置里的资产

资产配置的核心就是将你的财产分配到不同的领域，从而减少巨大损失的概率。100 年前，这可能意味着你除了将自己的现金藏在床垫和饼干罐里面外，还藏一些钱在梅森瓶里面，然后将瓶子放到谷仓附近。如果你的房子化成了灰烬，至少你放在梅森瓶里的钱还能幸存。

我并不建议将钱放到床垫或者梅森瓶里作为资产配置战略。本书的重点是将钱放在公开投资上，比如共同基金或者交易所交易基金（ETF），以及如何将它们与你的其他资产相匹配，比如住宅、其他不动产、经营性资产、钱币和艺术品等硬资产，限制性股票和股票期权，以及你的退休金、社会保障和工资收入等。

图 1-1 是一个投资金字塔，它将投资分成了五部分。这个金字塔用来区分不同的资产，并且说明这些资产的流动性和处理上存在的差异。这些资产你可能有，也可能没有。

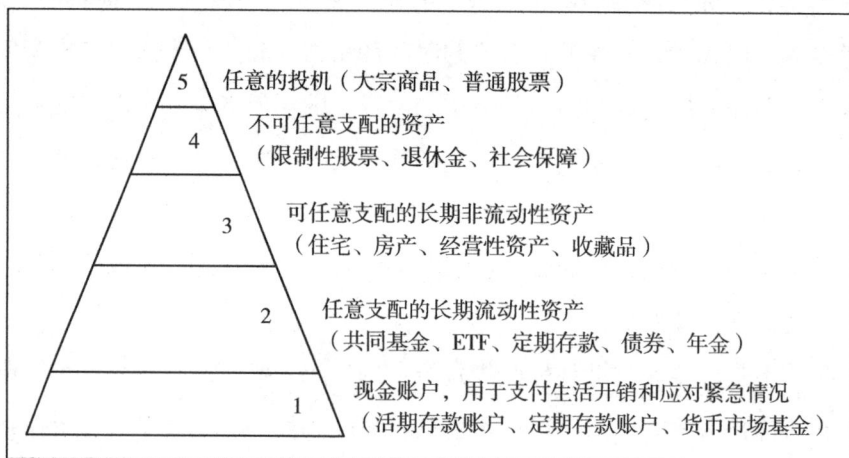

5 任意的投机（大宗商品、普通股票）

4 不可任意支配的资产
（限制性股票、退休金、社会保障）

3 可任意支配的长期非流动性资产
（住宅、房产、经营性资产、收藏品）

2 任意支配的长期流动性资产
（共同基金、ETF、定期存款、债券、年金）

1 现金账户，用于支付生活开销和应对紧急情况
（活期存款账户、定期存款账户、货币市场基金）

图 1-1　投资金字塔

以下是对这五个级别的简单说明。

1. 第一级是金字塔的基础部分。这一级最大的特点就是流动性比较强。现金和以现金形式的投资都用来支付生活开销和应对紧急情况。这笔钱的存在形式通常是活期账户、储蓄账户或货币市场基金。这些现金并不是你的长期投资配置，所以你无需过于担心收益率较低。你需要持有的现金则根据你的情况而定。如果你是单身人士，我觉得以可以支撑日常生活 3~4 个月的现金数额为宜；如果你有家庭，建议是 6~12 个月。如果你是退休人士，建议是 24 个月。

2. 第二级涵盖了流动的长期投资，这些都是可以自由支配的投资，意味着如何投资这笔钱由你自己说了算。该项投资主要包括共同基金、ETF、定期存款和债券。持有此类投资的账户一般包括自主退休账户、员工的储蓄账户、个人的活期账户，以及仍在积累的固定的和可变的年金（也就是还没有被领取的年金）。一般来说，这些资产可以在一周内转换成现金。

3. 第三级涵盖了可以自由管理的、非流动性的长期投资，包括你的住宅、其他房产、经营性资产、艺术品和其他收藏品、对冲基金、风险投资基金和其他有限公司。这些投资比以上两个级别的流动性要差。它们转换成现金的时间较长，可能是几周、几个月甚至几年。

4. 第四级涵盖的是你几乎没有或者根本没有自由裁量权的投资。这些资产包括员工的限制性公司股票和股票期权、员工管理的退休金计划、社会保障福利和年金。这些资产对于这些钱可以用来投资什么、由谁来支配、什么时间支配，都有严格的管理规定。

5. 第五级和别的级别有很大的不同，它涵盖了投机资本。有些人利用这类交易"玩弄"市场。这一级投资的最大特点是短期内对价格走势所下的赌注。一场交易可能持续几天，也可能持续几年。投资包括但不限于普通股票、共同基金、ETF、黄金和贵金属、大宗商品期货和大宗商品基金。这些投资都是对价格走势的猜测，你只能下注，然后期望获得好的结果。

对于你的资产配置来说，这五个级别都是非常重要的。但有的级别是你可以把控的，而有一些级别则远远超出你的把控范围。你可以掌控你的个人账户和一些退休账户的投资，但是你无法控制社会保障福利、雇主制定的养老金固定收益投资计划和公司的限制性股票。

这就引发了这些问题：你退休之后，那些不可任意支配的资产还会存在吗？或者你认为社会保障和养老金福利未来有可能被削减甚至取消吗？在你离世之后，这些利益中只有一部分会转给你的配偶，除了你的那些未成年的孩子们可以拿到一点社会保障福利之外，你的家庭很难由此获得利益。如果你用你的退休金购买年金保险，你会得到收益，你的配偶也会得到收益，但是如果你支付的较少，你的继承人将不会由此得到收益。所有这些问题在你最终确定的投资计划中都非常重要，你在资产配置中必须考虑它们。

紧跟核心的共同基金和 ETF

本书所构建的资产配置，主要是让你将你的自主流动性投资谨慎地分散到多种股票、共同基金和 ETF 中。这一战略可以减少投资组合风险，带来更高的投资回报。

有些人会认为，通过自我管理或者聘请专业的顾问来选择优秀的有价证券或者共有基金，可以实现资产的迅速升值。然而这两种方法都不见效。

试图选择能够实现高于基准收益率的投资，就好比是打算穿着沾满淤泥的鞋子跑赢一场马拉松比赛，它会带给你更多的阻力，让你几乎不可能获胜。企图用高投入战胜市场，最后的结果都不会太理想。

除了高投入会降低回报以外，大部分的投资者甚至包括一些专业的理财人员，并不拥有选择制胜的债券所需的信息或者技能。按照法律，所有的投资者都是在同一时间获得同样的经济和公司财务资讯，这就意味着没有人具有特殊的优势。美国有线电视新闻网（CNN）、彭博电视台（Bloomberg Television）以及其他的金融新闻网站都无法为你提供可以让你赚取超越市场的超额回报的信息。华尔街有这样一句经典名言："每个人都已经知道的，也就不值得知道了。"

如果你碰巧知道了其他人不知道的相关内部消息，你也不能用这些信息在市场上获取额外的回报。这属于内线交易。玛莎·斯图尔特之所以锒铛入狱，就是因为她利用从英克隆系统公司（ImClone Systems）的 CEO 那里获取的内部消息进行交易。即使你只是给他人传递内部消息而并没有从中获得任何金钱利益，你也可能因此入狱。

即使你或者你的投资顾问确实领会到了一些别人还没有意识到的信息，你也无法判断它是重要信息还是干扰信息。能够区别有用信息和无用信息的人并不多。伯克希尔·哈撒韦公司（Berkshire Hathaway）的传奇投资者、公司的副董事长查理·芒格（Charlie Munger）曾经在 2004 年的年度股东大会上向与会者解释，沃伦·巴菲特（伯克希尔·哈撒韦公司的 CEO）之所以会成功，是因为他具有能够从成千上万条信息中筛选出一两条真正能够跟随市场行情的最重要的信息的天赋。他还说，大部分的投资者，包括大部分的专业人士，都是在无关紧要的问题上花费了太多的时间，从而错过了重要的事情。

有很多人都声称市场是低效的，他们可以获得超额利润，不过，这只是他们的说法而已。对于大部分投资者而言，这并不是真的。对于我们这些凡人来讲，市场还是高效的，因为我们既不是沃伦·巴菲特，也不是我们拜访的这些投资顾问，我们并不打算在这个低效的市场上了解那些有时候可能会出现的超额回报。

热基金和冷回报

预测未来的市场趋势看起来非常容易，因为很多市场大师都宣称他们具备这种能力。不过，这更多的是一种营销手段，而不是事实。这些市场大师只会谈论他们的成功案例。没有任何的研究表明，这些电视名人具有这个能力。

实际上，预测潮流是非常困难的，投资赚钱更是难上加难。等你意识到某种东西已然十分狂热了，它的股票价格也早已一飞冲天。在 20 世纪 80 年代早期，只有很少的人预测到个人电脑能够成为一种普及的家用电器，而"微软"这个名字甚至经常会被误认为是一种卫生纸的品牌，谁能预料到，到了 21 世纪初，微软公司会成为世界上最成功的公司之一呢？

在微软首次公开募股的时候，《大众科学杂志》（Popular Science）就预测到，在 21 世纪，个人航空汽车将会取代家庭汽车。这些车类似飞机，可以在家门口的车道上起飞降落，完全没有交通拥堵。虽然现在车道上一辆航空汽车也没有，但是基本上每家每户都有电脑、手机、游戏机或者其他运行着微软软件的电子设备。

潮流投资很有可能会让人上瘾，需要付出的代价也是高昂的。大部分遭遇过 1996—2000 年房地产繁荣和萧条的人，也遭遇了 2003—2008 年房地产的繁荣与萧条。最近几年，也出现过其他的潮流陷阱。在 2008 年，新能源领域独领风骚，当时石油的价格冲到了每桶 150 美元。到了年底，股票的价格一泻千里，石油的价格也下降到了每桶不到 50 美元。一个伟大的经济增长的故事，通常会成为股票投资者的灾难。在 2010 年年初，黄金成为投资热点，此时我正在写本书的第二版。最近一盎司的黄金达到了 1 200 美元，有人认为这个数字会翻倍，达到 2 400 美元。让我们拭目以待。

为了在合适的时间选择合适的潮流投资，你可以聘请一个聪明的、消息灵通的共同基金经理来为你打理。不幸的是，找到一位明星级的共同基金经理和预测下一个潮流的难度一样大。大部分人在选择共同基金时，依据的都是其过往的业绩。他们会参考一些公司，比如芝加哥的晨星公司（Morningstar）做出的评定等级。现金流的研究表明，大部分投入新成立的共同基金的资金流向了最近被晨星公司依据业绩评定为五颗星的基金。投资者们都持有这样的信念：这些基金将来都会表现卓著。但是这不太可能。

购买星级产品并非挑选成功基金的可靠方法。五星级的评定通常不会持续太久，特别是当大量新资金流入时，就会对基金经理造成难以逾越的挑战。这通常意味着投资者要改变投资策略，而不是相信那些五星的评级。

有一些今年业绩卓著的经理，到了明年可能会业绩平平，甚至更加糟糕。"在活跃的基金交易中，成功是最大的失败。"指数基金投资之父约翰·博格（John Bogle）说。追求过往业绩的问题如此严重，以至于证券交易委员会下令，每一个共同基金的广告都应该清楚地表明：过往的业绩并不代表将来的结果。

避免不好的建议

在投资的过程中，你一定会遇到一些宣称拥有投资技巧的财务顾问、时事通讯作家、网站博主或者其他人。他们宣称的通常是不太可能实现的。每一个宣称拥有技巧的投资顾问都不会高于市场的平均水平。概括地说，这些顾问处于市场水平，顾客在支付了顾问费用、基金费用和交易费用之后，其投资水平一定会低于市场水平，没有别的可能性。

因为长期资本管理公司的崩溃，市场在 1998 年引发经济动荡。当时的美国联邦储备委员会主席艾伦·格林斯潘（Alan Greenspan）就在国会听证会中公开提醒投资者，必须要警惕那些想要战胜市场的新概念。下面的陈述是他在美国众议院银行和金融服务委员会所说的话。

> 近 10 年时间里，有一些自认为聪明的人，觉得自己可以策划出有效的"捕鼠器"，从而可以在经济市场中持续获得异常的回报。当然，有一部分确实在一定时间内取得了成功。但是，造成这种结果是由于市场价格偶然产生的配置失误，它绝不会一直持续下去。

> 是的，这些人尝试通过这样的失误来更好地进行市场价格调整，从中获取利益。不过，这样的做法将很快被竞争对手效仿，从而使这样的机会变得小之又小，最终完全变得没有可能。不论投资规划经过了何等深入的思考，站在长期的角度来看，那些异常回报的获得都只能是通过承担异常风险而成真。

艾伦·格林斯潘的最后一句话值得深思："不论投资规划经过了何等深入的思考，站在长期的角度来看，那些异常回报的获得都只能是通过承担异常风险而成真。"更好的投资回报需要承担更大的风险。这就意味着那些顾问、博主、对冲基金经理和银行信托人员如果无法承担相当大的投资组合风险，也就无法收回成本、击败市场。

巴菲特在他早年的职业生涯中也在投资中承担过巨大风险，如果在 20 世纪六七十年代，他不曾对几家公司下巨大的赌注，那么他也不会拥有今天的财富。有成千上万的人都想成为巴菲特，只可惜他们没这么走运。也许他们中的一些人确实掌握了技巧，可是他们运气不佳，而且在投资成功之前就耗尽了所有的财产。我们永远都不会知道他们是谁。

如果你承认你没有巴菲特那样的技巧，那么你的投资策略就应该有所不同。不要试图在较少的投资上下血本来获得较大的收益，最好是选择一个适当的资产配置，并用低成本的指数基金和 ETF 来代表你投资的市场。巴菲特曾多次公开表示，对于大部分投资者来说，持有普通股票最好的方式就是持有指数基金。请相信他。

一个伟大而又无聊的解决方案

根据自己的需求和计划创建一个可行的资产配置，购买低成本的指数基金和 ETF。这种长期投资策略容易理解，容易维护，也较为可靠。不过，这种做法非常无聊而且缓慢——没有"本垒打"投资去炫耀，也没有激动人心的交易故事可以吹嘘。此外，你还要忍受朋友、家人或同事的炫耀——这种或者那种投资给他们赚了多少钱，以及你的投资策略并不符合当前的市场环境。

投资业绩是投资人一生的业绩，而不是上周、上个月或者去年的业绩。拥有良好的资产配置策略，你将会拥有最优绩效和最后决定权。很可能在将来的很长一段时间里，人们都会来向你咨询投资建议。关于这场将来要发生的对话，最有趣的部分是：其他人承认自己不知道该如何投资，而你却在享受胜利的喜悦。

为了自己和自己所爱之人的生活，投资是一件严肃的事情。本书所描绘的资产配置战略可能并非是一个富有魅力的解决方案，但是它确实有效。学习投资的基础知识，制定可行的投资政策，执行你的计划，严格遵循计划，获得投资收益。通过这种严肃、有效的投资组合管理方法，你将非常可能实现长期财务目标。所以有时候无聊也是一件好事。

时间改变投资的优先顺序

你的投资政策和投资组合的资产配置是独一无二的。它根据你的处境、现在和将来的需求，以及处于不利的市场条件下，你有没有坚持到底的能力而制定。随着你的需求的改变，你的资产配置也需要调整。在此过程中，监控和调整是重要的组成部分。

问卷调查的局限性

经纪人和顾问喜欢用"风险调查问卷"来帮助投资者快速作出资产配置决定。华尔街一直在努力使资产配置流程商品化，好在短时间内为很多人服务。"风险问卷调查"就是应运而生的副产品。你对这些问题的回答，将决定你的资产配置。

如果风险调查问卷的问题设置得好，也许会产生一些有用的信息，但是总体来说，它们并不能解决资产配置问题。它通常只能提出某个特定领域的问题：一个人可能承受的最大风险是多少，这个问题仅仅通过一台计算机是无法确定的。调查问卷的方式更适合有着共同观念的年轻投资者，而非那些五六十岁的人。投资者想要创建一个符合自身情况的计划，需要付出更多的关注。

仅仅通过调查问卷是无法知道一个人对风险的最大承受能力的。它需要的是自我分析。在牛市中我们会勇猛无比，因为此时并非检测我们风险承受能力的最佳时间。而在熊市来临时，我们不知道接下来将会发生什么的时候，才适合对自我进行分析。

不断变化的需求

随着你对财务需求的改变，你对投资的态度也会发生改变。相应地，为了适合你生活中的改变，你对投资组合的资产配置也需要进行调整。接下来我会谈及这些问题。在本书中，你会看到对这些议题的更加详细的描述。

我们先从年轻投资者和他们的投资策略说起。对年轻投资者来说，最重要的是要有储蓄计划。在生命中的这个阶段，学会储蓄比学会投资更加重要。一个年轻人可能会尝试不同的投资策略，也在这一过程中赔掉大部分钱。但这就是一个过程。年轻的投资者有大把时间，犯的错误也不会很大，因为他们的钱不多，而且有足够的时间去弥补损失。比如你在 25 岁的时候，账户中的 1 万美元中损失了 5 000 美元，这比你在 65 岁时账户中的 100 万美元损失了 20 万美元更加容易恢复。

随着时间的流逝，中年的现实逐渐取代了青春的梦想。事业在不断进步，家庭成员在不断增加，日常生活变得相对稳定。进入中年的人会对自己的职业生涯有更好的规划，也会知道长期的财务收益如何。人们生平第一次开始预想在退休之后会如何生活，以及如何改善自己的储蓄和投资计划来实现这一目标。

五六十岁的投资者的收入已经达到人生的顶峰，并开始积极筹划退休后的日子。孩子们已经毕业了或者即将毕业，他们很有可能已经找到了工作，开始了他们的职业生涯。在这一阶段，人们开始重新将精力放到曾经为了供养家庭而忽视的自己的生活上，并计划做一些让自己开心的事。对于很多人来说，这就意味着减少工作甚至不再工作。到了这个时候，一般人应该已经积累了足够多的退休资产，有一个明确的退休时间，并对自己的资产配置进行全面考量甚至调整，从而保证自己能够顺利地开始人生下一阶段的生活。

生命不是永恒的。在人们进入晚年阶段之后，投资组合通常会发生改变。此时的投资决策可以看得更远一些。当人们意识到他们有足够的钱来度过余生，他们也许会考虑将超出的一部分根据他们的继承人的年龄和需求进行投资。讽刺的是，这意味着这种投资组合比之前更加激进。

资产配置不管在生命的哪个阶段都是投资组合管理的关键。年轻的投资者在确定资产配置方面有着不同的视角，他们和年长的投资者不同，但是这并不意味着年轻的投资者比年长者会采取更加激进的资产配置策略。采用何种资产配置取决于每个人的情况，资产配置是私人化的。在你生命中的不同阶段，都有适当的资产配置来满足你的需求。你的任务就是找到它。

资产配置如何起作用

资产类别是投资的广泛分类，例如股票、债券、房地产、大宗商品、货币市场基金。每个资产类别还可以进一步分类。股票可以分为美国股票和海外股票，债券可以分为应税债券和免税债券，房地产投资可以分为自用住宅、租赁住宅以及商用住宅。

这些子分类还可以按照投资类型和板块进一步划分。按照类型划分，股票可以分为成长股和价值股、大型股和小型股；债券可以分为投资级债券和非投资级债券。另外一种是按照板块划分。股票可以根据产业板块分为工业股、科技股、银行股等，或者根据地域划分，比如太平洋地区股和欧洲股。根据债券发行人的不同，可以分为抵押贷款、公司债券和国债。一个多元化的投资组合可能会涵盖不同的资产类别、类型和板块。

为了了解不同的资产类别之间的差异，成功的投资者会研究所有的资产类别中的投资产品。他们会预计长期投资的风险和回报，研究某种资产类别的回报与其他资产类别的关系，然后评估资产组合中每一种投资产品的优点和缺点。

如果将投资置于应税账户中，那么需要考虑税收效率。投资者应该清楚地了解哪些资产类别更适合税收优惠账户（如退休账户），哪些更适合应税账户。

资产配置不仅是谨慎的投资计划的基石，也是投资者关于投资组合所做的重要决定。一旦理解了资产配置的基本原则，也调查了每一种资产类别的不同种类和板块，就该从这些资产类别中选择最好的投资方案了。确定投资选项之后，就要开始执行投资政策。

学术观点

有些评论家对于长期资产配置策略的有效性持怀疑态度。他们主张投资者应该和当前的市场动态保持一致，必须随时调整资产配置。但是这种观点并不被学术界认可。

在 2000 年 1 月和 2 月的《金融分析师》(*Financial Analysts Jounral*)杂志上，耶鲁大学金融学教授、伊博森公司总裁罗格·伊博森和伊博森公司副总裁兼首席经济学家保罗·卡普兰共同发表了一篇具有里程碑意义的文章，标题是《资产配置政策对投资业绩的影响有多大？》。文章旨在回答一个被激烈讨论的问题：决定投资收益的是资产配置，还是经纪人挑选股票或者债券的能力？这篇研究得出这样一个结论：超过 90% 的投资组合的长期回报的变化是由资产配置来决定的，只有一小部分的投资回报是由经纪人把握投资时间或者投资对象安全性的能力决定。

伊博森和卡普兰这份报告的依据是 15 年前加里·布林森、兰道夫·胡德和吉尔伯特·比鲍尔的两份研究报告。1986 年，这三个人分析了 1974—1983 年 91 个大型美国退休金计划的收益情况。当时他们得出的结论是，资产配置是决定投资组合收益的重要部分。1991 年，布林森、比鲍尔和布莱恩·辛格发表了研究报告，进一步认证了他们在第一篇论文中得出的结论：超过 90% 的投资组合的长期回报的特点和风险水平是由资产配置决定的。这两项研究报告也刊登在《金融分析师》杂志上。

很多证据表明，大部分投资组合的收益是由投资者分配在股票、债券、房地产、货币市场基金和其他资产类别的资金比例决定的。《资产配置从入门到精通》会帮助你决定：在不同的资产类别、类型和板块中，你的投资组合中各资产应该占据的比例。

学术研究对量化资产配置的益处方面贡献很大。毫不夸张地说，关于这个主题有上百篇论文，每一篇论文都有大量的公式、方程式、缩写和行业术语。在本书中，我用浅显易懂的方式引用了一些术语和公式。在引用概念时，我给出了相应的解释。

投资选择

创建一个适当的投资组合的过程分为两步：首先，人们要选择一个最适合他们需要的资产配置组合；其次，他们要选择这些资产分类中最具有代表性的投资产品。

从资产分类中选择最具有代表性的投资产品要花费大量的时间，因为可供选择的投资产品有成千上万种。在本书中，我会尽量让投资选择变得更加容易。此外，我还写了一些别的书籍供读者学习参考：《指数基金从入门到精通》（第 2 版）（*All About Index Funds*）和《ETF 投资手册》（第 2 版）（*The ETF Book*）。

通常来说，人们所要寻找的是广泛的资产类别中具有代表性的和低费用的投资。出于这种目的，指数基金和 ETF 都是非常不错的选择。它们的成本比较合理，可供选择的产品丰富多样。不过，在你购买基金的时候仍然要精心选择。在指数基金和 ETF 之间，在其成本和战略上存在着巨大的差异。一种基金可能在管理方式上和别的基金是一样的，可是费用却高出很多。而且，有的基金可以对股票市场指数进行追踪，但该指数却不是传统的市场基准，并不会因为市场的变动而变动。

在选择基金时需要考虑如何管理基金。基金有被动型也有主动型，有些经纪人习惯通过被动型基金来紧跟市场基准指数，从而获取投资绩效。而有的经纪人则更倾向于主动型基金，以期达到超越市场的额外收益。不过，我并不主张投资主动型基金，因为主动型基金普遍要比被动型基金贵，而且具备足够的技巧并且能够克服相关费用和佣金障碍的经纪人凤毛麟角。

注意，来自于市场指数的数据也很重要，这是研究并设计资产配置策略的关键。这些数据会让追随市场基准指数的指数基金和 ETF 成为投资组合的绝妙选择。指数基金和 ETF 成本低、品种多、市场跟踪误差低并且税收效率高，这让它们非常适合资产配置策略。如今市场上有大量的指数基金和 ETF，而且数量还在不断增加，它们代表不同类型和板块的资产类别。在本书第二部分每一章的结尾，都突出介绍了这些基金产品。

不要过度分析

本书提供的信息会让你深入思考，如何根据自己的需求优化资产配置，这也是本书的主旨。在你设计投资组合并实施计划之前，你应该花一些时间思考该如何应用这些策略。不过，在某个时刻，你必须完成资产配置并执行决定。

为了找到完美的资产配置，人们总是倾向于过度分析市场数据，这并不好。因为资产配置完美与否，只有在回过头来看市场时才能得出答案，你根本不可能马上就知晓结果。因此，找到完美的计划就成了一个永无止境的任务。有些时候，你甚至会因为过度分析而一无所获。普鲁士少将卡尔·冯·克劳塞维茨（Karl von Clausewitz）说过："好计划的最大天敌，便是奢望计划完美。"

我们永远都无法掌握每一个资产类别、类型和板块中的产品的所有情况。哪怕我们对这种资产类别已经非常熟悉，我们也不会知道某些组合将来的业绩表现。你能做到的是设计一个极有可能成功的投资组合，坚持执行并做好维护。没有哪个投资组合能够保证成功，但是你如果不执行计划就一定会失败。

根据自己的需求，拿出时间建立一个谨慎的投资计划，执行并维护该计划。现在就执行一个好的计划，比追求无法预知的完美计划要好。

本章小结

成功的投资需要我们根据自己的需求制定一个长期投资策略，并坚持执行和维持。这个计划的核心就是资产配置。它决定了投资组合中大部分的风险和回报。该策略的重点不是试图挑选最佳的投资对象，而是一直保持投资的多样化。

对于金融市场下一周、下个月和下一年将会发生什么，没有人能够说得清。不过，我们还是需要为未来投资。资产配置解决了所有投资者都将面临的一个问题，也就是在不知道未来的情况下如何来管理投资。有了资产配置的方案，投资者便不必再对预测市场未来走向而发愁了，更能让投资者避免贸然进入行情不佳的市场的风险以及由他人提供的不好的建议的风险。

为了退休之后的生活，我们必须要在有限的时间里构建投资组合。在执行计划的过程中，我们都不愿意看到投资失误导致财务状况面临危险。报纸上经常会有这样的报道：某位投资者因为投资顾问的错误建议，对风险视而不见，最终将养老积蓄赔得血本无归。这个时候，每个投资者都会想到：我不希望自己也成为这样的投资失败者。所以，投资者要为自己的投资进行合理资产配置规划，对此规划坚定不移地执行与维护，并根据需要做出适度调整。虽然资产配置不会是让人兴致高昂的投资策略，但对于赚钱这一目标来说，无聊往往最让人受益匪浅。

第 2 章

投资风险

关键概念

- 投资收益与投资风险存在着直接的关系。
- 因为税负和通胀的调整，所有投资都不会是零风险的。
- 行家将风险视为投资波动。
- 散户将风险视为亏钱。

华尔街流传着这样一句名言："天下永远没有免费的午餐。"不付出劳动，我们就无法有任何收获。因为通胀与税负的调整，那些零风险的投资都不可能产生回报。不幸的是，承担投资风险意味着你有时候可能会亏钱，这个问题无法避免，天下永远没有免费的午餐。市场风险和回报之间的关系是经过时间验证的经济规律。如果有人告诉你这并非事实，那他要么是蛇油贩子，要么就是太过天真。

投资所需承担的风险和预期收益之间存在着直接的关系。投资者期待从股票和债券中获得利润是因为他们承担了风险。股票盈利能够获得股息，债券能够得到利息，房地产可以得到租金。不过，这都是不确定的收入。这种收入的不确定性越大，对于这种投资的预期收益就越高。对于收入断裂风险较低的投资，其预期收益也较低。

市场价格调整着人们对于投资风险的认知的变化。在其他条件不变的情况下，风险上升，价格就会下降；风险降低后，价格就会上涨。如果某种投资未来的现金流已经明确，比如债券，购买低价债券的投资者希望获得更高的收益，因为当时无法获得那笔现金流的风险很高，而购买高价债券的投资者希望获得的收益较低，因为可感知的风险很低。债券的风险来自于通货膨胀、利率上升、税收和发行商违约的可能性。

虽然可以通过资产配置策略来减少投资组合风险，但是风险是无法消除的。把不同的投资类型组成一个组合，每种投资产品都有着其独特的风险和收益特点，那么组合中独特的风险和收益权衡关系便由此形成。这与用面粉、酵母和水来制作面包相类似。组合后的产品又重新有了特点。

一个设计良好的投资组合通过投资类型的多样化来降低风险，最终会带来比组合中各个投资产品的加权平均收益总和更高的收益。这种风险降低的现象并非每年都会发生，不过如果你是一名严格遵守计划的投资者，你确实可以每几年遇到一次。一旦你掌握了资产配置背后的机制，并积累了关于不同投资类型的信息，你就可以根据自己的需要设置出能够获得预期收益和可接受的风险的投资组合。

零风险只是一种传说

在美国金融市场上，短期国库券（T-bill）是风险最低的投资。这是一个由政府担保的投资，1 年或者不到 1 年就能到期。国库券按照面值的折扣价出售，在到期日前无需支付利息。国库券的利息就是它的购买价格和它到期收回的面值之间的差额。

美国财政部每周发行短期国库券，利率由拍卖系统设定。现行的短期国库券利率是投资者在货币市场基金中所能获得的利息的良好代表，因为短期国库券通常是用货币市场基金购买的。

在金融界，短期国库券被称为"零风险"投资，因为到期期限短，而且有政府担保。不过，"零风险"这个词并不合适。短期国库券确实可以获得可靠的明确的收益，不过这个收益容易受到税收和通货膨胀的影响。

图 2-1 显示的是每年短期国库券在减掉 25% 的所得税和通货膨胀率之后的年化收益率。有很多年，税后的短期国库券收益率都没有跟上通货膨胀率的脚步。图 2-1 中税后收益为负的年份，说明短期国库券和货币市场基金的投资者正在失去购买力。在这些年份，投资于短期国库券的钱所能购买的大宗商品和服务比一年前能买到的少一些。

对于短期国库券收益，税负是非常大的负累。在被通货膨胀和联邦税收被调整后，"零风险"的短期国库券收益很可能为负数。例如在 2007 年，短期国库券的票面收益率为 4.7%。假设投资者需要缴纳的个人所得税是 25%，那么税后的收益率为 3.5%，而当年的通货膨胀率是 4.1%，意味着购买短期国库券的投资者失去了 0.6% 的购买力。投资者需要缴纳的个人所得税越高，遭受的损失会越大。

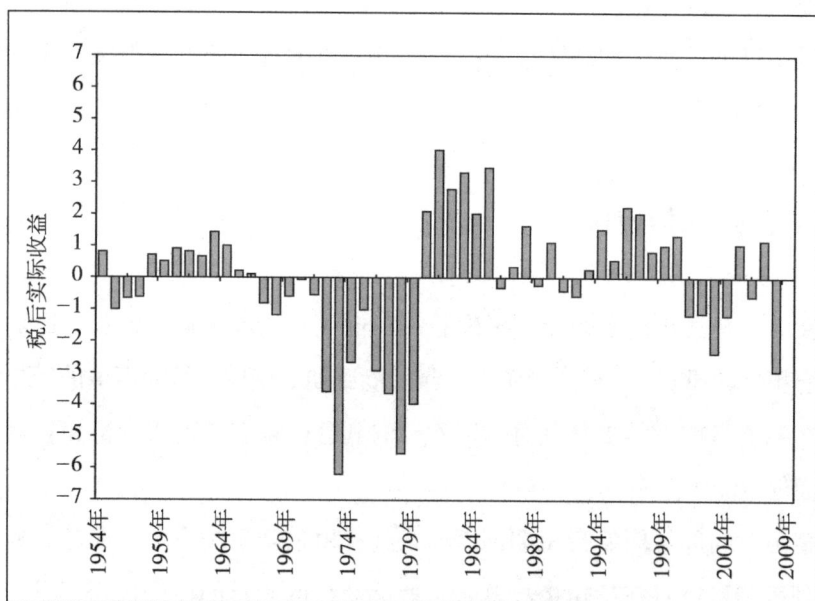

图 2-1　扣除税费和通货膨胀之后的短期国库券年收益

图 2-2 展示的是从 1955 年开始，用 100 美元滚动投资 30 天期国库券的过程，其复合收益则为扣除了税金和通胀之后的所得。该图假设每年的投资收益都要支付 25% 的联邦所得税。图 2-2 中，价值最低点出现在 1980 年——由

起始的 100 美元跌到了 75.26 美元，直到 21 年后才挽回损失，在 2001 年达到
了 100.39 美元，然后又开始下降，到 2009 年年底达到了 93.4 美元。细细想来，
在这 30 多年里，我们一直在付钱请政府借用我们的钱。

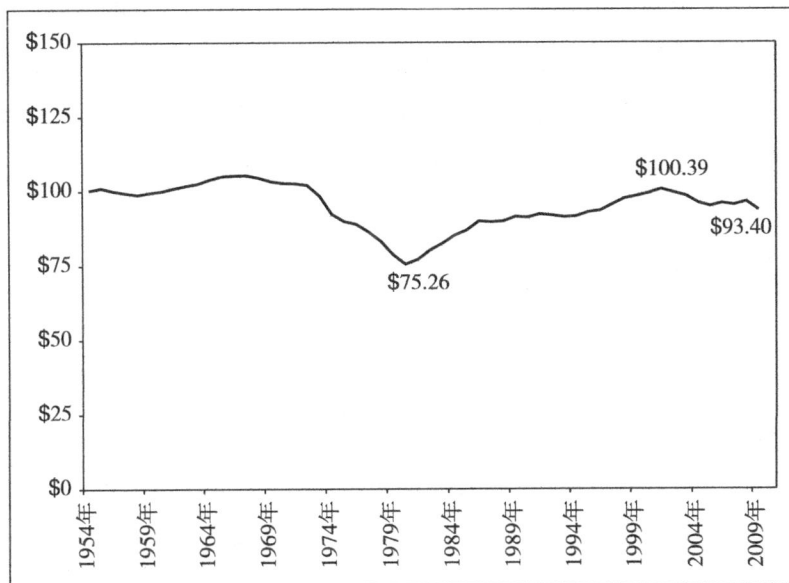

图 2-2　扣除税金和通胀后的 30 天期国库券累计收益
（假定税率为 25%，从 1954 年 12 月 31 日算起）

投资某些国库券可以抵御通货膨胀的侵蚀，却根本无法避开税收的影响。
通货膨胀保值债券（Treasury Inflation-Protected Securities，TIPS）和抗通胀债
券（I-bonds）都能够保护本金和利息不受日益增长的通货膨胀的影响，随着
通货膨胀率的增长，这些债券的到期值也会呈正比例增长，在此期间所支付
的利息也会随着通货膨胀率的增长而增加。

有些人认为通货膨胀保值债券比短期国库券更能代表无风险利率，因为
其不受通货膨胀的影响，但是通货膨胀保值债券自身也有风险。第一，通货膨
胀保值债券是公开上市的证券，因此随着利率的涨跌，它们的价值也会出现波
动。例如，2008 年，巴克莱资本和美国财政部通货膨胀保值债券指数下跌了
2.4%，而消费物价指数（Consumer Price Index，CPI）上涨了 0.1%，该指数是
代表通货膨胀水平的重要指标。第二，不管是通货膨胀保值债券还是抗通胀债

券，都无法逃避税收。利息支付和通货膨胀调整增益，都会作为普通利息收入而缴纳税款。关于通货膨胀保值债券的更多信息，可以参见第 8 章。

零风险只是一种传说，根本不存在。如果真的存在无风险投资，那么这些投资产品需要有联邦政府担保，并且价格稳定，能抵抗通货膨胀，还要免交所有的城市、州和联邦的收入所得税。话虽这么说，不过如果政府为一支债券担保，这支债券一定要是 AAA 级，而且要保持在 AAA 级，这本身就是一个风险。在我写这本书的时候，还没有这样的投资。

定义投资风险

依据你的个人情况和需求，以及你要衡量的利害关系，风险投资的定义也会有所不同。风险可能是价格波动，或者是投资的金额损失，或者是与通胀和税收相关的损失，或者是没有符合个人的长期财务目标。

学术上通常将风险定义为在特定时间内，价格或收益的波动率。测量波动率，你可以有不同的方法，也可以选择不同的时期。也就是说，你可以用价格高点、低点或收盘价，也可以每天、每周、每月或者每年来测量波动率。高波动率意味着投资回报不稳定，而低波动率意味着投资回报更加稳定。在比较资产类别的风险时，年收益波动率的测量是最常用的。

我个人对于价格波动率的看法与学术上的有所不同。价格和收益的波动率无法定义风险，它们反而是一些其他风险因素的衍生物。对股票而言，价格波动率是建立在对收益和股息增长的摇摆不定的期望的基础之上的；对债券而言，价格波动率则是建立在对于未来通货膨胀和利率的摇摆不定的期望的基础之上的。对于大宗商品来说，引起价格波动的是供求曲线的变化。

价格波动本身并不是投资收益的一部分，投资者也不应该因为投资的价格波动而期望获得超额收益。例如，大宗商品价格的波动率和股票价格的波动率是一样的，但是大宗商品不支付利息，没有收入，也不支付股息。因此，虽然二者的价格波动率相似，但是大宗商品的预期收益比股票的预期收益要低。

养老基金的受托人倾向于将风险视为未来其雇员履行的养老金义务能否满足受益人的不确定性，养老金福利计划运营的目标是让将来支付给退休人员的金额与其对养老基金的未来期待值相匹配。养老金义务被比作一种计划，这种计划建立于可以预估的资产回报的基础上的。如果预测的回报与养老金的给付金额相等，那么意味着这个计划有充足的资金，不需要雇主额外投入资金。不过，如果预测值低于给付金额，就会存在资金不足的情况，这就代表着财务风险，意味着雇主需要在该计划中投入更多的资源来维持其偿付能力。这对雇主来说，可能会造成财政困难。

共同基金经理人把风险视为，在投资对象相同的情况下，自己的基金业绩不如其他经理人的情况。如果一个大型的成长型基金经理的业绩不如其他的大型成长基金经理，那么投资者就会清算股票，该支基金就会失去资金支持，而这位经理人甚至会失去他／她的工作。

个人投资者会有更为直接的方式来定义风险，这一点与学者、养老基金的受托人和基金经理不同。他们将其定义为亏钱。账户价值开始下降时，它能迅速吸引人们的注意力，如果你在前几年赚了钱无所谓，重要的是现在。

想一想 1987 年，当时股票市场崩溃。那一年的市场收益是多少？在 1987 年 9 月之前，标普 500 指数上涨了大概 36%，然后开始暴跌。10 月 16 日星期五，股票大盘指数出乎意料地下降了 9%。到了下一个星期一，也就是所谓的"黑色星期一"，价格又下降了 23%。投资者恐慌不已。然而虽然 10 月份股市崩盘，但是在月底的时候，股票市场回升，而且年底的时候，标普 500 指数居然上涨了 5.1%。投资了多种股票的投资者在 1987 年这一年中并没有亏钱，不过人们并不记得这件事，我们只记得在"黑色星期一"亏钱的感觉有多么糟。

每个人都希望能够在除去通货膨胀和缴税的影响后，自己的投资能够得到合理的回报。这就要承担风险，而且有时候还会亏钱。这本书中介绍的具有广泛多样性的投资组合都存在固有风险，价值也会周期性地下跌。如果我们能够知道什么时候会产生损失，以便提前卖出，这当然好，然而这是不可能的。没有人能够精准地预测出市场会在什么时候上涨或者下降，如果有人告诉你他／她发现了市场的秘密，要么是他／她太天真，要么是他／她想窃取你的钱。不管怎样，笑笑走开就可以了。

华尔街永远没有免费的午餐，本书中所讲述的资产配置战略也不会提供免费的午餐。适当的资产配置可以降低重大损失的可能性，也可能会减少亏损发生的频率，但它并不是消除投资组合风险的灵丹妙药。你一定会遭遇投资组合价值下降的时期，任何资产配置策略成功的关键都是根据你自己的需要选择正确的投资组合，保持低成本，控制风险，这样在你面临偶然的损失的时候也不会感到恐慌。

投资者一生中面临的大风险

养老基金经理对于风险有着最实际的定义，即没有足够的资金来支付未来的退休金。对于个人投资者来说，这也是一个可以采用的不错的定义。退休之后无钱生活是每个人的噩梦。年老之后住在破旧的房子里，依靠政府的救济金维持生活，更糟糕的是还要依靠家庭救济，我想每个人都不愿意看到这种情景。

每一笔资产都是由于某种原因而积累起来的，用来偿付未来的负债，比如退休后的开支、房子的按揭贷款、孩子的大学学费、慈善事业或者留给继承人的遗产。

投资组合的终极目标就是偿还未来的负债，退休就是一个极好的需要长期资金流的例子。如果我们在工作时能够攒下足够的钱，并通过投资获得丰厚的收益，那我们每年的退休收入就会与退休后的支出相匹配，甚至还有盈余。

每个人都有一个满足未来所有需求的最低数额，这个数额就可以看成个人的金融负债。我们每个人都会面临的风险就是无法积累足够多的资产来偿付这项负债。我们需要知道这个金额是多少，才能朝这个方向努力，至少我们也应该估算一下。

你需要的金钱数额，并不是让你感觉到安全的数额，而是让你能够偿付账单并享受生活的数额。人们通常会过高地估计这个能够保持其经济安全的数额，因此，他们可能需要承受过多的投资风险。然而这可能导致投资者在艰难的市场环境下做出错误的投资决定，从而使投资风险超出其承受能力，最终造成不良后果。

为了保证财产安全，计算出你到底需要多少数额并非难事。这一数额基于很多因素，包括你的年龄、健康状况、消费习惯、生活方式、税金、养老金收入、社会福利保障、投资收益和其他项目。听起来这项工作非常繁杂，但是你只需要做一次详细的分析。第 12 章详细地讲述了这种计算方法。

被视为风险的波动率

亏钱是风险的定义之一，另外一种就是无法匹配未来的需求。如果你可以清楚地认识这两种风险的来源，就可以控制它们。为此，我们需要讨论一下波动率。

在这一章的前面部分曾经提到，大部分学术研究都将风险定义为投资价值的起伏波动。衡量波动率的时间单位有很多——分钟、天、周、月或者年。几十年来，月波动率最受个人投资者关注。这是因为我们每个月都能收到来自经纪公司的报表，能够直接查看账户中的收益和亏损。

不论好坏，今天人们会经常查看自己账户的收支情况。我们都可以通过互联网即时访问甚至可以通过个人数字助理（PDAS）和手机获得最新数据。我觉得这并非什么好事，因为它会让人们变得太过短视。可是不管怎样，人们都会这么做，我也会这么做。不幸的是，在熊市中，人们越频繁地查看自己的账户，就越容易做出一些对长期投资收益不利的决定。

波动率是通过标准差的单位衡量，波动率越大，标准差越高。"标准差"（用希腊符号 σ 表示）衡量的是每个数据的离散程度。例如，假设某种投资的平均年化收益率是 5%，年标准差是 10%，这意味着平均年化收益率为 5%

的标准差是 10%，时多时少，但是平均为 10%，在年收益呈"正态分布"的情况下，它有 68% 的可能性会落在 –5%~+15% 这个区间。图 2-3 说明的就是这一概念。

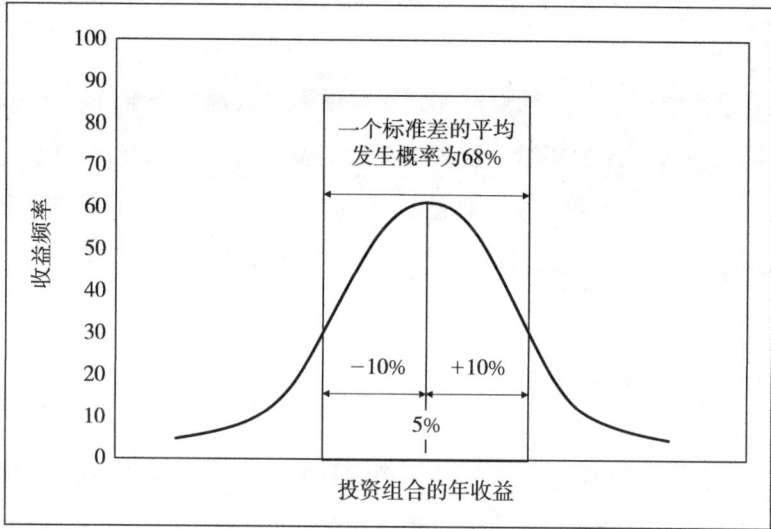

图 2-3　正态分布

资产类别收益的标准差并不是静态的，有些收益有时候会很不稳定。图 2-4 显示的多种资产类别在 5 年间收益标准差的波动。在过去几年里，小盘股的波动程度最大，而大盘股、公司债券和短期国库券次之。

价格波动性的跳跃通常和该资产类别的收益下降有关，波动性较低，代表收益较高。在 20 世纪 80 年代和 90 年代，出现了史上最长的牛市，此时股票价格波动率下降。在 2008 年和 2009 年年初的熊市期间，股票价格波动率迅速上升，而且随着债券价格的下降，公司债券价格的波动率也有了显著上升。

虽然每个资产类别中的价格波动率相对稳定，但是不同资产类别的价格波动率的范围极为不同。例如在图 2-4 中，小盘股的平均标准差平均为 20%，每 10 年的上下浮动不超过 8%。大盘股的平均标准差大概为 15%，每 10 年的上下浮动为 5%。长期公司债券的平均标准差为 8%，上下浮动为 3%。短期国库券的平均标准差约平均为 0.2%，上下浮动为 0.2%。

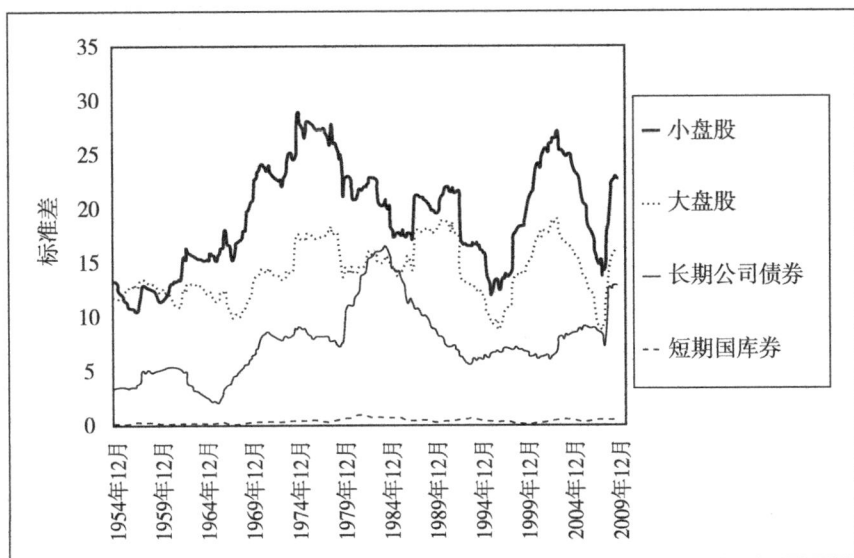

图 2-4　不同资产类别每 60 个月的波动率

图 2-4 中值得注意的是不同资产类别的波动趋势的整体一致性。其中，股票和债券的波动趋势是非常一致的。几乎在每一个时期，短期国库券的波动率都是最低的，公司债券和大盘股次之，小盘股的波动率最大。

前文曾经提到，价格波动率并不是期待高收益的唯一理由，因为价格的波动无法让其成为良好的长期投资。价格的变化可能有很多原因，比如收入预期和公司股息增长的变化，对债券未来通货膨胀的预期的变化，以及大宗商品供求预期的变化。

在金融界，风险是收益的主要驱动力。平均标准差可以让投资者知道一种资产类别相对于另一种资产类别的历史风险和预期收益。无疑，股票、债券和短期国库券相比，股票的长期收益会比较高，因为其风险也很高。表 2-1 说明了这一现象。

表 2-1　资产类别数据（1950—2009 年）

资产类别	简单平均收益率	标准差（σ）	复利收益率	收益波动损失率
短期国库券	4.8%	0.8%	4.7%	−0.1%
长期公司债券	6.6%	8.6%	6.2%	−0.4%
美国大盘股 （十分位数 1–2）	12.0%	18.1%	9.3%	−2.7%
美国小盘股 （十分位数 6–10）	15.3%	27.5%	11.2%	−4.1%

资料来源：美国联邦储备委员会，CRSP 数据库

　　表 2-1 有三列收益。左边的简单平均收益率的计算方法是将每一年的收益率相加，再除以 60。右边的复利收益率是持续地将前一年的收益投入到下一年的投资收益率。复利收益率也被称为年度收益率。最右边的一列是简单平均收益率和复利收益率之间的差异，这就是价格波动率对复利收益率的影响。

　　小盘股的简单平均收益率比其复利收益率高 4%，原因就在于小盘股的高价格波动率。收益率的巨大波动使长期复利收益率成倍下降。短期国库券的简单平均收益率和复利收益率几乎一样，这是因为短期国库券的收益标准差很小。

　　波动率导致收益降低，因此其本身就是一种风险。如果你能够减少投资组合中的波动率，那么复利收益将会更高，更加接近投资组合中有利投资的简单平均收益率。这就是为什么投资组合的价格波动率低可以增加投资组合的收益。为了更好地理解这一重要概念，我们会采取一些数学方法。

　　表 2-2 说明的是，随着时间的推移，年收益的波动是如何减少账户价值的。表中列出了四个投资组合，每个投资组合的起始资金都是 10 000 美元。

表 2-2　标准差不同的四种投资组合

	年度收益	投资组合价值
投资组合 A		
第 1 年	+5%	10 500 美元

（续表）

	年度收益	投资组合价值
第 2 年	+5%	11 025 美元
	简单平均收益率 =5.0%	复利收益率 =5.0%
投资组合 B		
第 1 年	+10%	11 000 美元
第 2 年	+0%	11 000 美元
	简单平均收益率 =5.0%	复利收益率 =4.9%
投资组合 C		
第 1 年	+15%	11 500 美元
第 2 年	–5%	10 925 美元
	简单平均收益率 =5.0%	复利收益率 =4.5%
投资组合 D		
第 1 年	+20%	12 000 美元
第 2 年	–10%	10 800 美元
	简单平均收益率 =5.0%	复利收益率 =3.9%

分析表 2-2 中的四个投资组合，所有账户的简单平均年化收益率都是 5%，不过每个组合的复利收益率不同，也就是年度收益并不相同。投资组合 A 的复利收益率高出投资组合 D1.1%，因为它的年价格波动率较小。这种差异的原因就是相对于投资组合 D，投资组合 A 如何赚取了 5% 的简单平均收益率。投资组合 A 的年化收益率非常稳定（+5%，+5%），而投资组合 D 的年化收益率却有很大的波动（+20%，–10%）。因此，当投资组合 A 和投资组合 D 的简单平均收益率相同（+5%）时，投资组合 A 的到期收益最高，而投资组合 D 的复利收益率最低。

衡量价格波动率的标准是标准差，它是投资组合的简单平均收益率的"平均差距"。就算一个投资组合实际上从来没有在哪一年赚到过 5% 的收益，但它的简单平均收益率也可以达到 5%。5% 的平均差距就是投资组合的年标准差。

表 2-3 说明了如何计算一系列数据的平均差距，请注意，任何一个善于观察的人都能很快发现，表 2-3 中的数据并不代表确切的标准差，不过用于说明已经足够了。

表 2-3　计算标准差

投资组合	第 1 年 年化收益率	和 5% 的简单平 均收益率的差距	第 2 年 年化收益率	和 5% 的简单平 均收益率的差距	平均差距 （~σ）
A	+5%	0%	+5%	0%	0%
B	+10%	5%	0%	5%	5%
C	+15%	10%	−5%	10%	10%
D	+20%	15%	−10%	15%	15%

回到表 2-2，有趣的是当投资组合的标准差由 0% 增加到 15%，每次增加 5% 时，投资组合间的复利收益率的差异会成倍增长。比如，投资组合 A 和 B 之间标准差的差异为 5%，复利收益率的差异为 0.1%；投资组合 B 和 C 之间标准差的差异为 5%，复利收益率的差异为 0.4%；投资组合 C 和 D 之间标准差的差异为 5%，复利收益率的差异为 0.6%。

我们从表 2-2 和表 2-3 可以得知，高收益波动率会带来低复利收益率，反之亦然。因此，任何能够降低投资组合的收益波动率而不降低简单平均收益的策略，都能增加复利收益率。

通过一个谨慎的资产配置来减少长期投资组合风险的另一个好处是，它可以帮助投资者坚持并遵守长期投资策略。人们都不喜欢亏钱。当投资组合的价值下降时，作出冲动性的出售决定的可能性会上升。减少投资组合中出现巨大亏损的风险，就会增加投资者在市场条件不利时坚持投资政策的可能性。资产配置策略成功的关键就是，不管在熊市还是牛市都要遵守投资计划。

本章小结

没有零风险的投资，也没有零风险的资产配置策略，任何试图赚取超过税收和通货膨胀的收益率的投资组合，都会有亏损的风险。账户中出现临时亏损的感觉并不愉悦，可是它可以被控制到某一点上。制定并维持一个长期的投资计划会降低整体投资组合的风险，也可以让投资者在熊市中不至于过度反应。它可以提高投资者实现理财目标的概率。

在任何一个金融市场中，风险和收益之间都存在着长期的关系。预期收益越高的市场，实现短期收益的不确定性越高。这些知识可以用来利用不同资产类别中不同风险和收益的特性，创建一个投资组合，目标就是设计一个有可预期的收益和可接受的风险水平的投资组合，让你可以满足自己的财务需求并偿付未来的债务。

第 3 章

资产配置解读

关键概念

- 分散投资降低了巨大亏损的可能性。
- 再平衡投资组合中的资产，有利于控制风险。
- 不同资产类别之间的相关性并不是静态的。
- 优先考虑具有低相关性的资产类别，但是很难确定。

分散投资具有悠久的历史，它通过不同的投资分散财务风险，降低出现巨大亏损的可能性。1 000 支股票的投资组合比 100 支股票的投资组合更加多样化。资产配置就是一种分散投资，将风险广泛地分散到不同的市场上。它需要投资者估算金融市场中各种类别产品的风险和收益，观察这些市场在不同时期的关联性，然后有逻辑、有条理地构建投资组合，选择最可能实现财务目标的投资类别。

资产配置简史

1952 年，芝加哥大学 25 岁的研究生哈里·马科维茨（Harry Markowith）写了一篇革命性的研究论文——《资产组合选择》。这篇只有 14 页纸的论文最终改变了高校教授投资组合管理的方法，也改变了投资专家管理资产组合的方法。

马科维茨的论文探讨了这样一个观点：为了获得较高的收益，财务风险在投资管理中不但是必要的，而且是非常有必要的。他还指出，分散投资具有非常重要的意义，可以控制投资组合的风险。马科维茨还指出，单个投资产品风险的重要性，比不上通过所有投资产品的风险相互调整来降低整体投资组合风险。他用数学公式量化了分散投资的风险和收益之间的关系。

图 3-1 阐明了马科维茨和其他研究人员谈到的风险投资的概念。图 3-1 中的股票有两种类型的风险：基于市场的风险，也就是系统风险或 beta 风险；股票特有的风险，也就是非系统风险。投资组合中的股票所涉及的产业板块越多，每种股票对投资收益的风险就越低。剩下的就只有 beta 风险或者说市场风险了。马科维茨认为，包含整个市场的投资组合风险最低，因为它是最多样化的。

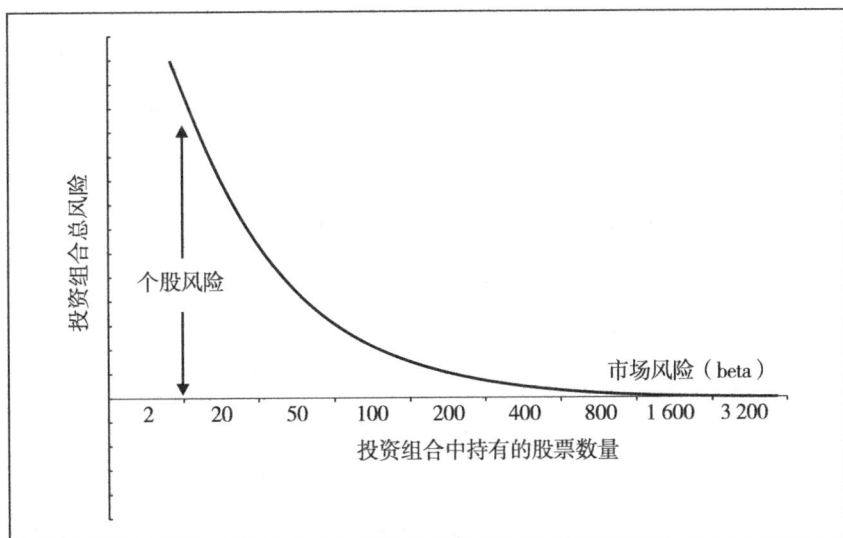

图 3-1　分散投资降低个股风险

马科维茨的论文被发表在著名的《金融杂志》上。一开始，他这篇名为《资产组合选择》的论文几乎无人关注，很多学术权威都觉得它太过浅显。显然，马科维茨在芝加哥大学的教授们从来没有想过这篇小小的论文居然会改变投资组合在每个金融层面上被审视和管理的方式。

在 1959 年出版的一本名为《资产组合选择：有效的多样化投资》(*Portfolio Selection: Effective Diversification of Investment*) 的书中，马科维茨将自己的研究进行了拓展。这本著作为马科维茨赢得了广泛认可，并最终让他夺得了"纪念阿尔弗雷德·诺贝尔瑞典银行经济学奖"。大部分人将这个奖视为诺贝尔奖，但是从严格意义上来说并不是这样的。经济学范畴并没有设置诺贝尔奖，只有瑞典银行经济学奖。不管怎么说，这一观点改革了投资组合管理。

马科维茨关于股票分散投资的观点，最终成了有效市场理论 (Efficient Market Theory，EMT)，其一般的概念是市场根据已知信息确定市场价格，因此市场组合是最高效的组合。有效市场理论催生了现代投资组合理论 (Modern Portfolio Theory，MPT)，它是指对投资组合内所有资产类别的有效配置的研究。

直到多年之后，有效市场理论和现代投资组合理论才在学术界流行起来，后来才流行到经济领域。生成这些有效的投资组合需要依靠先进的电脑运算能力，因此，直到 20 世纪 70 年代末期，大部分人才能有效地运用这项研究。当时，电脑的运算能力有了提高。在 20 世纪 80 年代，现代投资组合理论开始广泛地应用于银行信托部门和大型私人资金管理公司。

现在，马科维茨被誉为"现代投资组合理论之父"。他的方法论非常流行，每个投资者都可以在互联网上找到免费的基础资产配置软件。在几乎每家大型共同基金公司和经纪公司的网页上都能找到这种软件。甚至在一些流行的杂志和报纸上，你也能看到基于 MPT 的简单的投资组合建议。

资产配置战略的信息覆盖公共领域是一个良好的开端。不过，这仅仅是开始。作为一名严肃的投资者，你还需要知道更多的知识才能设置出真正符合自己需要的有效的投资组合。

重新调整，实现再平衡

从长远来看，一个好的投资组合所选择的投资对象，都被预期能够在其固有的风险水平下产生一定的收益。我们不知道收益率会是多少，但是我们总是希望高风险的投资能够比低风险的投资产生更高的收益。如果你不想从高风险的投资中获得高收益，就不会做这项投资，那么投资价格就会下降（在第 11 章中，我详细介绍了各资产类别的预期风险和收益）。

长期投资面临的问题就是短期行情的变化。没有什么会比极端的短期波动给好的长期投资计划带来的损害更大。这让人们偏离轨道，做出一些冲动的而非合理的事情。

金融市场的短期表现是无法预知的，而且有时候它的波动性比人们预计的更大。不过，这并不意味着在这种资产类别表现不好时就应该抛弃它们。事实上，此时投资者应该购买更多的资产类别。

如果你能够提前知道哪些资产类别表现良好，哪些资产类别表现不好，你就能构建一个完美的投资组合。不幸的是，市场上有足够经验的投资者都知道无法预测每项投资会在什么时候涨跌，幅度有多大。试图根据短期市场预测来改变资产类别是非常不谨慎的。虽然偶尔这些做法也会有效，但是请不要混淆运气和技巧，否则你终将会犯下大错，失去的比你获得的更多。相反，在所有的投资中一直坚定立场，必要时调整你在每种资产类别中投入的金额才是明智的。

资产配置中经常需要重新调整，实现再平衡，这是资产配置和简单分散投资的不同。实现再平衡是通过让投资组合回到其原有的资产配置目标的方式，从而保持合理的分散状态。如果超出配置目标，就出售部分投资；如果低于配置目标，就买进部分投资。例如，你的配置目标是股票和债券各占 50%，一年后，由于市场原因，投资组合变成了 60% 的股票和 40% 的债券。卖掉多出的 10% 的股票同时购买 10% 的债券，就可以让投资组合重新回到原始的资产配置目标。账户有资金流入或者流出，以及获得股息或者利息的时候，都可以重新调整实现再平衡。

重新调整实现再平衡的基础是"均值回归"（regression of the mean），也就是市场上所有的资产类别都有一个自然倾向——接近其历史风险。该理论颇具争议，反对者也有很多。但是据我观察，市场上确实存在均值回归现象，这有助于实现再平衡。

简单来说，均值回归假设所有的投资最终都会遵循特定的风险和收益，股票的风险高于债券，因此股票预期得到的最终收益也高于债券。如果在相当长的一段时间内，债券的收益高于股票，那么股票收益就会倾向于弥补差异，结束这一段时间的超越。

我们无法预知这些回归何时发生，因为市场行情有时过于乐观，有时过于悲观。事实上，有人说市场有时也会失去理性。我不想对市场估值作出判断。重新调整实现再平衡所做的只是强制出售一小部分价值上升的资产类别，同时强制额外购买一小部分表现不佳的资产类别。这意味着不管资产类别如何，都卖掉那些价值在上升的并购买更多表现不佳的投资产品。一开始，重新调整实现再平衡看起来有悖常理，但是在这一过程中所遵循的卖高买低原则比其他方法更好。

在本书中提供的所有资产配置的案例中，实现再平衡是重要的组成部分。假设这些章节中所有的投资组合都会在每年年初进行再平衡。这可能并不是最完美的再平衡策略，但是，完美的再平衡策略是不存在的。对你来说最好的再平衡策略，就是你毫不犹豫地去实施的策略。对你有用的策略对他人未必有用。只要采取行动，结果并不会有很大不同。

表 3-1 提供了一个虚构的例子来说明每年的再平衡是怎样降低组合风险和增加年度收益的。该表中，假设两种不同投资的持有期限均超过两年。假设表 3-1 中的第一项投资组合不做任何调整，这就是"顺其自然"的投资组合。假设第二项投资组合一年之后进行再平衡，将每种投资恢复到50%——将投资组合中价格上涨的投资产品的资金，转到价格下降的投资产品中，保证两种投资资产在第二年年初维持相等。

表 3-1　年度再平衡投资组合实例

投资	第 1 年收益	第 2 年收益	复利收益率
投资 1	+20%	−10%	3.9%
投资 2	−10%	+20%	3.9%
虚拟投资组合			
投资 1 和投资 2 各占 50%，不进行调整（顺其自然）	5.0%	2.9%	3.9%
投资 1 和投资 2 各占 50%，每年进行再平衡	5.0%	5.0%	5.0%

　　请注意，"顺其自然"的投资组合的业绩和实现再平衡的投资组合的业绩有什么不同。投资 1 和投资 2 在两年内都赚取了 3.9% 的复利收益率，这意味着投资组合中占比各 50% 的投资产品在两年内也获得了 3.9% 的复利收益率。然而，实现再平衡的投资组合在第二年开始时将每种投资维持在 50%，由于消除了收益波动率，使投资组合的年复利收益率增加到了 5%。这个例子比较夸张，很少有投资组合如我所述进行配置。但该理论是合理的，分散到不同类型的投资，并在每年年底重新调整实现再平衡，使其回到原来的目标，可以减少投资组合的年度波动率，增加复合收益率。由再平衡带来的"免费午餐"是现代投资组合理论的精髓。

　　实现再平衡的方法有很多，常见的两种方法是基于时间和目标百分比。在使用时间方法时，投资者选择在一段特定的时间后重新调整实现再平衡，比如一年、一个季度或者一个月。其他的投资者则喜欢用资产类别的目标百分比，当一个投资组合偏离原来的目标一定的百分比时，就会对其进行调整实现再平衡，不管上次的调整是何时发生的。

　　以目标百分比来实现再平衡的策略也许比基于时间的方法更好，不过二者差别不大。百分比策略明显需要更多的时间来监督和执行。对于个人投资者来说，我觉得并不值得采用这种策略。因此，本书中采用的是每年进行调整的方法。你可以毫不犹豫地坚持的策略，才是对你来说最好的策略。每年实现再平衡不但非常简单，而且成本低，每年只需要花费一点时间来执行，这意味着你更加容易完成再平衡。

相关性的解释

每年通过再平衡出售一些表现良好的投资，买入更多的表现不佳的投资来获得分散投资效益。当然，这是假设投资组合中的产品在同一时间的表现并不相同。因此，选择那些在一般情况下表现不同的投资产品和实现再平衡同样重要。我要提醒你们，没有哪两种资产类别会一直以相同的方式相关联。它们之间的关系是动态的，可以在没有任何预警的情况下发生改变。

通过相关性分析，选择那些不在同一时间（或大部分时间）涨跌的投资产品就更加容易。这是测量一种投资产品受另一种投资产品影响的变化趋势的数学方法。相关系数是衡量这种趋势相对于资产平均收益的共同走势的导数。如果这两种投资都在平均收益之上，在相同的时间呈现相同方向的走势，它们之间就存在正相关；如果它们都在平均收益之下，走势相反，它们之间就存在负相关；如果一种投资的走势相对独立于另一种投资，那么这两种投资就不相关。

投资者面临的挑战是要找到负相关、不相关，或者至少弱正相关的投资产品。如果这些投资产品能够被确认，并能够在扣除通货膨胀影响后实现正收益率，那么投资者就应该让投资组合中的各种资产保持适当的比例，并每年对这些资产进行再平衡。

我在此要说明一点，并不存在负相关的资产类别。有时候，某些资产类别会与美国股市呈负相关，但是这种负相关不会持续很久。相关性是动态的，而非静态的。有些人会指出，大宗商品和黄金类的投资产品经常与美国股市呈负相关，不过它们在扣除通货膨胀率后，不会产生任何实质性收益。

卖空标普 500 指数成分股和股票市场也呈负相关（卖空指的是售出标普 500 指数成分股，不再持有），卖空标普 500 指数成分股和买入标普 500 指数成分股是相反的操作，会抵消市场收益。再次说明，你的投资组合中，那些无法实现长期收益的投资毫无益处。

购买和你的投资组合中的其他资产呈现非常稳定的高正相关的新投资产品也并不可取。缺乏经验的投资者经常会犯这样的错误。在 20 世纪 90 年代末期，许多人认为自己的投资组合非常多样化，因为他们持有不同的成长型股票共同基金。在 2000—2002 年期间，技术和通信类股票大跌，所有的共同基金同时大跌，因为所有这些基金都包含大量的技术和通信类股票。这时人们才认识到，数量上的分散和性质上的分散是不同的。

图 3-2 说明了两种具有非常稳定的高正相关的共同基金的收益走势。该图假设投资组合中的基金 A 和基金 B 各占 50%，每年进行再平衡。

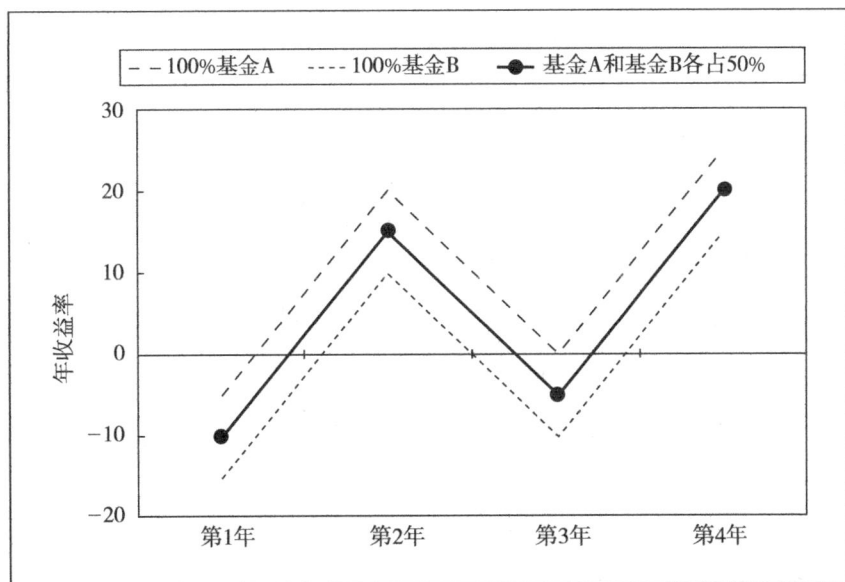

图 3-2　年收益完全正相关

因为基金 A 和基金 B 高度相关，所以组合中同时含有这两种基金就不具有分散投资的优势。理想情况下，你应该投资两种负相关的共同基金。图 3-3 中，基金 C 和基金 D 的走势相反，意味着这两种基金呈负相关。假设投资组合中基金 C 和基金 D 各占 50%，每年进行再平衡，那么收益波动性会比它们单独哪一种都要小。在挑选投资对象时，在同一资产类别中，负相关的投资产品在理论上来说较为理想，但在现实世界中你无法找到，这种投资组合根本不存在。

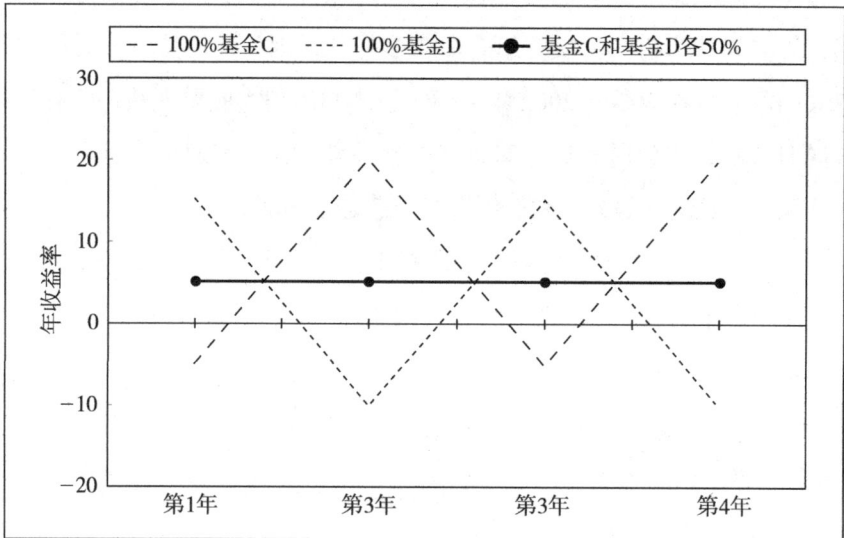

图 3-3　年收益完全负相关

相关性的衡量范围介于 +1 和 –1 之间。相关性为 +0.3 或者更高的两项投资，被认为是正相关；相关性为 –0.3 或者更低的两项投资，被认为是负相关；相关系数介于 –0.3 和 +0.3 之间，被认为是不相关。

如果两项投资不相关，那么它们的走势变化要么不一致，要么是在正负相关之间不断转换。图 3-4 表明了两种不相关投资的走势——有时相同，有时不同。投资不相关的资产会获得分散投资效益。通常情况下，投资者能够找到的最好的资产类别组合就是那些不相关的，或者时而相关时而不相关的产品。

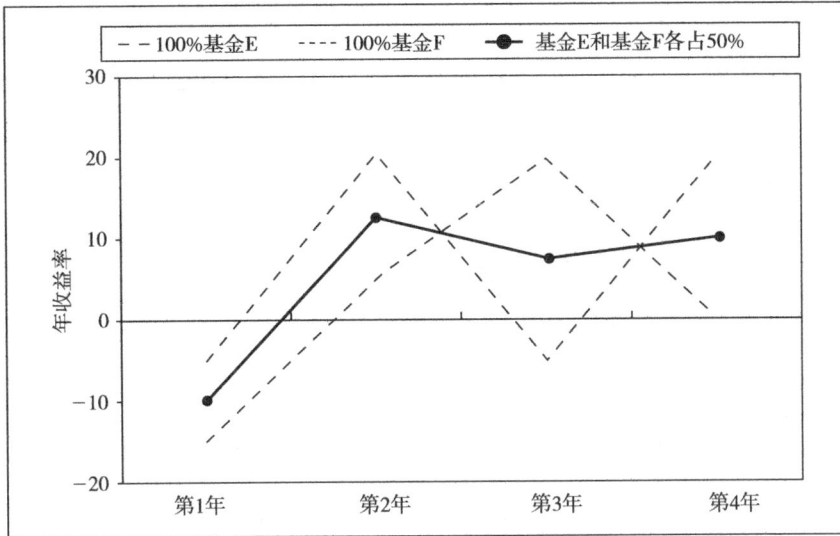

图 3-4　年收益不相关

表 3-2 是根据资产相关性获取分散投资收益的总结。该表假设 3 个投资组合每年都有 5% 的简单平均收益率，但是由于每种投资的波动率不同，所以复合收益率也不相同。组合 1 持有两种负相关的投资，它的风险最低，利润最高。相反地，组合 3 持有两种正相关的投资，它的风险最高，利润最低。

表 3-2　相关性和投资组合收益之间的关系

投资组合	资产相关性	简单平均收益率	复合收益率	标准差
1：50%C+50%D	−1.0	5.0%	5.0%	0%
2：50%E+50%F	0.0	5.0%	4.6%	10%
3：50%A+50%B	+1.0	5.0%	4.2%	14%

图 3-5 表明了通过增加弱相关或者负相关的资产类别来降低风险、提高收益。当投资产品的相关性由正转为负时，有效边界（efficient frontier）向左方也就是波动率更低的领域移动，组合风险降低。这是通过资产配置降低风险的实质。

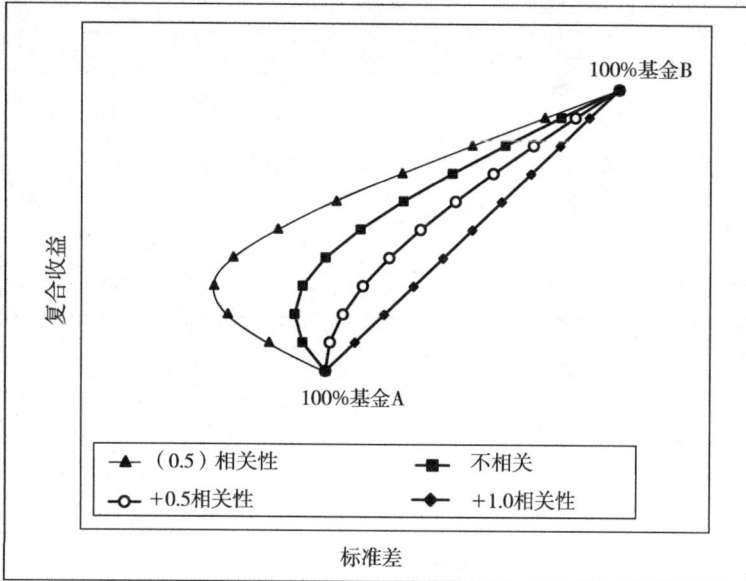

图 3-5　用低相关的投资产品减少投资组合风险

　　创建一个只含有负相关或者不相关的投资产品的投资组合，其收益会非常可观，问题在于如何找到这种投资产品，它们实在是非常罕见。有时候你自以为找到了较好的不相关的投资产品，却发生了一些变化，变成了正相关。在本书中，你能看到很多图表所显示出的投资产品之间相关性发生了出乎意料的迅速转变。

　　因为很难找到负相关的投资产品，很多投资组合事实上是由不相关或者弱正相关的投资产品组成。低正相关的资产类别的确可以让投资者获得一些分散投资收益，尤其是当你在同一投资组合中拥有很多资产类型时。

两种资产类别模型

　　金融学教授通常用两种资产类别来开始教授资产配置技巧。学生们用两种具有弱相关性的投资所组成的简单模型来学习相关性、降低风险和有效边界。当学生们掌握了用两种资产类别进行资产配置来获得收益后，教授会增加第三、第四、第五、第六……种投资类别来将这个组合扩展为多种投资。本章剩余部分也会采用相同的方式，利用由美国股票和美国国库券这两种资产类别组成的投资组合来进行说明。第 4 章将讨论拓展到多种资产类别的投资模型。

本章中列举的两种资产类别是美国大盘股指数和中型国债指数。标普 500 指数是美国 500 家大型上市公司的股票指数，用来代表美国大盘股的收益。国债收益基于两个数据序列。在 1973 年之前，以 5 年期国债基金为代表；从 1973 年开始，国债收益依靠的是巴克莱 1~10 年国债指数的表现，这由短期、中期美国国债的投资组合构成。

风险—收益图释

在本章以及本书的剩余部分，我将会用图表来说明资产组合的风险和收益。图 3-6 显示的是一个典型的风险—收益边界。图中的纵轴表示一系列投资组合的年复利收益率，横轴表示这些年收益的标准差，用于衡量投资组合的风险。

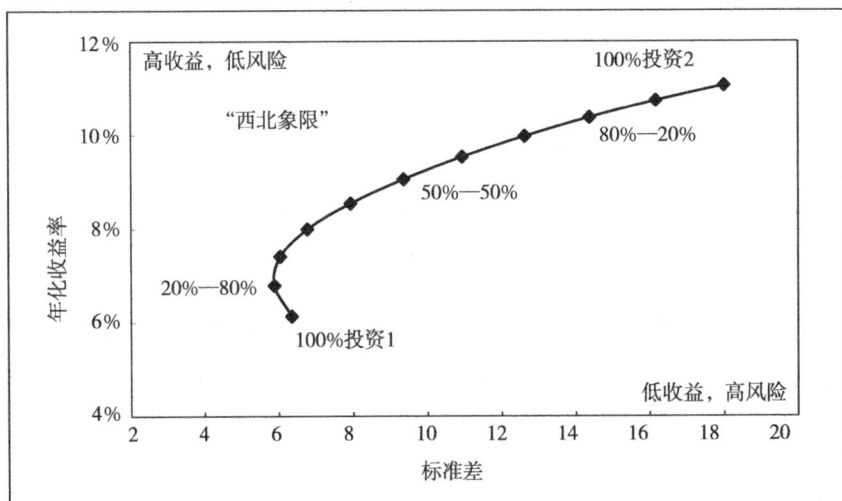

图 3-6　典型的风险—收益有效边界

曲线的一端是投资组合中第一种投资的风险和收益，另一端是第二种投资的风险和收益。曲线上的点表示按照不同资产配置的投资组合所产生的风险和收益，间隔为10%，把这些点连起来就形成一条曲线，代表两个资产类别所有不同的组合。

Y轴很容易理解，因为高收益好于低收益，但是，X轴上的风险衡量也是重要的因素。投资组合中的年化收益率的波动性越大，点就越靠近横轴右端。点离横轴右端越远，说明投资组合越有利。显然，图中最好的位置位于左上角，代表高收益低风险。图中的这个位置通常被称为"西北象限"（northwest quadrant）。

现在来看图3-7，完全由投资A组成的投资组合收益最低，风险最低。相反，完全由投资B组成的投资组合收益最高，风险最高。那么你觉得投资A和投资B各占50%的投资组合会有怎样的风险和收益呢？

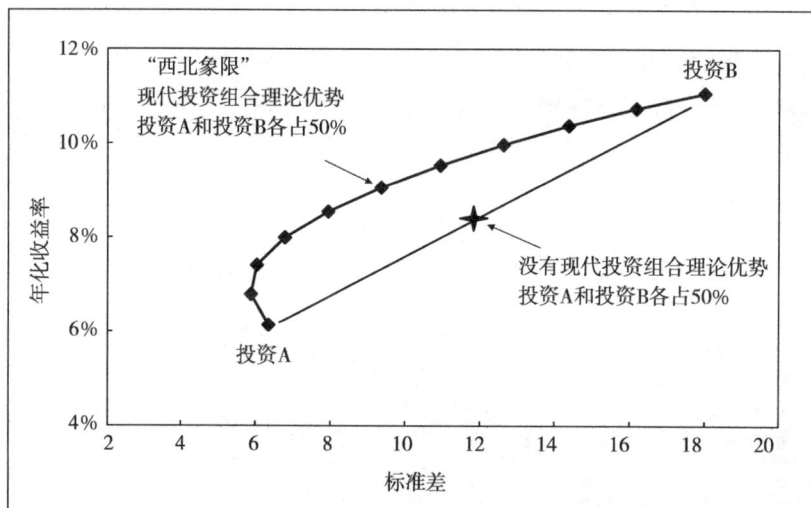

图 3-7　代表资产配置分散收益的风险—收益图

也许有人会认为投资A和投资B各占50%的投资组合的风险—收益水平会是四角星的位置，也就是两种投资的中间位置，但实际上，投资A和投资B各占50%的投资组合的风险要低于预期，收益高于预期，这就是每年重新调整实现再平衡的结果。

让我们给这两种投资冠上名称。投资A实际是美国中期国债在1950—2009年间的年化收益率和标准差，投资B实际是标普500在1950—2009年间的年化收益率和标准差。曲线上的每一个点表示的是两种资产类别比例逐一变化 10% 后的投资组合。具体参见图 3-8。

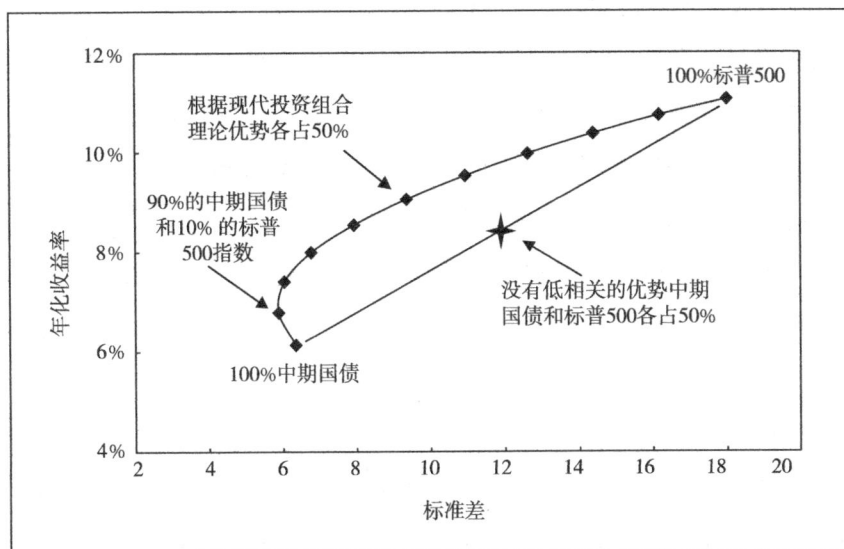

图 3-8　5 年期国债和标普 500 指数构成的投资组合在 1950—2009 年的风险和收益

根据图 3-7 计算出的收益数据，由 5 年期国债和标普 500 指数构成的投资组合确实存在现代资产组合理论（MPT）优势，见表 3-3。

表 3-3　1950—2009 年投资组合收益

投资组合性质	年化收益率	风险（标准差）
100% 中期国债	6.1%	6.4%
100% 标普 500	11.4%	18.0%
中期国债和股票各占 50% 的预期收益和风险		
（没有现代投资组合理论）	8.6%	12.2%
中期国债和股票各占 50% 的真实收益和风险	9.0%	9.3%
现代投资组合理论优势（高收益，低风险）	+0.4%	−2.9%

减少投资组合风险会增加投资组合的收益。中期国债和股票各占 50% 的组合通过减少 2.9% 的收益波动率，使年收益增长了 0.5%。

相关性并不稳定

找到相互之间存在弱相关的资产类别并不容易。金融方面的文章和书籍经常会通过图表和模型来展示不同资产类别的历史相关数据。作者会建议利用这些相关性数据来为你的投资组合作出投资选择。在一定意义上来说，作者暗示了历史相关数据将会持续向前发展。这是错误的。相关性是动态的，而不是静态的，它们时刻都在发生改变。

很难预测任何相关性在未来的走势，过去的相关性并不是未来相关性的可靠参考。数据会毫无预警地经常改变。某些资产类别的相关程度会变强，而另一些会变弱。

图 3-9 中显示的是中期美国国债和标普 500 指数之间连续 36 个月的相关性变化情况。如果相关性固定，图中应该为一条直线。但你可以清楚地看到，图中并不是直线。有很多时候，债券和股票的收益相对其平均收益呈现相反走势（负相关）；也有些时候，它们的收益相对平均收益呈现相同走势（正相关）；还有些时候，这两种资产类别之间没有明显的相关性。

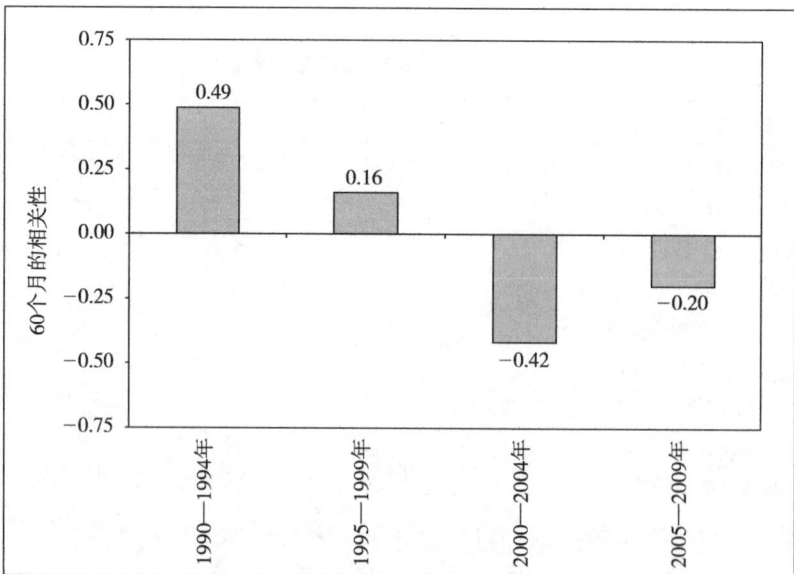

图 3-9　中期国债和标普 500 指数之间连续 60 个月的相关性

在过去的 20 年间，5 年期国债和标普 500 指数连续 60 个月收益的相关性变化显著。在 20 世纪 90 年代呈现正相关，股票和债券收益与平均收益走势相同。在 2000—2009 年，其走势转为负相关。它们在 20 年间的平均相关性为 0，也就是说这两种投资不相关。

一些投资者会觉得，图 3-9 显示的股票和债券之间戏剧性的相关性起伏很有趣。在 1998 年相关性开始转换之前，有些投资者坚信债券价格和股票价格会有相同的走势，利率会影响股票价格。利率下降时，债券和股票的价格会上升，反之亦然。然而，实际情况并没有这么简单，2009 年之前的 10 年对此作出了证明。

在过去的 50 年间，中期国债和标普 500 指数之间的相关性经常会发生难以预料的转换。因此，同时持有中期国债和标普 500 股票的分散投资收益的目标也会随时变化。图 3-10 是从 1950 年开始的每个 10 年间，这两种投资各自的风险—收益情况。

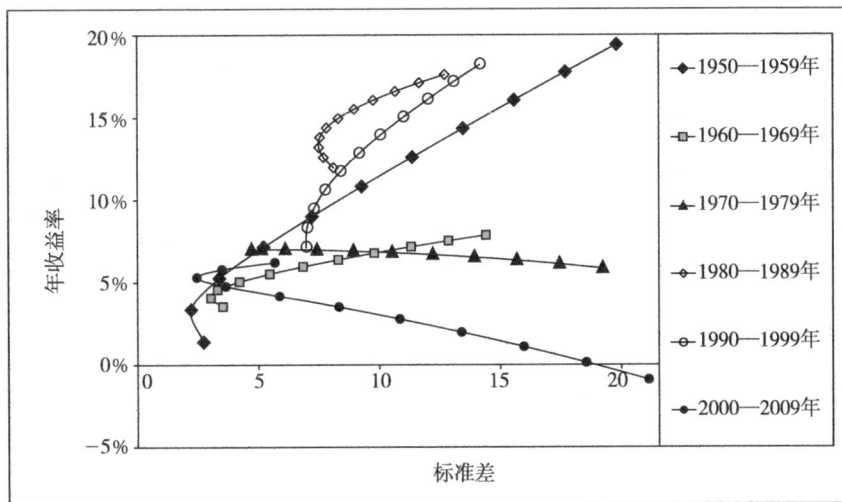

图 3-10 中期国债和标普 500 指数在几十年间的分散投资收益

每 10 年的有效边界始于左边的中期国债的风险和收益，终于右边的标普 500 的风险和收益。6 个时期中有 4 个的有效边界是向上倾斜的，意味着标普 500 的收益大于中期国债收益。在 1970—1979 年和 2000—2009 年期间，标普

500 的收益小于中期国债的收益。

表 3-4 具体显示了相关性和现代投资组合理论通过年度再平衡而获得的收益之间的关系。在股票和中期国债呈高度负相关期间，通过再平衡使投资组合的风险下降，收益增加。这一现象在两个时期尤为典型：1950—1959 年以及 2000—2009 年。相反地，在 1990—1999 年，呈现最高正相关。这一时期，风险降低收益和再平衡资产后的收益都是最低的。

表 3-4　股票、债券各占 50% 的组合在几十年中的分散投资收益

周期	周期内的相关性	减少投资风险	增加收益(现代投资组合理论)
1950—1959 年	−0.53	−2.0%	+0.42%
1960—1969 年	−0.33	−2.1%	+0.26%
1970—1979 年	+0.28	−1.4%	+0.39%
1980—1989 年	+0.23	−2.1%	+0.17%
1990—1999 年	+0.44	−1.4%	+0.16%
2000—2009 年	−0.85	−5.1%	+0.84%

图 3-11 说明，之前的 10 年情况很有利，可是下一个 10 年的情况就发生了很大的变化。在 1990—1999 年间，中期国债和标普 500 指数之间呈现正相关，导致股票和债券各占 50% 的投资组合，与每年复利收益率高出 3 个百分点的 100% 债券的投资组合的风险一样。在 2000—2009 年间，两种投资之间呈现显著的负相关，投资组合的风险比 100% 的债券组合略高。在 60 年间，在股票行情最差的 10 年里，股票和债券各占 50% 的投资组合的收益率虽然稳定地保持在正值，却比 100% 的债券投资组合低 3 个百分点。

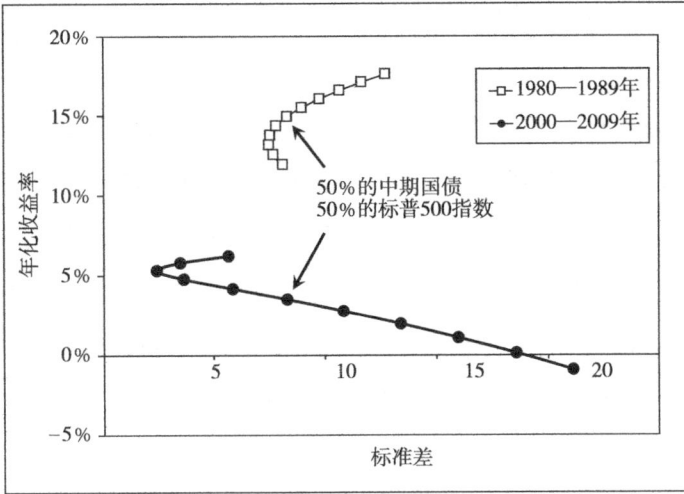

图 3-11 对比不同时期的分散投资收益

图 3-12 说明从 1950 年开始的每一个 10 年期间，每个股票和债券各占 50% 的投资组合的风险和收益的差异。首先要注意，每个 10 年的收益都是正值。其次要注意，收益的波动幅度比风险的波动幅度更大，这就得出一个非常有趣的结论，本书的第 12 章将会继续讨论；对于任何一个 10 年，预测组合风险比预测组合收益要容易得多。通过投资组合风险预测投资组合收益，大约需要 30 年才可以得出结论。资产配置适合有耐心的人。

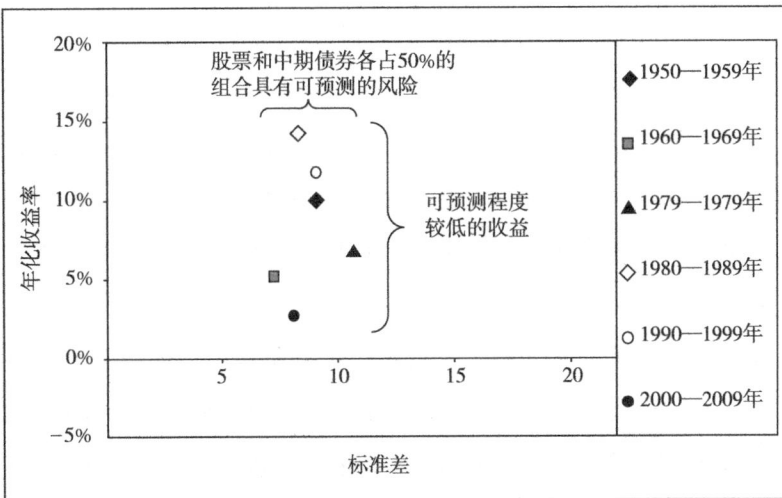

图 3-12 股票和中期国债各占 50% 的组合在几十年间的风险和收益

资产配置并非万无一失

在研究投资的过程中，你可能会遇到呈现负相关的资产类别，不过这并非我们投资该资产类别的唯一原因。你的投资组合中的每一项投资，都应该在去除通货膨胀影响后实现长期收益。因此，如果一项资产类别的收益低于通货膨胀，即使它与组合中的其他投资产品呈现负相关也没有投资价值，你应该放弃它，继续进行其他投资。一个负相关的投资也许可以降低整体投资组合的风险，但是如果它同时也降低了你的投资组合的收益，那么从长期来看这就不是理想的投资。低风险并不能让你填饱肚子。

说到底，基本不可能找到两项都能够赚取超过通货膨胀收益的负相关资产类别。话虽如此，找到一些呈现不相关关系的资产类别，或者至少相对于10年间平均收益呈现弱相关性的资产类别还是有可能的。

一个分散合理的投资组合应该包含一些相关性持续变化的投资（关于投资选择，详见第二部分）。在这个投资组合中，一部分投资产品与其余的投资产品的走势不同，而另一部分投资产品则与其余的投资产品的走势相同。没有人知道某种特定的投资会在什么时候变得与其他投资的相关性更高或者更低，因此，持有几种不同类别的投资是非常谨慎的做法。只有呈现相关性持续变化的几种类型的投资可以让我们获得我们所期待的现代资产组合理论收益。

通过研究在去除通货膨胀影响后还有真实收益的资产类别的相关性，并运用资产配置战略，你可以降低遭受巨大投资损失的可能性，减少投资组合风险。但是，你无法消除这些风险。就算你的投资组合中有多种投资类别，你也无法消除投资组合中所有的风险。

有些时期，即便是最分散的投资组合也会赔钱。当这样的时期出现时，除了放弃整个投资计划，投资者根本无能为力，这显然不是一个好主意。试图猜测行情什么时候下跌并相应地调整你的投资组合也许会让你亏损更多的钱，让你更加沮丧，那么不如坚持你的计划，挺过风暴。

图 3-13 展示了中期国债和标普 500 指数各占 50% 的投资组合每年的收益表现。柱状图涵盖了 1950—2009 年的 60 年。大部分年份的收益率在 –5%~+25%。最糟糕的是在 2008 年，收益率为 –11.9%，最好的年份是在 1954 年，收益率为 +27.7%。60 年中有 11 年的收益率是负的，也就是说每 5 年中就有 1 年的收益率是负的。

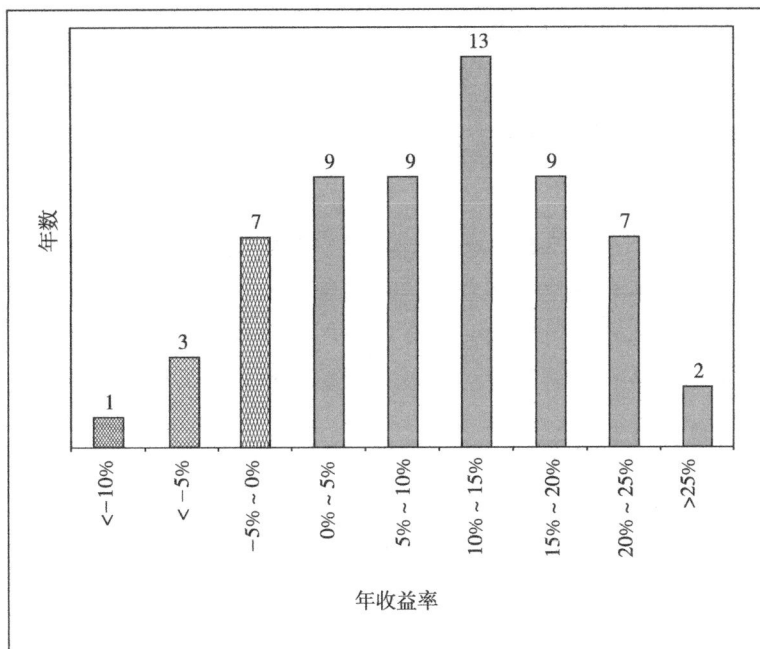

图 3-13　中期国债和标普 500 指数各占 50% 的年收益频率分布，1950—2009 年

投资组合中某一年的亏损并不意味着整个资产配置策略的失败。其实，产生亏损是必然的。但是对于那些想要每年都赚钱的人来说，1974 年、2002 年和 2008 年发生的亏损也许会导致投资计划的失败。我说的失败是投资者因为亏损而放弃了他 / 她的长期策略。在你的投资生涯中，一定会出现亏损，你应该预料到这一点。你最好现在就做好准备，在将来亏损再次发生的时候，才不会对你的投资计划造成永久性的损害。

如果在金融市场中有一件确定会发生的事，就是在将来的某一个时间，即使是最好的投资计划也会亏钱。如果你能够执行资产配置策略，充分理解风险和限制，就可以得到哈利·马科维茨在半个多世纪之前提出的潜在的分散投资收益。

本章小结

分散性投资组合是通过购买几种不同类型的投资产品来降低投资组合发生巨大亏损的可能性。资产配置包括预估多种资产类别的预期风险和收益，观察这些资产类别之间的相关性，通过系统的方法构建一个最能实现你的目标而预期风险最低的投资组合。

完美的资产配置并不存在。资产类别之间的相关性随时会发生变化，这导致了分散投资收益的变化。分散投资收益在某些时期可能很小，在某些时期有可能很大。没有人知道相关性会在什么时候发生改变，改变多少。有时候投资组合中的资产之间的相关性会下降，有时候又会上升。因此，一直在投资组合中保持多种不同的投资类型是非常明智的，不过，它们的长期预期收益率要在通货膨胀率之上。

第4章

多种资产类别的投资

关键概念

- 持有多种资产类别的投资比只持有很少的资产类别要好。
- 新增持的所有独特的资产类别都会降低组合的风险。
- 选择可以得到真实收益且拥有弱相关性的资产类别。
- 你可以选择好的资产配置，却没有完美的资产配置。

在第3章，我们对两种不同的资产类别如何协作来组成一个低风险、高收益的投资组合进行了讨论。多种资产类别投资就是通过增加投资组合中的资产类别，进一步减少投资组合风险，使潜在收益获得提升。不管什么时候，我们都不可能事先预知哪种类型的投资产品会表现良好，所以，一直维持投资组合中的所有资产类别，并每年对其进行再平衡至关重要。利用广泛的分散投资和适时调整来掌控投资组合风险，是多种资产类别投资的实质。

思路开发

所有人都应该将手中的钱分为三份，三分之一用于投资土地，

三分之一用于投资生意，三分之一作为备用资产，以备急用。

——《塔木德》，公元前 1200 年至公元 500 年

如今，它意味着三分之一用于投资股票，三分之一用于投资债券，三分之一用于投资土地。这样的投资可以分散投资风险，降低整体亏损程度。

在这一章里，我们增加了投资类别的品种数量，并分析这些新增的品种如何影响投资组合的风险和收益。除去已经讨论过的美国股票以及中期国债，还会分析三种新的投资产品：太平洋股票、欧洲股票以及公司债券。一个含有多种资产类别的投资组合能够在不增加整体投资风险的前提下提升投资组合的收益，或者在更小的整体投资风险下，达到与仅由美国股票和债券构成的投资组合相近的收益。

假如某一项投资的预期长期收益率比通货膨胀率要高，而且风险性又与投资组合中的其他产品有所不同，那么你就能够将这项新类别加入到已有的投资组合中去。图 4-1 充分说明在对美国大盘股以及中期国债进行投资的组合中，新增了多种投资产品之后，投资组合风险更低了，长期收益获得了提升。我们将图中的曲线叫作"有效边界"，它们代表着由不同比重的资产类别所组成的两种投资组合的风险和收益。

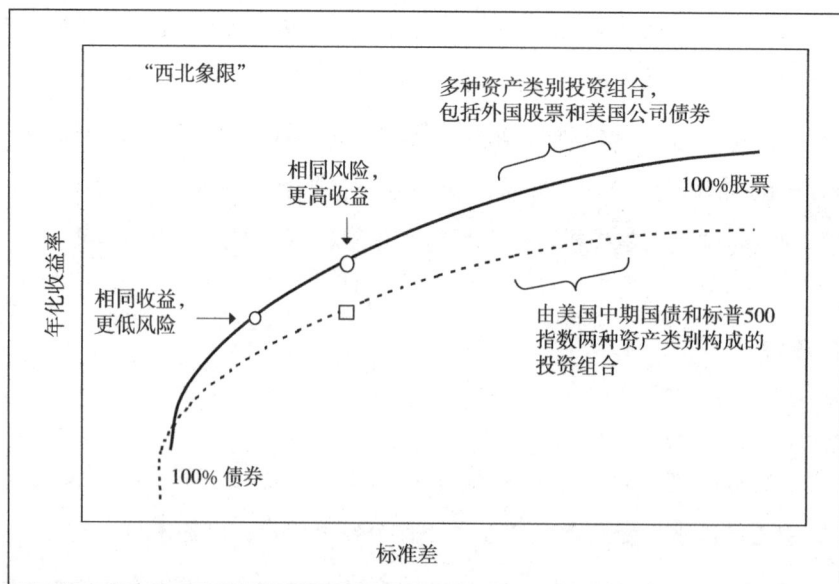

图 4-1　向西北移动的多种资产类别的投资组合

图 4-1 中，新增的多种资产，使有效边界移向了"西北象限"。西北象限是金融投资的乌托邦，它是投资者试图构建的最理想的投资组合，也是你应该寻求的投资组合。有效边界代表由能够一直良好共存的多种高效资产构成的投资组合。

下面说说坏消息：美好的乌托邦并不存在，至少短期内不可能出现。西北象限是一个目标，但是，你可能永远都不能达到曲线上那个理想的点。从长期来看，多种资产类别的投资组合将会朝着西北象限移动，改变投资组合的风险与收益，但是，从来没有哪个多种资产类别的投资组合可以做到永远高效。你可以倾尽一生来寻找完美的投资组合，可是只有当你回顾历史时才能知道。哪怕拥有多种资产类别的投资组合，也不可能一直实现低风险与高收益。

你可以根据对收益的预估而对资产配置进行定期更改，但实际上，这种做法只会让投资组合的风险更大。有大师预测 2009 年 3 月初的股市会产生比较大的下跌，如果你抛售了股票，则会与后市 60% 的涨幅失之交臂。

本书所讲的策略都与直觉相悖。根据书中的建议，在某一次行情出现下滑时，便是买入的最佳时机；而在行情上涨过程中，则是卖出的最好时机。对多种资产类别的投资组合有规律地进行再平衡，意味着出售一小部分价值上升的资产类别，同时购买更多表现不佳的资产类别。做到这一点很难，因为每个人都认为应该做出与它相反的决定才是合理的。

国际股票

这一节新增加了三种投资类别，其中太平洋股票与欧洲股票属于国际股票指数。外国股票为美国投资者提供了很多益处：第一，它不会总是与本国股票产生相关性，从而创造了实现分散投资的机会；第二，国际股票是通过外币进行交易的，这能让投资者对美元的贬值实现对冲。以上两点都是在投资组合中加入外国股票的重要理由。

　　罗杰·吉布森（Roger C.Gibson）是一名注册金融分析师（CFA），同时还是一名金融理财师（CFP）。《资产配置：平衡金融风险》（*Asset Allocation:Balancing Financial Risk*）这本书是他的第一部作品，也是资产配置领域的经典之作。另外，吉布森于 1999 年 3 月在《金融杂志》上发表的论文《多种资产类别的投资组合的益处》（*The Rewards Of Multiple-Asset-Class Investing*）荣获大奖，论文讲出了进行国际投资的益处：

　　　　对两种不同类型的股票进行分散投资，更能降低投资风险，使投资组合获得平衡，而且偏向于股票资产，这种方法最合适同时关注风险与收益的长期投资者。可以说，这个资产配置战略是简洁而极有成效的。

　　所谓国际股票，包含了除公司总部位于美国本地之外的所有公开上市的股票。这里面既有发达国家的大型公司的股票，比如日本索尼公司；也有一些新兴国家的小型公司的股票，比如匈牙利布达佩斯达努碧尤斯酒店，在所有的上市公司里，大约有 2 万家公司在外汇交易中表现得比较活跃。

　　一些指数提供机构涵盖了全球金融市场，它们提供国家指数、地区指数和全球性指数，比如摩根士丹利资本国际公司（MSCI）就提供 10 余种国家指数。不仅如此，MSCI 还将多个国家指数合并为地区指数。摩根士丹利太平洋指数包括日本、新加坡、澳大利亚、新西兰，其欧洲指数包括英国和很多欧洲大陆国家，比如德国、法国、西班牙、意大利、瑞典和瑞士。

　　国际指数既可以以当地的货币计值，也可以以美元计值，这在衡量收益时会造成很大的差距。当地货币指数反映的是住在那个国家的人赚得的收益，而美元指数则代表美国投资者将当地货币转换成美元后得到的收益。美国媒体一般只对美元收益进行报道，不过这并不是股票在当地市场的实际表现。根据美元与当地货币的汇率走势，收益也会有很大的差异。

　　由于地理区域的不同，美元计值的差别也很大。表 4-1 是美国、欧洲和太平洋这三个地区的大盘股收益的一个样本，以美元计值。阴影部分代表这一年该指数在相应地区实现了最高收益。世界上获得最高收益的地区一直在改变。没有模式识别或者公式可以用来预测将来哪里是最佳表现的地区。

表 4-1　美洲、欧洲、太平洋股票

年份	标普 500 指数	欧洲指数	太平洋指数
1985	32.2	75.1	30.3
1986	18.5	42.7	74.1
1987	5.2	13.4	23.7
1988	16.8	15.4	33.0
1989	31.5	26.9	8.9
1990	−3.2	−1.0	−23.1
1991	30.6	14.7	22.9
1992	7.7	−3.6	−7.1
1993	10.0	29.5	53.1
1994	1.3	2.4	3.8
1995	37.4	22.6	7.1
1996	23.1	23.9	2.8
1997	33.4	21.8	−27.2
1998	28.6	24.5	−0.5
1999	21.0	19.2	52.5
2000	−9.1	−10.1	−21.6
2001	−11.9	−18.8	−19.4
2002	−22.1	−17.2	−7.9
2003	28.7	39.0	41.6
2004	10.9	21.7	22.8
2005	4.9	10.4	20.2
2006	15.8	34.6	19.7
2007	5.5	12.3	13.8
2008	−37.0	−47.3	−39.6
2009	26.5	35.8	24.2

同时将资产配置在这 3 个地区是非常好的策略，这可以使投资者获得比只持有美国股票更好的风险调整后的收益。图 4-2 显示的是美国股票投资和国际股票投资组合的风险—收益关系，左端是不持有国际股票，右端是只持有国际股票，曲线上的每个点代表着组合中的国际股票资产所占比例依次递增10%。国际指数中的太平洋地区和欧洲地区各占一半，每年进行再平衡。国际综合指数的数据可以追溯到 1973 年。

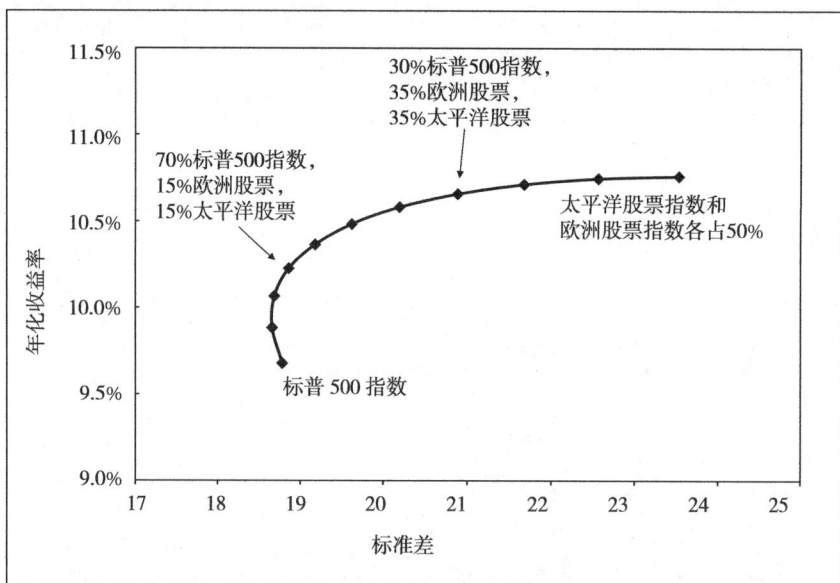

图 4-2　标普 500 指数和国际股票组合，1973—2009 年

图 4-2 中有几个非常有趣的点：两端以及国际股票占 30% 的位置和国际股票占 70% 的位置。两端表明美国股票比国际股票组合的风险低，收益也低。国际股票占 30% 时，投资者无需增加任何投资风险，就能实现比只持有美国股票高出 0.5% 的收益。在那个点之后，每一点收益的增长都会伴随着风险的增加。国际股票占 70% 时，收益的增长基本结束。从这一点开始，增加更多的国际股票只会徒增风险。

在大多数时期，多种资产类别的投资组合都是有效的，但它不会永远有效。从单独持有美国股票组合投资向国际股票投资转变的过程历经了很长的时间。国际股票投资在增加风险的调整后，并没有增加额外的收益。表 4-3 为从 1980 年开始的 3 个 10 年的风险—收益。

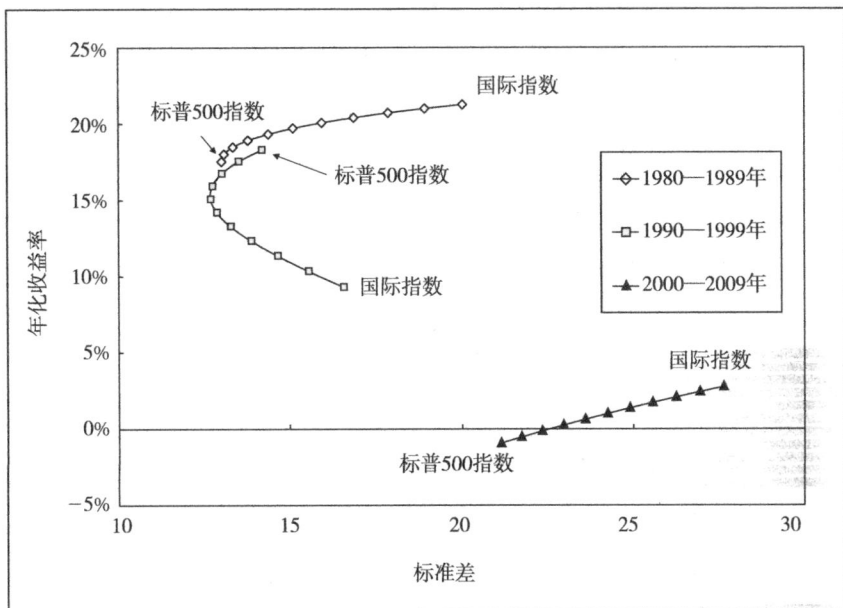

图 4-3　标普 500 指数和国际股票：30 年间的风险和收益

在过去的 30 年间，国际股票的波动性一直高于美国股票，尽管其收益确实更高。在 20 世纪 90 年代，美国股票每年的收益比国际股票高 8%。这导致投资领域中的一些大咖开始怀疑持有国际股票是否明智。其中一位是约翰·伯格，他是共同基金先锋集团的创始人。

我对于约翰·伯格先生深怀敬意，但是我并不总是与他意见一致。在我看来，仅一个 10 年的情况不能作为终生避开国际股票的理由。截至 2009 年年底，国际股票以巨大的优势超越了美国股票，人们见证了国际股票的收益。即便是约翰·伯格先生也改变了自己的观点，接受了国际股票指数基金占 20% 的配置。

无论过去还是将来，国际股票都有减少组合风险、增加收益的时候，也有一些时候做不到这一点。不过，从长远的投资来看，国际股票投资组合配置比单一的美国股票组合配置更能提升分散投资收益。

公司债券

迄今为止，关于固定收益的资产类别，我们只讨论了中期国债。即将介绍的第二种固定收益类别是美国中期投资级公司债券指数。该指数大部分的债券由美国公司发行，也包括少数由外国大型公司在美国本土发行的以美元计值的债券。

表4-2是巴克莱美国中期国债指数和巴克莱美国中期信用债指数。"中期"通常意味着债券的到期期限在6~10年。实际上，"信用"这个词指的就是"公司"。

表 4-2　国债和公司债券指数

年份	巴克莱中期国债	巴克莱中期信用债指数	信用债指数收益低于中期国债收益
1985	17.8	18.5	0.7
1986	13.0	13.5	0.5
1987	3.6	3.9	0.3
1988	6.3	8.0	1.7
1989	12.7	12.9	0.3
1990	9.5	7.6	−1.8
1991	14.1	16.6	2.5
1992	6.9	8.2	1.2
1993	8.2	11.1	2.9
1994	−1.8	−2.6	−0.9
1995	14.4	19.2	4.8
1996	4.0	4.0	0.0
1997	7.7	8.4	0.7
1998	8.6	8.3	−0.3
1999	0.4	0.2	−0.2
2000	10.3	9.4	−0.8
2001	8.2	9.8	1.6
2002	9.3	10.1	0.8
2003	2.1	6.9	4.8
2004	2.0	4.1	2.1

（续表）

年份	巴克莱中期国债	巴克莱中期信用债指数	信用债指数收益低于中期国债收益
2005	1.6	1.4	−0.1
2006	3.5	4.5	1.0
2007	8.8	5.6	−3.2
2008	11.4	−2.8	−14.1
2009	−1.4	15.9	17.3

在基金指数中使用"信用"而不用"公司"，只是出于语义学方面的考虑。公司确实发行所有信用债指数，但是，这些债券中的一小部分属于资产抵押债券和商业抵押贷款债券。资产抵押债券以公司的应收账款作为抵押，比如信用卡债务，而非由发行债券公司的资产担保。抵押债券自有其信用评级制度。如果某种资产抵押债券违约，发行债券的公司将不会承担责任，也没有赔偿债券本金和利息的义务。

表 4-2 中的阴影部分代表这一年该指数在相应地区实现了最高收益。人们总是凭直觉认为公司债券比国债的收益高，原因是公司债券的利率更高（详见第 6 章）。然而事实并非总是如此。从 1985 年到 2009 年，在这 25 年中有 9 年国债的收益高出了公司债券。

"收益率差幅"（Yield Spread）指的是两种债券指数到期收益率之间的差额。随着市场上风险的变化，国债和公司债券之间的收益率差幅也会扩大或缩小。如果收益率差幅缩小，公司债券表现良好；如果收益率差幅扩大，那么政府债券表现良好。

收益率差幅的波动受多种因素的干扰，这些因素通常会受到经济影响。当投资者觉得市场行情不佳时，收益率差幅就会变大，反之亦然。有关信用差价与债券投资的更多问题，可以详见本书第 8 章。

观察图 4-4，可以看出在过去每个 10 年时间里，国债与公司债券的负相关关系是如何降低固定收益风险的。在多个 10 年间，公司债券取得了越来越高的收益，哪怕它没有战胜国债，也与国债保持在一致水平。

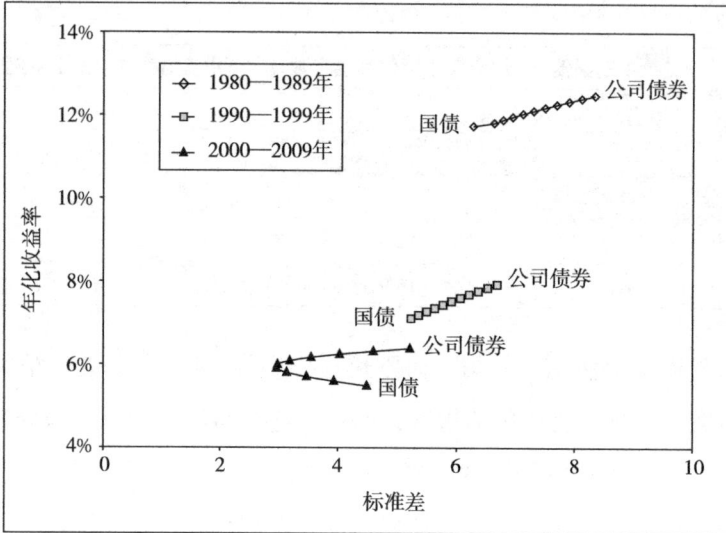

图 4-4　中期国债和中期公司债券：每 10 年间的风险和收益

在很长一段时间里，国债指数与信用债指数之间的相关性一直处于 +0.8 的水平，这也就说明，这两种投资的走势基本一致。但是有的时候，其相关性会出现较为显著的负相关态势，收益也会与正相关时极为不同。最近的一次负相关出现在 2007—2009 年。在这段时间里，分散投资收益十分显著。

多种资产类别的投资组合的例子

以下是本章所讲的五种资产类别组成的投资组合的例子。

• 美国大盘股（标普 500 指数）

• 太平洋大型股票

• 欧洲大型股票

• 美国中期国债

• 中期公司债券（以美元计值）

以下是对全球股票配置与美国固定收益配置的说明。

- 国际股票 =70% 标普 500 指数 +15% 太平洋指数 +15% 欧洲指数

- 债券 = 巴克莱中期国债 + 巴克莱中期信用债指数（各占 50%）

图 4-5 为两种资产类别的投资组合和多种资产类别的投资组合之间风险—收益的差异。两种资产类别的投资组合中包含美国股票和国债，多种资产类别的投资组合中包含前面所提到的国际股票以及固定收益类别。

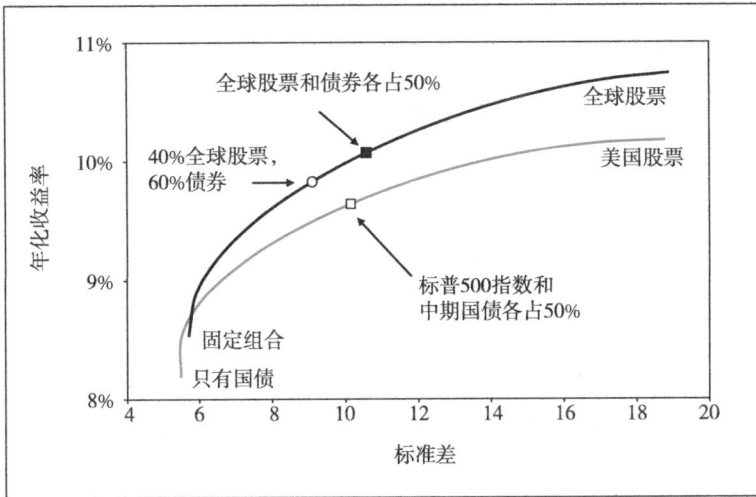

图 4-5　多种资产类别投资组合 VS. 两种资产类别投资组合，1973—2009 年

表 4-3 用数据表明了 1973—2009 年，投资者通过多种资产类别的投资方式增加了收益、降低了风险。在这期间，股票和债券各占 50% 的投资组合的收益比每年只持有国债和美国股票的投资组合高 0.4%。股票只占 40% 的多种资产类别的投资组合比股票和债券各占 50% 的两种资产类别的投资组合，能够实现更高的收益和更低的风险。在美国股票和国债的组合中加入 3 种资产类别，可以将有效边界推向理想中的西北象限。

表 4-3　投资组合收益，1973—2009 年

标普 500+ 中期国债	100% 国债	标普 500 和中期国债各占 50%	100% 标普 500
总收益	7.7%	9.1%	9.7%
标准差	5.5%	10.1%	18.8%

（续表）

多种资产类别	100% 债券	股票和债券各占 50%	100% 股权
总收益	8.0%	9.6%	10.2%
标准差	5.7%	10.6%	18.9%

也许你会想，为什么要为采用多种资产类别的投资组合来实现小的收益增长和风险降低而烦恼呢？首先，上述例子中只包含 5 种资产类别，而你可能会选用更多种。通过增加更多的资产类别，分散投资收益也会增加。其次，通过资产配置实现的投资组合收益通常用几个百分点来衡量。0.4% 的额外收益听起来好像不多，但是在 10 年间，10 万美元的投资增加 4%，投资组合的资金就可以增长超过 4 000 美元。

卫斯理·布兰奇·里基（1881 年 12 月 20 日—1965 年 12 月 9 日）曾是美国职业棒球大联盟的总经理，他很有创新精神，帮忙打破了棒球的种族歧视，并为现代职业棒球联盟奠定了系统框架。有一次里基提到"棒球是讲究英寸的活动"，同样，资产配置是讲究基点的活动。基点就是 0.01% 的收益率。如果你可以使你的投资组合的年化收益率（0.1%）增加 10 个基点，而不必多承担风险，会对你退休后拥有的财富或者其他目标产生巨大的影响，那么何乐而不为呢？

图 4-6 至图 4-8 对比了在过去 3 个不同的 10 年间，由 5 种资产类别构成的投资组合与由两种资产类别构成的投资组合的风险—收益。一种资产配置战略在一个 10 年期间表现不俗，但是在下一个 10 年期间可能表现得不好。这一系列图解说明资产配置效益通常不能在短时间内衡量。这就是很多反对者说"它毫无效果"的原因。他们缺乏耐心，也缺乏远见。他们寻找的是见效快、易操作的投资方法。多种资产类别投资需要长期坚守承诺。一旦你踏上这条路，这一生都要坚持下去。这在某种程度上和选择职业生涯相类似。

正如图 4-6 表明，1980—1989 年，由国际股票组成的多种资产类别的投资组合表现不俗。这一策略采用多种资产类别投资组合，增加的风险几乎可以忽略不计，却产生了 0.8% 的额外收益。

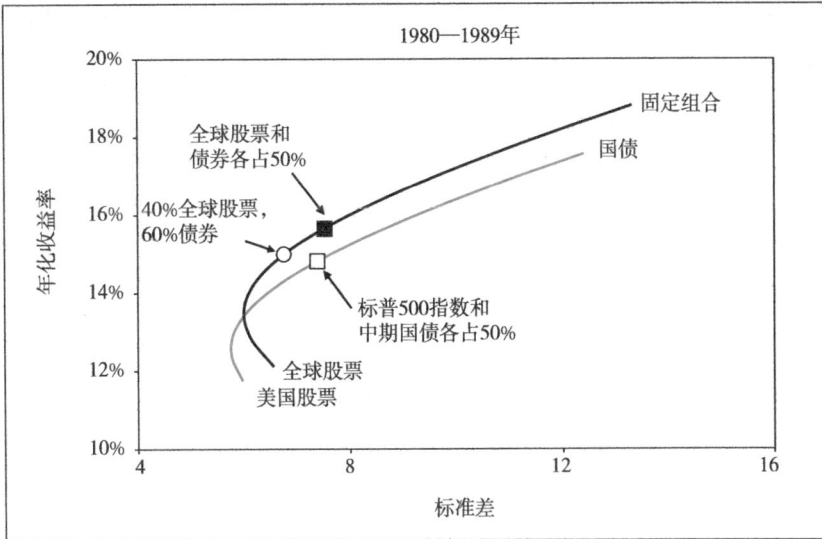

图 4-6 多种资产类别投资组合 VS. 标普 500 指数和中期国债构成的投资组合，1980—1989 年

如图 4-7 所示，1990—1999 年，分散投资并没有产生效益。在这 10 年间，由多种资产类别组成的投资组合，其风险和收益都比由标普 500 指数和中期国债构成的投资组合低。于是在这个 10 年结束时，很多人对国际投资的效益产生了质疑。

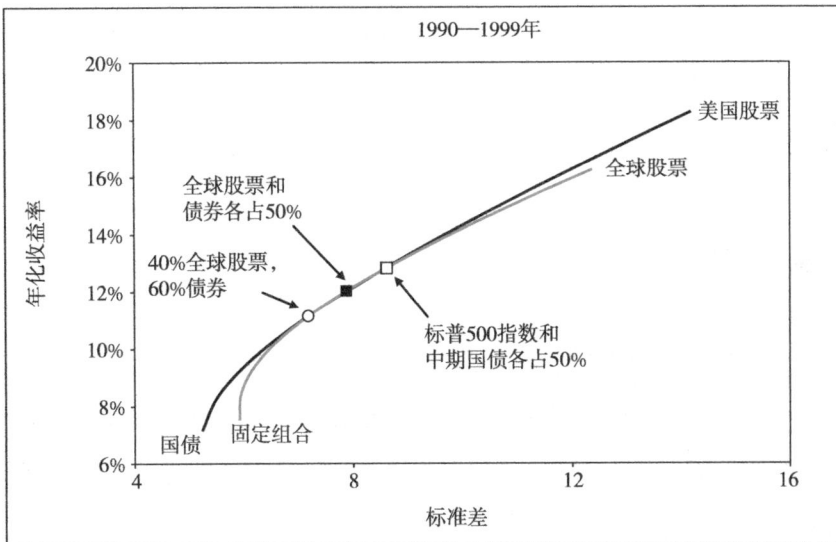

图 4-7 多种资产类别投资组合 VS. 标普 500 指数和中期国债构成的投资组合，1990—1999 年

在 21 世纪的第一个 10 年里，多种资产类别的投资创造了和之前 10 年不同的投资结果。从图 4-8 可以看出，多种资产类别投资的风险和收益几乎和前一个 10 年截然相反。投资者投资国际股票的收益有了显著增加。

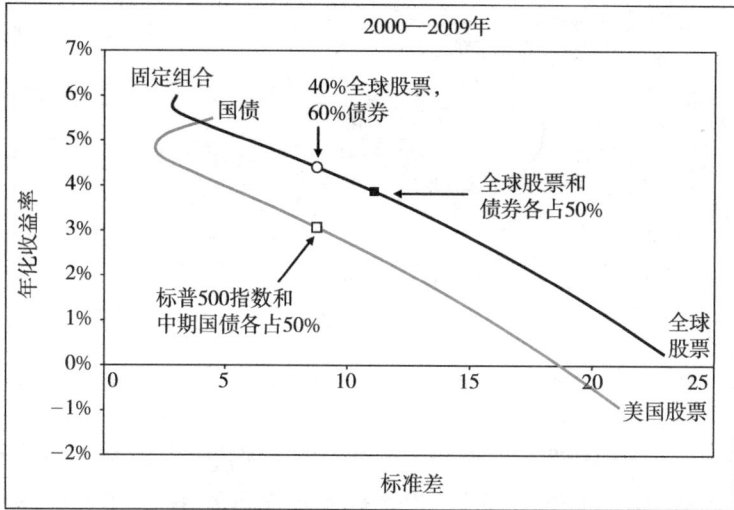

图 4-8 多种资产类别投资组合 VS. 标普 500 指数和中期国债构成的投资组合，
2000—2009 年

现代投资组合理论减少了亏损的次数和规模，却不能绝对免除亏损。在这一理论中，多种资产类别投资是一个非常重要的部分。创建一个适当的全球投资组合，让你能应对各种市场环境，这一点是非常重要的，因为毫无疑问，在你的一生当中，一定会经历一些让你不知所措的市场情况。

持续靠近"西北象限"

寻找多种资产类别的投资组合只是一个开始。我们在美国股票和国债中增加 3 种新的资产类别：欧洲股票、太平洋股票和美国公司债券，可以加入进来的还有很多。本书的第二部分会讨论能够推动有效边界进一步向西北象限靠近的新的资产类别的参数设定。

作为本书第二部分的前奏，下面是探寻资产类别值得考虑的 5 点。

1. 想要找到彼此之间能够始终保持负相关或不相关状态的低成本的资产类别是很难的。你能找到并采用的大部分资产类别，至少在一些时间内会呈现正相关性，这一事实无法回避。

2. 资产类别之间的相关性能够改变，而且经常会改变。曾经不相关的投资，将来也许会变得相关，反之亦然。过去的相关性是未来的参考，但并非可靠的参考。不要相信任何研究报告或者书上说的"资产类别 1 和资产类别 2 之间的相关性为 X"，因为当你看到或听到这些言论时，相关性也许已经发生了变化。关于未来的风险、收益和资产类别的相关性，不可能得到任何程度上的确认。因此，投资者也不可能提前知道一个完美的投资组合。

3. 当行情波动激烈，你想降低资产类别之间的相关性时，所有资产类别之间的正相关性可能会显著增加。在 2007—2009 年的信用危机期间，几乎所有有风险的资产类别都在下跌，其中还包括大宗商品投资，其被一些推荐人吹捧为熊市中的避风港。然而，他们是错的。在 2008 年，大宗商品投资的收益比股票投资收益还低。

4. 在熊市中，美国和外国股票市场呈现高度正相关性。在 2001 年 9 月 11 日纽约世贸中心遭受恐怖袭击之后，全球的股票市场跌幅超过 5%。在那样的恐怖时期，全球的股票分散投资都无法发挥效益。

5. 在一定的限制下，资产类别多的组合要优于资产类别少的组合。但是在资产类别达到 12 种时，任何分散投资效益都会下降，而且维持的成本会增加。

资产配置不但需要定量的信息处理，还需要投资者具备基本的常识。所以，你对资产配置策略的研究不能止步于此，有很多书、网站和电脑程序都可以帮助我们。罗杰·吉普森（Roger Gibson）先生所著的《资产配置：平衡金融风险》（*Asset Allocation：Balancing Financial Risk*），便是一本不错的投资入门书籍。另外，威廉·伯恩斯坦（William Bernstein）所著的《聪明的资产配置人》（*The Intelligent Asset Allocator*）、《投资四法则》（*The Four Pillars of Investing*）两本书也非常不错。我对这两位作者在书中所发表的90%的投资组合的观点表示认可，而非全部。

一个好计划的敌人就是追求完美，因为追求完美的道路永无止境。细节会让人陷入深渊。他们陷入分析瘫痪，最终一无所获。克制追求完美的欲望，设计一个好的计划，并维持这个计划，这样你才能走得更远。

你设计的最好的投资组合就是能够满足你的需求的那个。如果你的投资组合十分合理，那么不管市场情况如何，你都会长期坚持。这才是真正重要的。

关于多种资产类别投资的结语

选择多种资产类别的投资组合有很多种方法。其中一种就是回答调查问卷上的问题，并将答案输入电脑。这个方法的问题就在于电脑是纯粹的数学模式，而且过于依赖以往的风险、收益和相关性。电脑模拟基本上是假设过去发生的事情是未来最有可能发生的情景。在作出投资决定时，这是极不可靠的方法。这个世界时刻都在改变，没有任何电脑模拟可以精确地预测将会发生什么改变，以及这些改变会如何影响投资组合。

此外，电脑并不知道你是谁，也不能评估你的个性资料，所以也就无法推荐真正适合你的需要的配置方案。它不知道你工作的稳定性如何，你的健康状况如何，你是否有特殊的家庭需求。它也不知道你的孩子是否已经经济独立，或者你的父母是否经济独立并可以维持该状态。没有电脑会知道社会保障制度从现在开始能否维持25年。

一个计算机模型基于输入的非常有限的事实资料，也许可以在数学方面得出正确的结论，但是如果该配置不适合你，不适合你所处的环境以及你试图完成的目标，那么它提供的答案就是无效的。关于资产配置，我相信更加深思熟虑、更加主观的判断。

每一个投资者的需求、经验和环境都是独一无二的。建立投资组合是为了在一定的风险范围内实现财务目标，这样在市场困难时期就不会有阻碍资产配置计划实施的障碍，也能将风险控制在一定范围内。数学模型可以帮我们思考什么样的投资组合可以被配置在一起，然后需要投资者对资产配置所掌握的常识去作进一步的判断。

本书所采用的方法同时兼顾了理性的左脑和感性的右脑。在本书的第二部分和第三部分当中，我们将会进一步讨论有关从理性角度和感性角度进行资产组合管理的内容。

本章小结

多种资产类别的投资组合能够减少投资组合风险，增加潜在收益。持有多种的资产类别比持有少数资产类别要好。每一种新增的资产类别都会降低整体投资组合的风险。通过在投资组合中增加一些不同的资产类别或板块，你可以创建一组高效的投资，它们共同作用，在更低风险和更高预期收益的情况下实现财务目标。

寻找相互之间存在弱相关性的资产类别是一种挑战。在不同时期内，资产类别之间的相关性可能会发生显著的改变。因此，要判断某种资产类别是否适合加入你的投资组合，就需要一套方法。我在本书的第二部分探讨了这种方法。

一个好的资产配置计划的敌人就是追求完美。你需要克制追求完美的欲望。完美的计划是不可能存在的。你应该设计一个好的多种资产类别的投资组合计划，贯彻并维持这个计划。你会很庆幸自己这么做了。

第二部分

投资类别的选择

第5章

投资类别选择的架构

关键概念

- 所有资产类别都应该实现通货膨胀影响之外的真正预期收益。
- 资产类别的风险应该有根本上的差异。
- 不同资产类别之间特有风险的相关性波动水平测试。
- 具有流动性或低成本的基金是可以选择的。

资产配置的概念并不复杂，并且它有很多优势。假如你将你的投资组合分散到一些具有真正的预期收益，但是性质不同的投资，就可以降低遭受巨大损失的风险。每年对你的投资组合进行再平衡，使之回到原来的目标配置，就能控制长期风险，提高收益。挑战就在于找到具有不同性质和预期真实收益的投资品种。

第二部分讨论的是大部分适用于你的常见的资产类别，以及一些不常见和不适用的资产类别。对于很多资产类别来说，产品的成本和流动性会让分散投资无法产生投资效益。

四个步骤

资产配置策略的核心分为四个步骤。

1. 根据你的长期理财需求和风险承受能力来确定你的投资组合的风险水

平，这就转化为股票和固定收益证券的投资比例。

2. 对资产类别进行分析，并根据其特有的风险水平、预期收益、与其他
资产类别过往的相关性来选择合适的资产类别。如果需要的话，再加
上税收效率。

3. 从步骤 2 中选取出的资产类别中选择最具有代表性的产品。低成本指
数资金和 ETF 是很好的选择，因为它们可以提供广泛的分散投资效
益，并能够紧密追踪资产类别收益。

4. 严格实施你的资产配置计划，并定期再平衡你的投资来控制组合风
险，增加长期收益。

本书的剩余部分将会详细地探讨这四个步骤。第二部分会详细讨论资产
类别和基金选择，第三部分讨论投资组合管理，特别是选择适当水平的风险
和收益，并维持投资组合。我知道这个顺序与上面的四个步骤相反，但是为
了达到我们的目的，我们先分别探讨不同种类的资产类别，再讨论如何在不
同的资产类别中运用它们会更好一些。

从美国股票和债券开始

你需要为你的投资组合中所包含的资产类别和投资产品列出一个清单。
大多数美国投资者都是从广泛地研究美国股票市场指数和美国投资级债券开
始，将其作为资产配置的基石，然后从这里开始增加其他资产类别的投资。
这似乎很有道理，因为随着时间的推移，美国股票和债券都能赚取真实的正
收益，并且彼此之间无相关性（见第 3 章）。此外，美国的投资者以美元结算，
因此你的投资组合很大一部分应该被分配到以美元计价的资产，而非以外币
计价的资产。

理想情况下，投资者会增加其他和美国股票、债券之间呈负相关的资产
类别。呈负相关的资产类别可以缓和由美国股票和债券导致的波动性。不幸

的是，想要找到与美国股票和债券呈负相关的投资对象几乎是不可能的。如果你以为你已经找到了呈负相关的资产类别，那么接下来会发生一些改变，相关性会出乎意料地变成正相关。

2008 年，相关性的转变就发生在大宗商品基金投资者的身上。当时有一些投资者觉得，大宗商品基金可以在熊市中帮他们缓和股票投资组合的压力，然而后来大宗商品基金和股票却变成了高度的正相关，比股票的下跌还要严重。

另一个相关性转变的例子发生在 2001 年 9 月 11 日恐怖袭击之后的美国股票市场和外国股票市场。美国股票市场休市一周，重新开盘后价格暴跌。不过，这并没有阻止其他主要国际市场的暴跌。危机中，全球股票市场的正相关性会增加，同时每个市场都会下跌。

在这个不可预知的世界，投资对象之间的相关性会毫无预警地发生巨变。也许你觉得你的投资组合可以规避风险，但事实并非如此。没有任何一个投资组合可以在市场好转时完全盈利，在市场衰退时全然规避风险。华尔街永远没有免费的午餐。

你无法找到和美国股票及债券市场保持负相关状态并获得预期收益的投资对象，但是你可以找到和这些投资产品呈不同相关性的投资对象，并得到真实收益。这些投资对象都应该被密切关注。如果你在你的投资组合中放入足够的呈不同相关性的投资对象，那么你的资产配置会在大部分时间产生效益。

资产选择指南

第二部分讨论的广泛的资产类别包括：美国股票和外国股票、美国债券和外国债券、房地产、大宗商品、商品期货、钱币和收藏品。这些资产类别的分类包括但不限于：欧洲股票、太平洋股票和新兴市场股票；政府债券、抵押债券和公司债券；住宅和商业房地产；大宗商品指数基金；黄金、稀有硬币和艺术品。一些资产类别还可以继续划分，比如成长型股票和价值型股票、大盘股票和小盘股票、投资级债券和非投资级债券，以及其他类别。我们研究所有这些可能性。

本章的宗旨是给你提供一系列评估潜在资产类别和能代表它们的基金的指南。这些指南适用于广泛的资产类别以及它们的子类别和更细的分类。读完第二部分的内容之后，你应该列出可能被纳入整体分散投资组合中的投资对象清单。这并不是说你的投资组合要包含清单上所列的所有的投资对象，或者不在清单上的投资对象就要排除在外。这只是一个简单的参考而已。

可以放入你的投资组合中潜在的资产类别必须有三个重要的性质：

1. 在投资组合中的资产类别应该有根本上的差异；
2. 随着时间的推移，每种资产类别都应该获得超过通货膨胀率的收益率；
3. 资产类别必须容易获得，比如低成本的多种基金或产品。

根本差异

资产配置就是分散风险。为了实现风险分散，投资组合中的每一个投资对象都应该有根本性的差异。这会让整个投资组合具有独特性。

选择投资对象的第一个标准就是列入考虑范围的投资对象和其他所有投资对象存在可计量的差异。有时候投资对象之间的差异非常明显，有时候则需要关键的分析。投资者想要找出主要资产类别之间的根本差异是很容易的。股票和债券截然不同，它们的发行者有不同的义务，收益流不同，税收也不同。

持有股票意味着你拥有公司的一部分所有权，你有权通过股息和股票价格的上涨公平地参与利润分配。因此，股票投资者有盈利风险，如果公司没有收入，股票的价格就会下跌。一旦企业清算，股票投资者就是公司财产的最末清偿人。

债券投资者将资金借给公司或者其他机构，后者就有义务向投资者定期支付利息，并按时归还本金。不管公司是否盈利，都必须支付债券利息。在债券合约上，发行机构对债券所有人所负担的义务有明确规定。债券持有人则面临的最大风险就是违约风险，即债权发行机构无法履行债券合约义务。这会让股票投资者和债券投资者重视发行单位的财务状况。

在一个资产类别中，小的分类之间的差异也非常明显。欧洲股票指数由总部设在欧洲的公司组成，这让它和美国股票指数有着明显的不同，后者由总部设在美国的公司组成。根据定义，欧洲股票和美国股票是彼此排斥的。其中一个指数的成分股不能同时是另一个指数的成分股。例如，一个公司将全球运营总部设在欧洲，就不能再在美国境内设置全球运营总部。它要么是欧洲公司，要么是美国公司，不能二者都是。

在资产类别中寻找独特的投资对象就更加复杂。资产类别中样式上的差异，并不等于类别上的差异。比如，美国的大盘股票和小盘股票之间所存在的根本上的差异并不大。二者的会计制度、交易市场和税收政策都是一样的。即便如此，美国股票还是可以划分为彼此排斥的大盘股指数和小盘股指数。我们可以每年观察这两种指数，看看它们之间的风险—收益有没有明显的差异。

在经济周期的不同时期，如果两种子资产类别表现完全不同，也可以放入同一个组合中。例如，在经济衰退期和恢复期的早期阶段，成长型股票往往表现不俗，而在进入恢复期和经济巅峰期阶段，价值型股票往往表现优异。

价值型股票指数基金和成长型股票指数基金也相互排斥。即便是来自于同一个市场的股票也不存在债券重叠。一旦出现债券重叠，就意味着两项投资持有相同的证券，它们会呈现高度正相关。

20 世纪 90 年代末期，技术和通信类股票价格飞涨。当时表现最好的共同基金，都是技术和通信这一板块的成长型基金。面对这一浪潮，投资者的反应就是过于重视表现良好的成长型基金。根据投资公司协会（Investment Company Institute，ICI）的资料，从 1998 年年底开始，每个季度流入成长型基金的资金，开始超过流入价值型基金的资金。在 2000 年年初成长型股票的行情达到巅峰时，投资者将亿万美元的资金从价值型基金转移到了成长型基金。图 5-1 显示的就是这种资金的大幅转移。

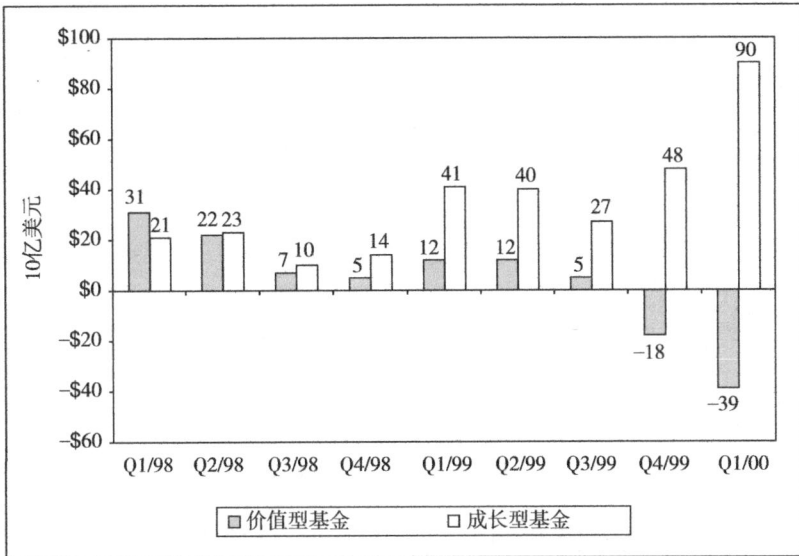

图 5-1　每个季度流入成长型基金和价值型基金的资金

　　共同基金公司迅速推出了刺激投资者胃口的新基金。图 5-2 显示了在 20世纪 90 年代末期新推出的大量成长型基金，与之形成鲜明对比的是同一时期新推出的少量保守价值型基金。2000 年之后，成长型基金迅速下跌，持有投资组合中含有多种重叠的成长型基金的投资者遭受了巨大损失。分散投资并不是简单地持有几种不同名字的共同基金。这些基金的相关资产需要用晨星投资风格箱方法（Morning style boxes）或者一些其他方法来进行检查和比较。

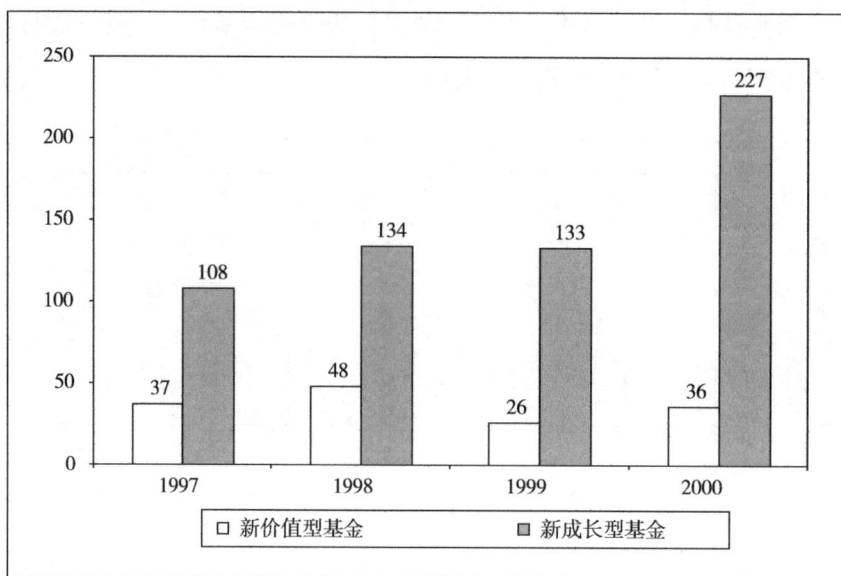

图 5-2　新成长型基金和新价值型基金的数量，1977—2000 年

　　如果你知道你的投资组合中存在债券重叠，你可以让它继续存在下去。例如，标普 500 指数主要由大盘股构成，虽然其中也包括一些中盘股和少许小盘股。如果一个人投资了标普 500 指数基金和小盘股指数基金，就会出现一些股票的重叠。从实际情况考虑，小盘股对于标普 500 指数的影响是微不足道的。因此，你可以将小盘股指数基金添加到标普 500 指数基金中，在不对组合增添可测量的债券重叠的情况下获得更广泛的分散投资效益。

拥有真正预期收益的资产类别

　　一个投资组合中长期持有的资产类别应该按预期获得高于通货膨胀率的收益率。所有投资产品的价格都含有对通货膨胀的预期。债券到期后，基于预期的通货膨胀率以及对债券风险和通货膨胀风险的溢价支付利息。股票价格包含对通货膨胀的预期，当股价上涨并超出通货膨胀时，公司收入才会增长，才会支付股息。

　　只能和通货膨胀保持步调一致的有价证券并不适合长期投资。购买这样的投资产品意味着将资金从那些能够支付利息和红利的投资和具有增长潜能的基金中，转移到没有收入或股息，也没有超过通货膨胀增长的投资产品中。对于那些想要推测近期价格走势的人来说，这种资产还算不错。但是，本书讲的并不是短期的投机。本书的内容是将资本分配到具有长期收益潜能的投资中。

在历史上没有赚到真实收益的资产类别中，大宗商品和贵金属就是两个很好的例子。这类资产类别被吹嘘为偶尔与股票和债券呈现负相关，因此可以随着时间的推移降低投资组合的风险。但是从长远来看，分配到这些投资产品中的资金并没有产生真实收益。

投资者往往将大宗商品较高的价格波动性解读为一个信号，表明这种资产类别将在一定的价格风险下提供真正的长期收益。但是这并不正确。价格波动性本身并不会产生投资收益，产生收益的是现金流。企业股票的盈利增长带来现金股息，债券带来利息收入，房地产带来租金，以及稀有硬币等收藏品带来的稀缺价值，这些才是能够创造真实收益的东西。一桶油无法将自己膨胀成两桶油，一盎司黄金也无法繁殖成两盎司黄金。没有哪种大宗商品能够支付利息或股息。虽然大宗商品的价格会像过山车一样起起伏伏，但是对于长期投资者来说，大宗商品本身无法创造真正的财富。

有弱相关性或不同的相关性的资产类别

在找到通过了基本分析测试和真实收益测试的资产后，在你的投资清单中选择资产类别的第三个准则是：挑选具有弱相关性或者无相关性的资产类别。通过连续的相关性分析，可以验证某种资产类别特有的风险。通过该项分析，你可以看到在不同时期，某种资产类别特有的风险与其他资产类别的风险的相关性。

理想情况下，你要寻找的是一直呈负相关的投资对象。可是通过周期性的相关性分析，你很快就会发现，这样的投资对象根本不存在。接下来的最好选择，就是寻找大部分时间呈弱相关性，或者偶尔呈负相关性的投资对象。

你也许可以回忆起，我们曾在第 3 章讨论过，相关性的衡量范围介于 +1

和 –1 之间。当两种投资产品同时高于或者同时低于它们的平均收益时，它们就呈正相关；当两种投资产品的收益相对其平均收益呈现相反走势时，它们就呈负相关；当两种投资产品相对于平均收益的走势没有特定的一致性，它们就被称为不相关或 0 相关。

相关性会随着时间以无法预料的方式发生改变，转变的程度往往取决于两个投资类型中潜在的风险差异。在一个时期内呈现正相关的两种资产类别，在下一个时期也许会变成不相关或负相关。所以，仅仅测量某一时期两种资产类别之间的相关性几乎没有什么用处。

不幸的是，在解释两种资产类别之间的相关性时，大部分大学里的金融书籍只会引用长期的平均相关数据。而单一的长期平均数据更加无用，因为它会给读者一个错觉，让他们觉得相关性不会发生改变。更糟糕的是，财务咨询顾问也总是引用这些单一的相关数据，将其输入电脑，为顾客创建"最理想"的资产配置。这种方法也许会告诉顾问，他们的顾客在过去应该如何配置他们的资产，但是对于将来的理想配置却毫无用处，因为相关性已经改变了。

本书采用周期性的相关性数据作为研究资产配置的参考依据，而非静态的长期数据。周期性的相关数据让你能够看到资产类别之间的相关性转变的频率和幅度。你可以大致了解什么时间两种资产呈弱相关或负相关，以及什么时间资产呈高度正相关，以此来判断该投资产品对组合的配置是否有帮助。

图 5-3 显示的是美国股票和债券每隔 5 年的相关性的变化，这个例子能很好地说明这两种资产类别之间的相关性有多么不可预测。

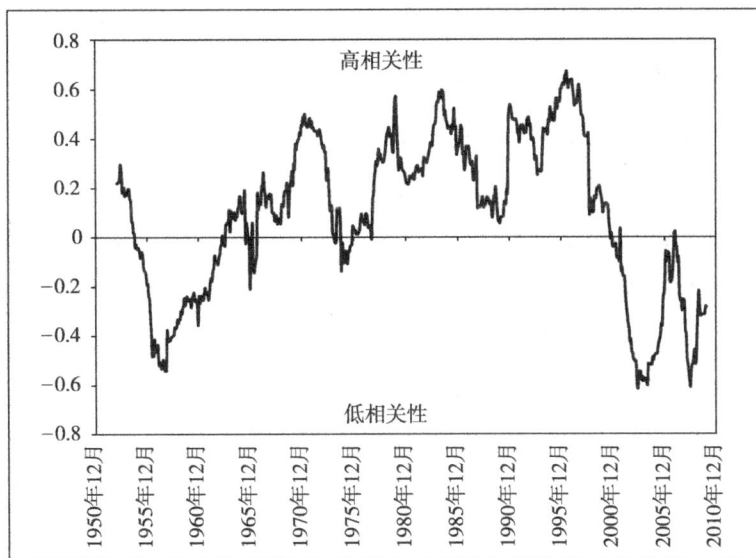

图 5-3　标普 500 和中期国债每 3 年的相关性变化

在 20 世纪 50 年代的大部分时间，美国股票和中期债券呈现负相关。随后的 40 年，相关性从负相关变为不相关，又变为正相关。20 世纪 90 年代中期时，正相关达到巅峰。在 20 世纪 90 年代末期，相关性又变成了负相关，在 2004 年和 2008 年，负相关均达到了最高程度。

虽然美国股票和中期债券的相关性经常发生改变，但是它们在大部分时间里能够发挥分散投资效益。在资产配置中，两个投资产品之间的关系不必始终呈负相关或不相关，甚至弱相关。只要新加入的资产和组合中已经存在的资产类别不存在高度的正相关，那它就可以降低长期投资组合风险，并增加长期收益。

可投资的低成本资产类别

考虑加入你的投资清单中的资产类别必须是"可投资的"，也就是说，有低成本的有价证券可以代表该资产。你应该寻找那些费用率低和无需缴纳基金赎回费的共同资金。资产配置策略要求偶尔进行再平衡，赎回费会增加再平衡的成本。我本人更偏好指数共同基金和 ETF，因为它们费用低廉，还能跟踪用于资产配置的市场指数。在缺乏跟踪指数的基金的情况下，积极管理型的共同基金和低价单位投资信托（UITs）产品都是可以考虑的。

被选中来代表投资组合内某种资产类别或子类别的投资工具也应该提供足够的分散投资效益。广泛的分散投资可以确保投资工具和你研究的资产类别之间存在较高的相关性。例如，追踪美国股票市场的大部分指数基金的相关性高于0.99。因此，有一些指数基金非常能够代表总体美国股票类别。

一些资产类别只是昂贵的套装产品，并不适合个人投资。这些投资通常采用有限合伙（Limited Partnership，LP）形式。有限合伙产品通常费用高、流动性差、税收无效率、管理松散，还存在很多隐秘。可是那些把你吹捧为特别投资者的华尔街经纪人却总是积极地推销它们。如果你不知道你在做什么，就不要将资金注入这些投资产品中，这些产品包括对冲基金、大宗商品交易基金、创业投资基金、非上市股票基金。与此有关的一些资料，大家可以参看本书第10章的"另类投资"。

有些投资类别中的产品经常找不到合适的投资路径，比如正在阅读本书的大多数投资者应该都不会想到投资早期画师的博物馆等级的油画作品。所以，除非是猎奇，不然不会有人关注它们。你最好将时间花费在研究那些可投资的资产类别上。

全球金融市场

当投资组合中的投资产品完全不同，具有实际预期收益率，彼此之间存在弱相关性成不同的相关性时，资产配置最能产生效益。如图5-4所示，这个世界很大，可供选择的资产类别、子类别和风格有很多。在全球资本市场中，美国持有45%的可交易债券，处于主导地位。美国的占比在逐年下降，新兴国家正在成为新证券的重要来源，这些国家包括中国、印度、巴西以及一些东欧国家。

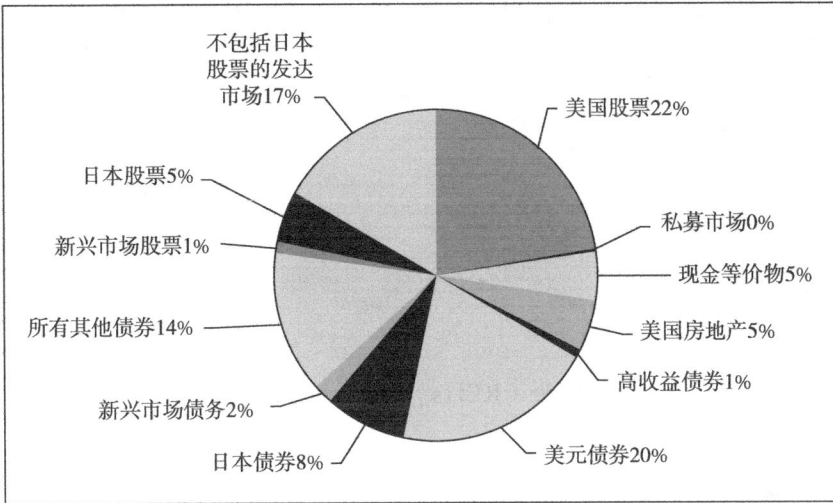

图 5-4　2009 年全球资本市场中可投资的资产总值为 50 万亿美元

为了迎合寻求以低成本实现全球分散投资效益的投资者，很多基金公司推出了低成本的指数基金和 ETF。每一年，一些基金公司都会提供涵盖我们正在寻找的基本性质的可投资债券。我一直在关注低成本的共同基金和 ETF 产品中具有新的特有风险的基金，其中有流动性、分散效益和低成本的并不多，但是有时候能遇到。

在第二部分接下来的 5 章中，我们会分析图 5-4 中的各种资产类别和分类，还会讨论其他分类。以下是这些资产类别、分类和类型的摘要。

第 6 章：美国股票投资

美国股票市场的总体框架

规模分析（大盘股和小盘股）

类型分析（成长型和价值型）

第 7 章：国际股票投资

发达市场

新兴市场

规模和类型指数

第 8 章：固定收益投资

美国投资等级固定收益

美国非投资等级固定收益

国际固定收益

第 9 章：房地产投资

住宅投资

租赁房地产投资

房地产投资信托基金（REITs）

第 10 章：另类投资

收藏品投资

大宗商品与大宗商品 ETF

对冲基金、风险投资基金和 ETF

在每一章的结尾，都会有一个潜在的共同基金和 ETF 的清单。其中每一个投资对象都能代表那一章讨论的资产类别或分类。这些基金只当作参考，还需投资者进一步的分析，包括阅读招股说明书。

在接下来的章节中提到的投资产品，哪一个能放入你的投资计划还很难说。有很多因素需要考虑，包括投资的时间长短、收益需求、风险承受能力、税收情况，以及一系列其他因素。在本书的第三部分，我们将会对这些内容进行详细探讨。

本章小结

资产配置的核心是风险分散。不同的资产类别和分类有不同的风险。如果投资组合中的投资对象存在着根本差异，每一个产品都能在去除通货膨胀影响后实现真实收益，就能减少整体投资组合的风险。

寻找具有独特的风险—收益性质的投资对象是一个挑战。投资对象的根本差别，意味着这些资产类别代表着互相排斥的市场，或者代表相同市场内不同类型的证券。投资对象之间存在根本差异，呈现弱相关或者不同的相关性，才是最好的分散投资。

接下来每一章的结尾都会有一份针对那一章资产类别里潜在投资对象的清单。这些清单仅供参考。每个投资者都是独一无二的，这也就意味着每一个投资组合都应该有所不同。

第6章

美国股票投资

关键概念

- 股票大概有 6% 的真实复合收益。
- 美国股票可以细分为不同的类别。
- 将这些类别进行分散投资对于投资组合有益。
- 将多种指数基金和小盘股组合起来的投资效果最佳。

在每一位投资者的成长型投资组合里，美国股票都占有极重要的地位。美国约有 1 500 万人直接或间接持有本国股票，即除了直接投资之外，还通过共同基金、ETF、浮动年金以及雇主退休账户等方式持有美国股票。

在这一章里，我们要将广义的美股市场以及该市场的细分作为主要探讨对象。通常情况下，指数提供机构都是从整体美国股票市场开始的，这是它们指数产品的基础。然后，它们会根据公司的规模（大盘股、中盘股、小盘股公司）、估价方式（成长型、价值型）以及行业板块，进一步将整个市场划分为不同的类别。

有一个现象让人们感觉很有意思，那就是在美国股票市场上细化的分类之间，并不是所有的产品之间都存在着高度的相关性。有时候，有的类别中的股票或许会水涨船高，而其他的板块则一直处于弱势之中，在整个美国股票市场中，此类现象非常多见。所以有时候如果你重点投资这几个类别中的产品，可能会获得分散投资优势。本章会涉及其中的几个板块。

美国股票收益的历史

从长期来看，美国股票的收益还算是比较出挑的，尤其是过去的 60 年间。美国市场经济逐渐繁荣，已经成立的公司在逐步成长，新的公司和产业也在不断涌现。在过去的一个世纪，虽然有战争、经济衰退、许多银行倒闭等不利因素，但是美国的公司还是有比较稳定的收益增长。这种收益增长带来了比较稳定的股利、股票市值的增长，股份持有者的实际个人财富也有着显著的增长。

从 1950 年到 2009 年，美国股市的年平均收益率为 10.9%，这轻易地打败了收益率只有 6.1% 的 5 年期国债和 3.8% 的通货膨胀率。表 6-1 显示的是在不同时期中，扣除通货膨胀因素影响的收益水平。扣除通货膨胀因素影响的收益也被称为"真实收益"，因为这是投资者增加或者减少的购买力的数量。真实收益不包括税金。

表 6-1　扣除通货膨胀因素影响的美国股票与美国债券收益

	1950—2009 年	1968—1982 年	2000—2009 年	通货膨胀率的历史波动范围
美国股票	7.2%	0.2%	−2.9%	5%~7%
5 年期国债	2.2%	0.3%	3.0%	1%~2%

资料来源：美国证券价格研究中心（CRSP）；圣路易斯联邦储备（St. Louis Federal Reserve）

真实收益强化了这一事实：通货膨胀是施加于所有投资产品上的隐性赋税。由通货膨胀引起的收益不能算作投资收益。在为你的投资组合创建资产配置方案的时候，你需要考虑投资产品的预期真实收益。

在美国股票市场上，想要一直获得真实收益并非易事。从 1950 年到 2009 年的某些时间里，美国股票表现不佳。从 1968 年到 1982 年这 15 年之间，扣除通货膨胀因素影响后的收益率和通货膨胀率几乎一致。而在 2000 年到 2009 年这 10 年里，扣除通货膨胀影响之后，其每年收益竟亏损 2.9 个百分点。这一段时间，绝对是 20 世纪 30 年代大萧条以来美国股票真实收益表现最差的时候。

股票投资者应该预料到，在有些时间段里，美国股票在扣除通货膨胀的影响后，根本赚不到钱。而这一点，恰恰是投资风险的表现。正是基于这一点，对股票投资者而言，市场时机才变得至关重要。从长远来看，股票收益率能够轻松跑赢通货膨胀率，股票会是将来真实投资表现最为出色的产品之一。为了从股票产品中获益，不论市场情况如何，你都应该坚持投资股票。

美国股票市场的结构

当一个公司第一次向公众出售股票的时候，就是首次公开募股（IPO）。新股票由管理严格的初级市场发行。为了实现上市，公司会雇用投资银行，这个过程中的一步，就是向大型的机构投资者推销自己的股票。像你我这样的个人投资者，进入首次公开募股市场的机会渺茫，除非我们和某个投资银行关系特殊，或者大型机构没有兴趣购买这家公司的股票。也许这种分配方式并非最公平的，但是华尔街采取的操作模式就是这样。尽管我们经常会听到被排除在外的小型投资者的抱怨，但这种方式确实有效。

新发行的公司股票会立刻在次级市场展开交易，大多数股票交易都发生在这里。新公司的股票会在哪个交易所进行交易，取决于公司董事的决定以及公司的财务历史和资产总值。因此，美国现在发行的股票已经超过了26 000种，而其中达到在主要的股票交易市场交易标准的不到20%。公司必须在满足了规模、股价和流动性等方面的要求后，才能进入纽约证券交易所（NYSE）和纳斯达克股票市场进行交易。

当有些公司因自身资质不足，无法让股票在股票交易所上市时，这种股票就被我们称为"公告牌股票"（Bulletin-board Stocks）。要购买这样小型的、通常不能兑现的股票，就一定要去交易市场购买，比如场外柜台交易系统（OTC Bulletin Board）、粉红报价（Pink Quotes）系统都属交易市场。

场外柜台交易系统（OTCBB）是美国的一种电子报价系统，它显示的是实时报价、最新卖出价，以及很多在纳斯达克股票交易所或国家证券交易所没有挂牌的股票的成交量。所有的场外柜台交易系统都必须向美国证券交易委员会（SEC）汇报。虽然场外柜台交易系统不是纳斯达克股票交易所的一部分，但美国金融业监管局（FINRA）依然会对其进行监管。

所谓的粉红报价，是一种由粉红色场外柜台交易系统市场公司运营的电子报价系统。粉红报价系统除了包括场外柜台交易系统的股票，还囊括了一些市场上并不活跃的股票、交易并不多的灰色市场股票以及低价股票、市场狭窄的股票。很多只在粉红报价系统上交易的股票公司不能或不愿提供财务信息和美国证券交易委员会的文件。几年前，那些身为美国全国报价局（NQB）成员的股票交易机构每周都会将这些股票的买入价和卖出价印刷在粉红色的长单子上，因此就有了"粉红单股票"这个名字。这份报价单会被发送到所有的经纪公司。

表 6-2 是美国股票的交易地点的分类。这份表格中只包括个体交易的美国普通股票，而挂牌债券、优先股以及证券交易所的共同基金、美国交易所的外国股票并不在其中。

表 6-2　每个交易所上市的美国公司的数量

按交易所划分的股票	公司数量	占总市值的百分比
纽约证券交易所（美国股票）	1 600+	80%
纳斯达克	3 400+	19%
（美国股票）		
公告牌股票	22 000+	<1%

资料来源：纽约泛欧交易所，纳斯达克

广义的股票市场

威尔希尔协会（Wilshire Associates）是一家私人投资公司，总部位于加利福尼亚州的圣塔莫尼卡。自从 1972 年成立以来，该公司已经发展了一系列美国指数，其中一个就是威尔希尔 5 000 综合指数，该指数通常被称为威尔希尔5 000，它是第一个衡量全美国股票市场收益的指数，它在纽约证券交易所和纳斯达克交易所进行交易（2008年，美国证券交易所和纽约证券交易所合并）。威尔希尔指数并不包括公告牌股票。

1974年，威尔希尔5000问世，它当时涵盖的股票多达5 000种，正因为如此，才有了威尔希尔5000这个名字。如今，由于美国主要股票市场上的交易种类在不断变化，威尔希尔指数覆盖的股票种类也在不断变化，有时候多于5 000种，有时候少于5 000种。

威尔希尔5 000综合指数的主要标准如下。

- 任何美国股票产品：普通股票、房地产投资信托基金（见第9章）或有限合伙公司股票。非美国本土股票和美国存托凭证（由美国银行发行的可转让凭证）除外。
- 这种有价证券必须是在纽约证券交易所或纳斯达克交易所进行交易。
- 这种有价证券必须是公司发行的主要股票产品。
- 公告牌股票除外。

威尔希尔5 000综合指数是最全面的美国股票市场指数。此外还有一些其他的市场指数，比如覆盖4 200种股票的道琼斯全市场指数、覆盖3 800种股票的MSCI美国整体股票市场指数、覆盖3 000种股票的罗素指数。此外，一些不包括微型股票的整体市场指数也很多，比如覆盖大约2 400个公司的道琼斯美国股票市场指数、覆盖1 600种股票的晨星整体市场指数和覆盖1 500家公司的标准普尔1 500指数（手动筛选的指数）。

一些低成本的指数基金和ETF可以追踪整个股票市场指数的收益情况。在本章的结尾有一份这类基金的部分清单。

规模和类型选择

投资全美国股票市场基金就相当于向股票配置迈出了坚实的一步。你可以从这一步开始，着手分析美国市场上的不同板块，并通过权衡一个或多个板块后找到获得更大的分散投资效益的机会。投资者应该建立一个细分市场的系统，这样各个板块之间才不会重合。

在划分全美国股票市场指数的时候，所有的指数提供机构都会从公司的规模和类型的角度出发，并用其独有的方法。大多数指数提供机构有 3 种规模：大型、中型和小型，或者至少按照类型分为两类：成长型与价值型。少许机构会有第三种按照类型划分的方法，分为核心型、中立型和混合型。

晨星分类方法

由指数提供机构公布的不同的分类方法有很多种，每家机构都有其独特的方式。位于芝加哥的晨星有限公司是一家共同基金与股票研究公司，在业界备受推崇。该公司建立了非常完备的系统来划分美国股票市场上 97% 的股票，该系统叫做晨星投资风格箱。以九宫格将股票按照 3 种规模要素和 3 种价值要素进行划分。要了解九宫格的划分方法，可以参照图 6-1。若想全面了解晨星公司的这种划分，则可以到晨星网站去详细了解。

晨星投资风格箱的一个局限就在于它只涵盖了大概 1 600 种股票，忽略了美国交易所交易的 3 400 多支微型股票。因此，我在九宫格的底部添加了微型股的部分，如图 6-1 所示，这样就可以涵盖整个美国股票市场上 99% 的产品，唯一排除在外的只有公告牌股票。

	价值型	混合型	成长型
大型	LV	LB	LG
中型	MV	MB	MG
小型	SV	SB	SG
微型	超小型		

图 6-1　晨星投资风格箱方法加上微型股之后的形式

晨星规模要素

晨星规模分类体系根据公司的"自由流通"市值对公司进行划分。所谓自由流通市值就是公司的总流通市值减去私人股东持有的股票市值。也就是说，微软公司股票的自由流通市值不包括比尔·盖茨持有的股票市值。自由流通是指数构建的一种常见方法，已经成为指数提供机构普遍采用的标准做法。

晨星按照公司规模分成的股票，就涵盖了美国股票市场 99% 的份额。这四种股票类型为：

• 大盘股＝根据可以投资的总市值，排名前 70% 的公司的股票
• 中盘股＝根据可以投资的总市值，排名在 70%~90% 的公司的股票
• 小盘股＝根据可以投资的总市值，排名在 90%~97% 的公司的股票
• 微型股＝根据可以投资的总市值，排名在 97%~99% 的公司的股票

晨星风格要素

晨星根据公司的基本特征，将其细分为 3 种类型：价值型、混合型和成长型。晨星使用由五种变量组成的"多要素模型"来划分股票类型。表 6-3 中就展现了这五种要素。等式中最有影响力的要素是：相较于历史收益的股票价格和相较于预期收益的股票价格。

表 6-3　晨星类型分析涉及的变量和比重

价值要素	增长要素
股价 / 预期收益（50.0%）	长期预期收益增长（50.0%）
股价 / 账面（12.5%）	历史收益增长（12.5%）
股价 / 销量（12.5%）	销量增长（12.5%）
股价 / 现金流（12.5%）	现金流增长（12.5%）
股息率（12.5%）	账面价值增长（12.5%）

晨星先计算公司的价值分数，然后是公司的增长分数，最后用增长分数

减去价值分数，得到的就是整体的类型分数。如果结果是极大的正数，该公司就被归类为成长型公司，如果结果是极大的负数，该公司就被归类为价值型公司。如果价值分数减去增长分数之后几乎为零，该股票就属于混合型。

划分价值型、成长型和混合型股票的界限都已经设定好了，所以在连续3年间，每一种类型都相当于一种独立的资本类型，占股票市场 1/3 以上的份额。这让每个投资风格箱里的股票种类实际上几乎是一样的。晨星每年都会对每个指数重新构建两次（添加或移除股票）。它在每个季度还会对指数重新调整实现再平衡（调整组合中投资产品的比重）。

按照晨星的方法，威尔希尔综合指数覆盖的 5 000 多种股票可以大致分为几个区块，图 6-2 显示的是每个区块中包含的股票数量。

	价值型	混合型	成长型
大型	74	78	89
中型	184	214	180
小型	250	279	255
微型	3 400 +		

图 6-2 晨星投资风格箱中的股票数量

资料来源：晨星公司，2009 年 12 月 31 日

2010 年 1 月，大盘股共计 241 支股票，占据了威尔希尔 5 000 指数的5%，却覆盖了整个美国股票市场上 70% 的自由流通市值。中盘股共计 578支股票，占据了 20% 的份额；小盘股 784 支股票，占据了 7% 的份额；最后3 400 多支微型股占据了余下的 3% 的份额。

分析要素表现

所谓要素，是指让投资组合之间不同的特征。界定投资组合的风险和收

益的两个主要要素是规模要素和类型要素。规模要素将一个投资组合中的加权平均市值和另一个投资组合或者某个指数中的加权平均市值进行比较。类型要素将某个投资组合中的价值型或成长型股票的加权市值和另外一个投资组合或指数中的股票加权市值进行比较。

规模表现

指数中股票的加权平均市值对指数的长期表现具有非常重要的影响。20世纪70年代末期，两位学术研究人员罗尔夫·班茨（Rolf Banz）与马克·雷恩格纳姆（Marc Reinganum）分别发现，微型股的长期收益率每年高出大盘股5个百分点。这是有道理的，因为规模较小、兑现能力较低的公司的股价波动程度比大公司的股价波动程度要高，因此，它应该被期待有一个较高的长期收益。

有趣的是，研究者班茨和雷恩格纳姆采用了威廉·夏普（Willian Sharpe）建立的风险—收益模型后发现，虽然微型股具有额外的价格波动风险，但它们能够提供超出预期的收益。微型股市场上正在进行着一些收益波动数据尚未捕捉到的行动。额外的收益实际上就是对流动性风险的补偿。购买微型股的投资者应该赚取更多的利益，因为这种类型的成交量较低。当投资者试图卖出相当数量的股票时，股价通常会下滑。

班茨和雷恩格纳姆还发现了一个有趣的现象，有时候微型股股价的波动方向与大盘股股价的波动方向恰好完全相反。也就是说，微型股的收益和市场中其他股票的收益并不总是存在相关性。因此，如果投资者加重投资组合中微型股的份额，就能获得更大的分散投资收益。

从表6-4中我们可以清楚地看到整体股票市场和微型股之间存在的收益差。表6-4中的微型股指数来自于美国证券价格研究中心。美国证券价格研究中心股票指数数据库包含了自1926年以来纽约证券交易所和纳斯达克交易所的历史交易数据。

表 6-4 微型股和整体股票市场的比较

年份	美国证券价格研究中心整体美国股票市场（%）	美国证券价格研究中心微型股指数（%）	美国证券价格研究中心微型股收益率减去整体美国股票市场收益率（%）
1995	36.8	33.3	−3.5
1996	21.8	19.1	−2.7
1997	31.8	24.1	−7.7
1998	24.1	−7.9	−32.0
1999	20.9	32.2	11.3
2000	−7.5	−13.4	−5.9
2001	−11.5	34.2	45.7
2002	−21.6	−14.1	7.5
2003	31.6	78.4	46.8
2004	12.5	16.8	4.3
2005	6.2	3.7	−2.5
2006	15.5	18.1	2.6
2007	5.8	−7.9	−13.8
2008	−36.7	−41.5	−4.8
2009	28.8	61.1	32.3

资料来源：美国证券价格研究中心

注意，在过去的几年间，美国证券价格研究中心的微型股指数和整体美国股票市场指数之间存在巨大的收益差距。考虑到这两种指数都涵盖了上千种美国公开交易公司的股票，这样的差距还是十分惊人的。学术界通常认为，如果股票投资组合具有广泛的多样性，那么单个公司的风险就会因此消除，只剩下市场风险。例如随机挑选 1 000 支涉猎不同行业的股票构成一个投资组合，再随机挑选另外 100 支涉猎不同行业的股票构成一个投资组合，这两种投资组合的收益率不相上下。而当投资组合完全由微型股组成时，情况就有所不同了，它和随机挑选的投资组合的表现完全不同。微型股指数涉及一种独特的风险要素，就算是增加更多微型股股票，这种风险要素也无法抵消。

图 6-3 反映的是美国证券价格研究中心整体美国股票市场指数、中盘股市

场和微型股市场在连续 36 个月内的相关性。美国证券价格研究中心中盘股指数和整体美国股票市场指数之间存在着高度正相关性。因此，对于已经持有了整体股票市场指数基金的投资者来说，购买另外一系列中盘股并非理想的实现分散投资效益的方法。少量的微型股可以创造更好的分散投资效益，因为有时候微型股和整体股票市场之间存在较低的相关性。相关性从高到低的变化，体现出微型股的利基市场具有创造分散投资效益的潜力。

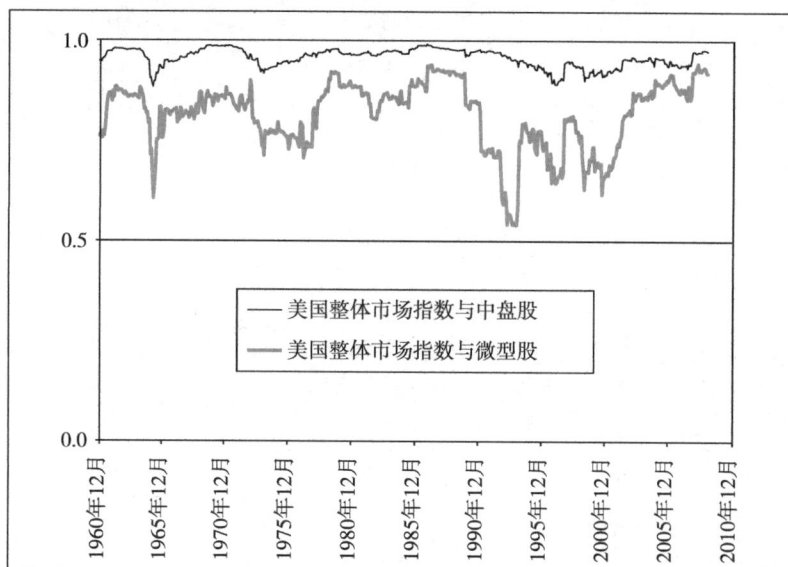

图 6-3　美国整体市场指数与微型股指数和中盘股指数在连续 36 个月内的相关性

通过微型股进行加权的投资组合，与整体股票市场投资组合的表现截然不同。图 6-4 表明，如果投资者在整体股票市场指数的基础上，增加 10% 的美国证券价格研究中心微型股股票，从理论上来说会获得怎样的分散投资效益。

如果有可能，假设在 1980—2009 年这 30 年里，一个含有 80% 的整体股票市场指数基金和 20% 的微型股指数基金的投资组合会增加 0.8% 的收益率，而风险只有小幅增加。不过，图 6-4 中的数据都是理论性的，因为在 1980 年的时候还不存在微型股指数。但是今时不同往日，现在，你可以购买低成本甚至零手续费的整体债券市场指数基金和微型股指数基金，虽然我不得不承认，可供选择的微型股指数基金非常有限。

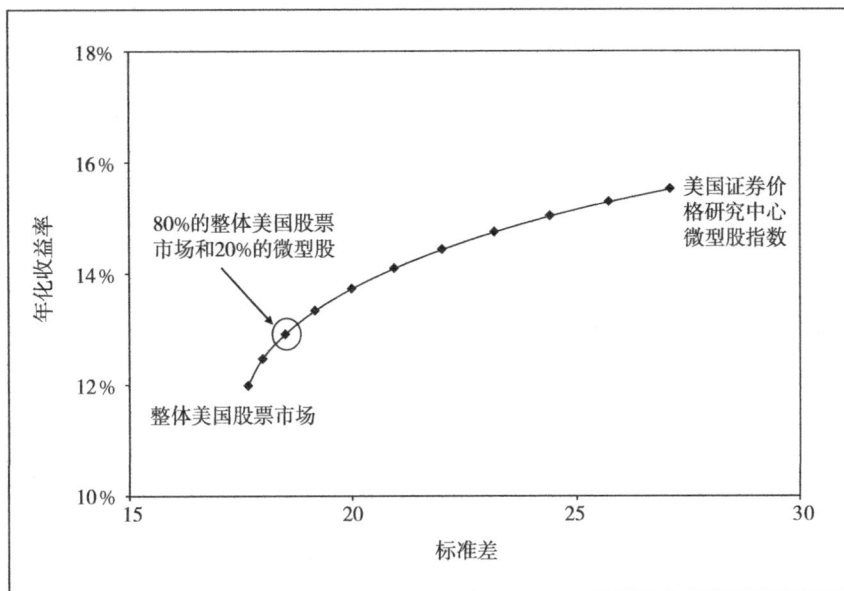

图 6-4　微型股加入整体市场指数基金后的收益表现，1975—2009 年

美国证券交易所上交易活跃的微型股超过 3 500 种，只占整个上市股票市场总值的 3%，低于微软公司或埃克森美孚公司的总市值。因此，任何一家微型股公司的表现对整个股票市场的影响几乎为零。而整个微型股市场的表现对于整体美国市场表现的影响也几乎为零。在一个投资组合中，加权微型股作为单独一种类型的美国股票，在过去已经被证实可以给投资者带来分散投资效益，未来也许同样可以给投资者带来更多的分散投资效益。

接下来是一个坏消息：想要找到一种真正的低成本、分散投资效益明显的微型股基金是非常困难的。事实上，这样的产品少之又少。很多基金产品都打着"微型股"的旗号，但它们只不过是微型股基金。它们投资的是小盘股和中盘股股票。

一些主动管理型的微型股基金值得考虑，但是很多基金都牵扯到高额的销售佣金或者惊人的管理费用。还有一些基金对于新投资者是封闭的。有时候，封闭式基金也许会短暂地重新开放一段时间，你需要提前准备好资金，在开放时迅速入场。这意味着你需要监控一些基金的情况，了解其可能开放的日期。

要确保你选择的微型股基金的市场权重不超过 2 亿美元，还要至少覆盖 300 家公司，还要确保总费用低于 1%，而且买卖股票的过程中不会产生任何佣金。祝你好运！

类型表现

按照类型对股票市场进行划分可以追溯到股票问世的时候。几年前，投资者主要通过股息收益来将股票划分为成长型和价值型。支付股息较高的股票，就被划分为价值型股票；而支付股息较低的股票，就被划分为成长型股票。随着金融信息越来越多，也由于政府强制要求公司完成美国证券交易委员会报表，投资者变得越来越有经验。研究人员创造并比较一些比率，比如价格和收益之间的比率是收益比率，然后将收益比率和收益增长比率进行比较。此外，一家公司的市值和账面价值之间的比率成为一个非常重要的分水岭。有很多人都相信，参考收入和账面价值的比率可以找到创造可观收益的投资机会的线索。价格和收益的比率与价格和账面价值的比率更低的公司，其股票的价值较高。1934 年，本杰明·格雷厄姆（Benjamin Graham）和大卫·多德（David Dodd）对此制定了专门的指导意见。在这些指导意见中，他们对这些比率问题进行了量化分析，并将其收入到了他们的不朽的著作《证券分析》（*Security Analysis*）中。直到现在，这本书依旧堪称投资界的经典之作。

从 75 年前本杰明·格雷厄姆和大卫·多德写下关于基础投资的经典之作后，一直到现在，股票市场的变化并不大。如今，投资者依然在分析相同的基本要素和价格比率，他们在探求价值时，仍然使用收益与票面价值两个指标。但是说句公道话，人们分析数据和那些公开的信息时采取的方式有所变化。但是，即便数据的数量有了巨大的增长，计算机的速度和精确性也让分析过程加速了几百倍。

紧接着，证券估值工作有了很大的进步，分析师和学术研究人员都开始认同按照类型将股票进行划分的标准。如果公司的市值相对于其基本要素和未来展望较高，就被划分为"成长型"公司。如果公司的市值相对于其基本要素和未来展望较低，就被划分为"价值型"公司。有一些指数提供机构将处于成长型和价值型之间的股票界定为第三种类型：中性股票。

随着按类型分类的方法开始普及，以及计算机让数字运算的速度不断加快，研究人员自然而然地回归到历史数据，按照类型方法论重建指数。在 20 世纪 70 年代，研究人员开始比较追溯到 20 世纪初具有较高准确率的不同类型的收益。历史数据表明，从长期来看，价值型股票的收益比成长型股票的收益高几个百分点。在大部分彼此独立的 10 年周期中，价值型股票都会跑赢成长型股票。

此外，研究人员还发现，美国之外的市场也存在着价值溢价现象。这表明推动美国和其他国家价值型股票创造收益的要素是一样的。这一现象带来了这样的问题："将来全球价值型股票创造的收益会不会高于全球成长型股票创造的收益？"对于这个问题，现在大家还是各持己见。

拥护成长型股票的人抓住了价值溢价的联系。有人认为价值效应不正常，将来并不可能会发生。还有人质疑研究的精确程度。还有人说，这些数据从理论上来说是正确的，但是当这个理论被用于实际的投资组合时，交易费用和流通限制会抵消真实市场中的很多价值溢价部分。

尤金·法玛（Eugene Fama）和肯·弗兰奇（Ken French）在 1992 年 6 月火力齐发，对他们心目中不可撼动的价值效应这一真理进行捍卫。他们通过《金融经济学》（*Journal of Financial Economics*）期刊发表了《预期股票收益解析》（*the Cross-Section of Expected Stock Returns*），这篇文章对于这一主题探讨得最为深刻。

法玛和弗兰奇（FF）提出的概念是，一个由美国股票构成的分散投资组合，其收益水平由三大主要风险轴决定。这三个风险要素分别是市场本身的基本风险（市场风险或 β 系数）、按照市场权重来看小盘股在投资组合中所占的比例（规模），以及按照市场权重来看价值取向型产品所占的比例（后者定义为市值和账面价值之间的比率——BtM）。

法玛和弗兰奇从 β 系数、规模还有 BtM 三个方面，测试了一个分散投资组合。即便不能获悉投资组合的真实收益，也可以知道这一组合相对整体股票市场所取得的相对收益，准确率高达 95%。这就意味着，95% 的收益来自于投资者在承担三大风险要素后所取得的收益。只有很小一部分投资组合的收益源自于对股票的选择。对于那些主动型的投资组合经理来说，这样的结果无异于当头一棒。因为他们直到现在还在想要让公众相信，正是他们高超的挑选股票的技术，才产生了大部分的投资收益。

接下来，我们对法玛和弗兰奇发现的三大风险要素进行简析，一个由美国股票组成的投资组合，95% 的收益都是由这三大要素决定的。

1. **市场风险要素**。一般用 β 系数来表示该风险要素。随着股票市场的波动，所有的分散投资组合的收益也会随之增长或下跌。β 系数可以测量某个投资组合的变化，而整体股票市场的运动变化决定了它的变化。平均而言，β 系数可以解释一个分散投资组合中约 70% 的收益，这也意味着，影响投资组合最重要的要素就是 β 系数。

2. **规模风险要素**。法玛和弗兰奇再次证明了前人的研究：小盘股的收益表现高于整体市场的收益水平，并且小盘股的变化趋势和整体市场之间的变化趋势并不具有高度的相关性。添加更多小盘股来增加投资组合的多样性的方式并不会抵消规模要素带来的影响。因此，规模要素属于独立的风险要素。从市场权重的角度来看，小盘股在投资组合中所占据的比例越大，那么该投资组合受到规模要素的影响就越大。

3. **价值风险要素**。法玛和弗兰奇量化分析了之前的研究。结果表明，相对整体股票市场的产品收益，价值型股票的产品收益会更高；并且价值型股票和成长型股票并不会永远具有高度的相关性。通过在投资组

合中加入更多价值型股票的方式并不会降低投资组合的整体风险系
数，这和规模风险要素一样。所以，价值风险要素也属于独立的风险
要素。

此后，法玛和弗兰奇创造了一系列的指数，并通过他们自创的方法用这
些指数来测量规模要素和类型要素。在弗兰奇所在的达特茅斯大学的网站上
可以免费下载这些指数。

价值要素（续）

表 6-5 至表 6-7 通过三种指数提供机构的数据比较了不同类型的收益。第
一个序列的收益数据是法玛和弗兰奇提供的，第二个序列是弗兰克·罗素
（Frank Russell）公司提供的，第三个序列是三维基金顾问公司（Dimensional
Fund Advisior，DFA）提供的。法玛和弗兰奇和三维基金顾问公司历史悠久，
可以追溯到 1926 年，而 1979 年罗素指数才问世。这里的对比数据是 30 年间
的数据，始于罗素指数问世时。

表 6-5　1979—2009 年大盘基金比较

	FF 成长型 大盘基金	FF 大盘 指数基金	FF 价值型 大盘基金	罗素 1 000 成长型基金	罗素 1 000 指数基金	罗素 1 000 价值型基金
年化 收益率	11.3	11.5	13.0	10.5	11.5	12.1
标准差	16.6	15.6	16.1	17.8	15.6	14.9

在探讨研究结果之前，我们需要解释一下研究中使用的方法。法玛和弗
兰奇与三维基金顾问公司的价值指数和罗素价值指数在选择股票的方法上明
显不一样。

首先，法玛和弗兰奇还有三维基金顾问公司只用一种比率来界定成长型
产品和价值型产品。具体而言，法玛和弗兰奇的权衡标准是净值市价比，而

罗素划分成长型股票与价值型股票的工具是一种多要素模型。其次，法玛和弗兰奇和三维基金顾问公司指数并无交集。也就是说，假如一种指数被划分到某个类型中，那它就不会再次被划分到其他类型中。从成长型股票到价值型股票之间的过渡，罗素指数运用的是一种分度标尺的方式来表现的。假如罗素指数中的某一支股票产品既具有成长型产品特性又具有价值型产品特性，那么该股票的市值也要分配到增长型与价值型这两个区块中。举个例子，某支股票 60% 的市值可能属于成长型，那么余下的 40% 则属于价值型。最后，法玛和弗兰奇的中性指数、价值型指数和成长型指数相互间一定不会重叠，而罗素指数不包括中性指数或是核心指数这个区块。

表 6-5 比较了大盘成长型股票、大盘价值型股票和大盘核心股票在法玛和弗兰奇与罗素大盘指数当中的风险和收益差别。

虽然两大指数提供机构在划分类型的方法上存在很大差异，但是使用法玛和弗兰奇大盘股类型指数与罗素 1 000 大盘股类型指数分析过去 30 年的市场表现，其结果是差不多的。假如同时运用这两种方法，大盘股价值股票会比成长型股票表现更好，而价值型股票的风险也会比成长型股票低。

表 6-6 是法玛和弗兰奇小盘股类型指数和罗素 2 000 小盘股类型指数间的对比。数据显示，价值型小盘股和成长型小盘股间的收益差距较大。

表 6-6　1979—2009 年小盘基金比较

	FF 成长型 小盘基金	FF 小盘 指数基金	FF 价值型 小盘基金	罗素 2 000 成长型基金	罗素 2 000 指数基金	罗素 2 000 价值型基金
年化 收益率	7.9	12.8	17.2	8.8	11.3	13.3
标准差	24.1	20.3	18.2	23.5	19.9	17.4

不管从哪个指数来看，价值型小盘股的额外收益在过去 30 年间都比成长型小盘股的额外收益要高。此外，相对于成长型小盘股，价值型小盘股的风险会低很多。数据显示，小股盘市场比大股盘存在着更为明显的价值溢价的现象。

表 6-7 从罗素 3 000 指数和 DFA 指数入手（和 FF 指数类似），比较了整体股票市场的价值溢价。罗素 3 000 指数覆盖了 3 000 种美国大型股票，统计指标为自由浮动价值。它又被划分为罗素 3 000 成长型指数和罗素 3 000 价值型指数。DFA 市场指数由所有按照市值标准可以在纳斯达克和纽约证券交易所进行交易的所有股票组成。

表 6-7　1979—2009 年整体市场指数比较

	DFA 市场指数	DFA 市场价值指数	罗素 3 000 指数	罗素 3 000 价值型指数
年化收益率	11.7	14.0	11.4	12.2
标准差	15.7	16.8	15.8	14.9

从图 6-5 可以看出，威尔希尔 5 000 综合指数和 DFA 市场价值指数在连续 36 个月内的相关性。注意，20 世纪 90 年代后期，由于大盘成长型股票市值的飞涨，价值型股票和综合指数间的相关性下降十分迅猛。在此期间，科技股表现最优，一度在威尔希尔 5 000 指数中一枝独秀。

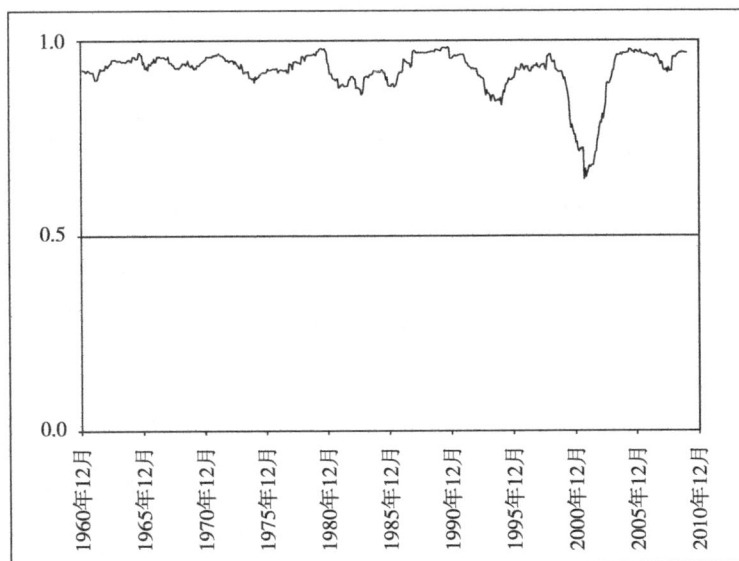

图 6-5　整体美国市场指数和 DFA 市场价值指数连续 36 个月的相关性

图 6-6 是罗素 3 000 指数、罗素 3 000 价值型指数和罗素 3 000 成长型指

数的长达 30 年的一份十分有趣的风险—收益表。左上角是罗素 3 000 价值型
指数的风险和收益；右下角是罗素 3 000 成长型指数的风险和收益；中间是罗
素 3 000 指数。从罗素 3 000 指数开始，图中的每个节点是罗素价值型股票份
额或罗素成长型股票份额按顺序提高 10% 或降低 10%。这种虚拟性的投资组
合每年都会进行再平衡。

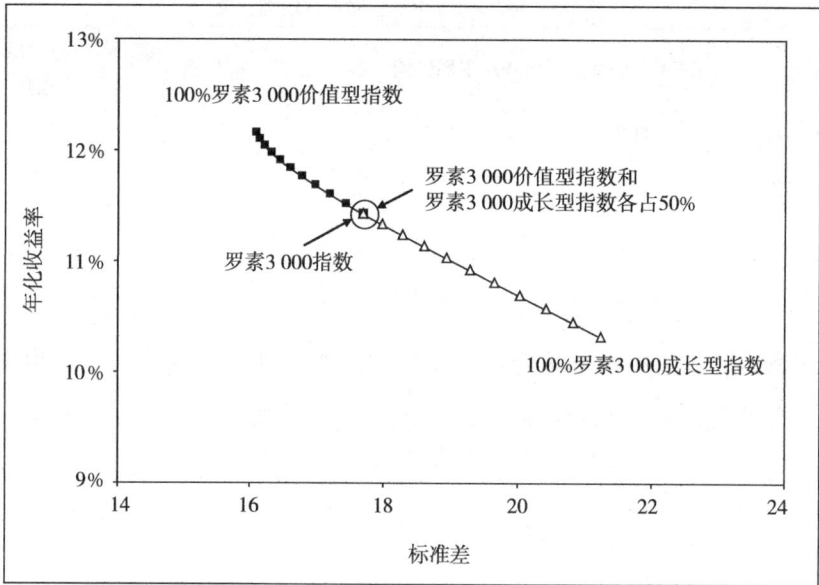

图 6-6　**罗素 3 000 指数的风险和收益特性，1979—2009 年**

　　1979 年，罗素 3 000 价值型指数的收益高出罗素 3 000 成长型指数收益
2 个百分点还要多，并且风险低 5 个百分点。知道这一点之后，为何还会有投
资者选择成长型股票呢？由于按照收入增长的角度来看，成长型股票总风险
水平较低，但是，这也意味着收益会相对较低。

　　价值投资型股票有一个好处，就是在大部分时候其收益都会高于成长型
股票的收益，而且风险水平较低。然而，市场总会有办法对那些以为有免费
午餐的人进行惩罚。在法玛和弗兰奇看来，正因为成长型股票的高风险，其
收益才会更高。不过，从收益的标准差中看不出这种风险。

　　图 6-6 中的另一个很重要的关键点在中间，这个点表示的是投资组合中罗

素 3 000 成长型指数和罗素 3 000 价值型指数各占 50% 的市场表现。依图可见，该种投资组合的风险与收益水平和罗素 3 000 指数的风险与收益水平在整个历史时期几乎都是相同的。换言之，持有同样数量的成长型基金和价值型基金不会获得任何收益。但很多时候，很多投资顾问都会向我们推荐这种组合策略。一个更好的策略就是，持有整体市场投资产品，再根据你的风险水平来增加小盘股和价值型股票产品。

价值型小盘股和风险分散

我们已经观察到，小盘股的预期收益率和标准差都要比大盘股和中盘股高。此外，相对于成长型股票，价值型股票的收益率会更高，而且风险水平较低。除了可以在美国市场看到这种价值溢价的现象，在世界各地的市场上这种现象也是屡见不鲜。

市场上这种价值效应产生的原因有很多，虽然还没有人找出真正的原因。有些人觉得，因为投资者不看好价值公司的收入估计，所以才会有价值溢价的现象出现；有些人觉得，股票分析人员的研究对象不全面也会导致该现象出现。华尔街靠投资银行的费用而活，所以那些不发行股票的名气小的公司根本不会引起华尔街的兴趣。

不管导致价值溢价出现的原因是什么，大部分学者都认为，价值型股票具有额外的基础性风险和经济风险。在法玛和弗兰奇看来，这种额外风险的存在是价值型股票获得更高收益的原因，不管收益率标准差是否捕捉到这种额外风险。

现在我们将注意力转到一个存在着规模溢价和价值溢价的小的股票细分市场。在整体美国市场上，价值型小盘股约占据总资本 3% 的份额。从表 6-8 中就可以看出价值型小盘股的收益情况。

表 6-8　整体美国市场与小盘股之间的收益差

年份	CRSP 整体美国股票市场	FF 价值型小盘股	FF 价值型小盘股与 CRSP 整体美国市场的收益差
1995	36.5	27.7	−8.8
1996	21.2	20.7	−0.5
1997	31.3	37.3	6.0
1998	23.4	−8.6	−32.1
1999	23.6	5.6	−18.0
2000	−10.9	−0.8	10.1
2001	−11.0	40.2	51.2
2002	−20.9	−12.4	8.5
2003	31.6	74.7	43.1
2004	12.5	26.6	14.1
2005	6.2	4.8	−1.3
2006	15.5	22.2	6.7
2007	5.8	−16.6	−22.4
2008	−36.7	−43.1	−6.4
2009	28.8	34.6	5.8

　　正如我们所预料的，规模要素和类型要素都会影响这个市场的表现。价值型小盘股的环比增长率和大盘股与整体市场的增长率之间有着大幅偏差。

　　图 6-7 体现的是连续 36 个月内，价值型小盘股和整体美国市场之间的相关性。相关系数平均约为 +0.8，两者的走势并不一样。两者在相关系数较低的时候，价值型小盘股市场上的风险具有独特性，这也表示，在投资组合中加入该种产品会实现潜在的分散投资效益。

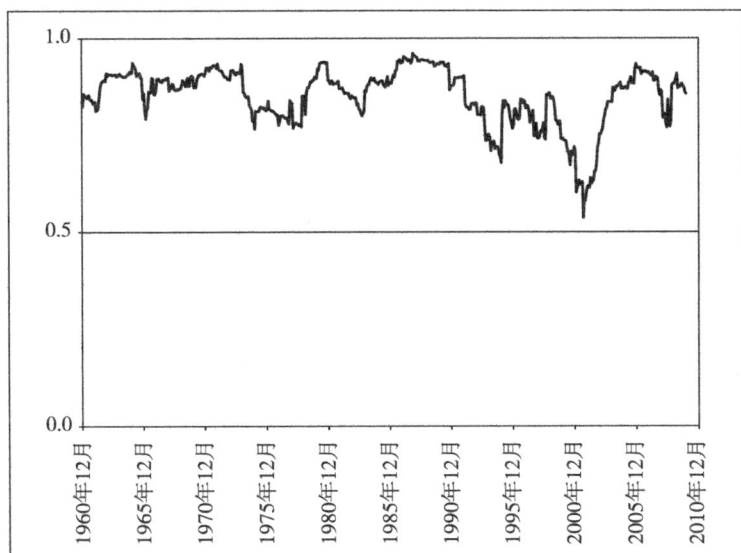

图 6-7　美国整体市场指数与 FF 价值型小盘股指数在连续 36 个月间的相关性

图 6-7 中有一点非常有趣，在 20 世纪 90 年代后期出现下行高峰，直到 21 世纪的第一个 10 年，这种现象才消失。这段时间里，相对由成长型大盘股主导的整体股票市场，价值型小盘股的收益表现并不好。在 2000 年后，趋势发生了反转，价值型小盘股超越了成长型大盘股。

过去的 10 年间，在设定资产配置方案的过程中，投资者注重了分散投资的多样性问题，在投资组合中加入了整体市场基金和小盘股指数基金的投资者，其收益会非常不错。当然，想要获得收益，你要先进入市场。正如在第 5 章讨论的和在图 5-2 中可以明确看到的，在 20 世纪 90 年代末期，很多投资者都放弃了还不错的价值型股票，转而购买十分迷人的成长型股票，最终只能在互联网泡沫破灭时，眼睁睁地看着自己的投资蒸发掉。

从图 6-8 可以看出，如果把 10% 的 FF 价值型小盘股加入含有整体美国股票市场产品的组合中，从理论上来说可以达到分散投资效益。图 6-8 中最有趣的一个投资组合是含有 70% 的整体股票市场和 30% 的小盘股指数的投资产品。在 30 年的时间里，如果投资者有 70% 的整体股票市场产品和 30% 的价值型小盘股产品，那么美国股票的收益率就会增加 2 个百分点，而组合的风险水平却只有很少的增加。

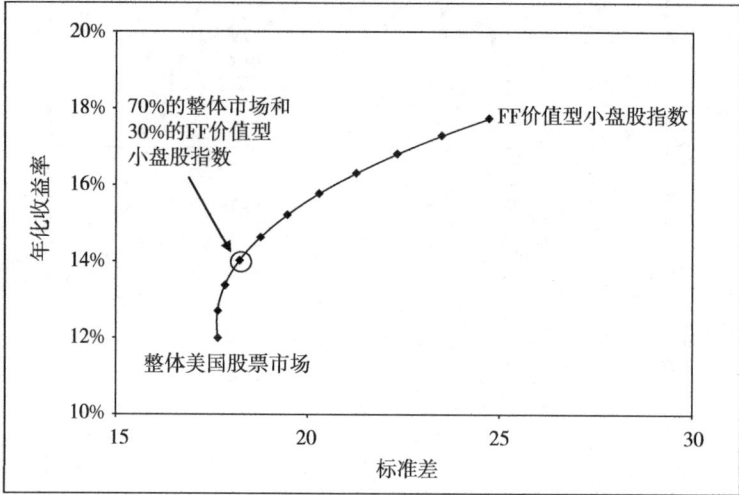

图6-8　在含有整体美国市场基金的投资组合中加入价值型小盘股之后的收益表现，
1975—2009年

　　图6-9比较了两种投资组合的有效边界，对本章内容进行了精彩的总结。一个投资组合使用微型股作为整体美国股票市场的分散投资工具，而另一个则使用了价值型小盘股。

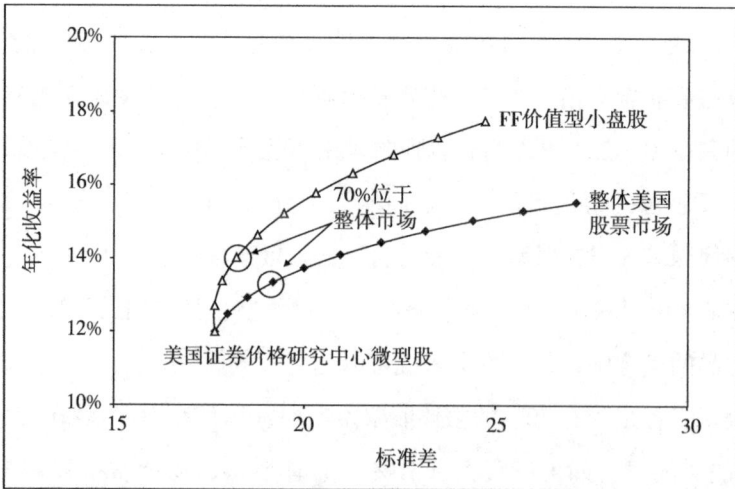

图6-9　分别增加了价值型小盘股和微型股的投资组合的比较，1975—2009年

可以看出，相对于微型股，价值型小盘股的收益更高，而且风险更低。但是在我看来，应该把两种投资产品类型都加入投资组合中。长期来看，很可能是其中一种产品或同时两种产品都会让你受益。

但这并不是说，从现在开始的 30 年之后，溢价水平还会这样高，或者这些收益一定会成为现实。大家都已经知道，之前通过规模投资和类别投资可以获得额外收益，而且很多投资者已经在构建投资组合时将法玛和弗兰奇的研究成果融入其中，这可能会导致风险溢价的降低。现在还是未知数。

提醒大家一句，图 6-9 中的收益是理论性的，因为在 1975 年的时候，整体市场共同基金、价值型小盘股指数基金和微型股指数基金都是不存在的。因此，任何一位投资者都不可能实际拥有 70% 的整体市场指数和 30% 的价值型小盘股指数或是微型股指数。但今时不同往日，市场上有林林总总的整体市场指数基金和竞争激烈的低成本价值型小盘股指数基金和微型股基金，你可以轻易买到。

美国股票投资清单

表 6-9 列出了部分低成本的美国股票基金，你在创建投资清单的时候，可以考虑这些基金。你可以登录基金供应商的官方网站了解这些产品或其他低成本零手续费基金和交易所交易基金的信息。此外，还可以阅读理查德·A. 费里（Richard A.Ferri）撰写的《指数基金从入门到精通》（第 2 版）（*All About Index Funds*）以及《ETF 投资手册》（第 2 版）（*The ETF Book*）。

表 6-9　选择低成本美国股票基金和 ETF

	标志	标准
整体股票市场基金		
Vanguard Total U.S. Market Index	VTSMX	MSXI U.S. Broad Market Index
Schwab U.S. Broad Market ETF	SCHB	Dow Jones U.S. Broad Stock Market Index
iShares Russell 3000 Index ETF	IWV	Russell 3000 Index

（续表）

	标志	标准
小盘价值型基金		
Vanguard Small- Cap Value Index	VISVX	MSCI U.S. Small Cap Value Index
iShares S&P Small Cap 600/BARRA Value	IJS	S&P 600/BARRA Value Index
iShares Morningstar Small Value	JKL	Morningstar Small Value Index
微型基金		
Bridgeway Ultra- Small Co.Mkt.	BRSIX	CRSP Decile 8-10（Smallest stocks）

本章小结

所有股票产品投资组合的基础都是具有广泛多样性的美国股票市场指数基金。市场上有很多不同的整体美国股票市场指数和指数基金提供机构。美国股票市场指数中最为全面的就是威尔希尔 5 000 综合指数。其他的整体市场指数包括 MSCI 指数、罗素指数、晨星指数和标准普尔指数。大多数指数的追踪都是通过相应的低成本指数基金或 ETF 来进行的。

在整体美国股票市场中，微型股只占 3% 的份额，但其可以提高整体市场指数基金的多样性。微型股存在的一个问题是，找到能够让你接触到这一部分利基市场的基金。很多微型股基金都对新投资者关闭，而那些依然开放的基金要么价格昂贵，要么没有坚持纯粹的微型股策略。

价值型小盘股基金对于增加规模溢价和类型溢价都是一劳永逸的方法。市面上可选择的价值型小盘股有很多。但投资者在确定使用某支基金来代表这一利基市场之前，一定要研究清楚这些指数间的差异。

第7章

国际股权投资

关键概念

- 国际股权为货币多样性创造了条件。
- 发达市场涵盖了先进国家。
- 新兴市场和前沿市场实现新的地理区位的扩张。
- 国际股权显示出规模溢价和类型溢价。

　　这个世界的投资机会不计其数。世界各地有多如牛毛的股票市场和债券市场，美国投资者可以实现大量的分散投资效益。有些机会存在于发达市场，如日本、澳大利亚、德国以及英国；有些机会存在于由发展中国家构成的新兴市场，这些国家包括中国、印度、土耳其以及一些东欧国家。合理的分散投资组合应该涵盖世界上所有可以投资的地区。

　　进行全球投资可以获得分散投资效益，当然风险也会大大增加。外国股票价格的波动性似乎要高于美国股票价格的波动性。这种额外的波动性是许多可变因素导致的，包括：（1）由于美元的坚挺而导致的外汇风险；（2）由于政府的作为或者不作为而导致的政治风险；（3）由于对非本国居民的外汇管制而导致的交易风险或托管风险；（4）由于监管不力或司法体制不健全而导致的监管风险；（5）由于外国公司缺少信息披露而导致的信息风险。

　　由于上述这些风险的存在，分散投资就成了国际股权投资的关键。没有人能够预测哪个国家会在近期的全球市场上胜出，以及美元是会坚挺还是会疲软。因此，如果投资者能够考虑拥有每个国家的一点投资产品并每年都对自己的国际投资产品进行再平衡是非常明智的。

货币风险

在国际投资的风险和收益中，货币波动扮演了重要的角色。当美国投资者购买外国的股票和基金时，就相当于将美元兑换成了外币。外币对于美元的汇率的变动会影响投资的整体损失或收益。从图7-1可以看出美元和世界其他主要货币的汇率关系。

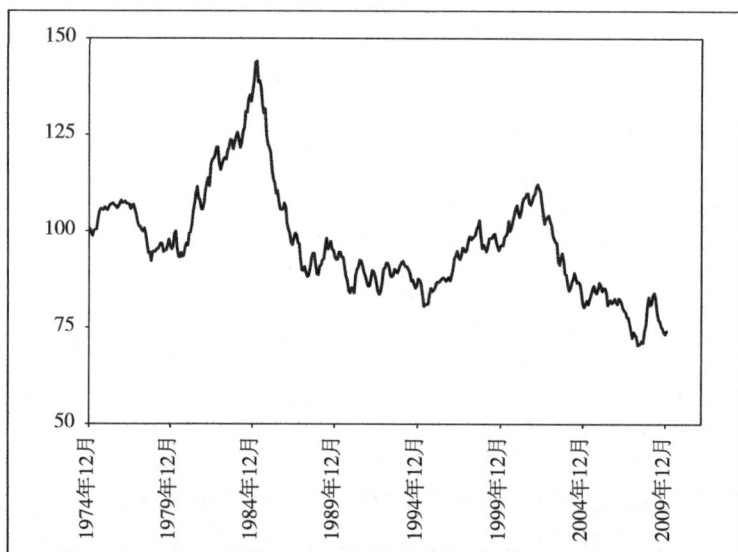

图 7-1　美元 VS 其他主要货币

如你所见，最近几十年来，美元一直在走低。即便如此，过去的走势也不能用来预测未来的走势。接下来美元的走势如何，无人知晓。

如果依照本国货币来计算，美国股票和来自发达市场的国际性股票的收益率不相上下。如果在某一段时间内美元的汇率上扬，美国投资者在美国股票上的收益也会比在其他国际股票上的收益高。如果美元汇率走低，情况则会相反。1995—2001年，相对于其他国家的主要币种，美元一直十分坚挺，美国股票市场的表现也优于其他国家的股票市场。2001 年之后，美元出现疲软，美国股票市场也失去了往日的辉煌。

全球市场和国际投资

国际股票通常被称为"外国股票"，少数情况下也被称为"海外股票"。国际公司指的是公司总部设在美国之外的其他国家的公司。它们的主要记账货币是公司总部所在的国家使用的货币。

媒体通常会把那些在全球都十分活跃的公司称为跨国公司，但是严格说来，这个词并不准确。为了记账和计税的需要，一个公司只能在一个国家注册，并在财务报告中以该国货币计算收益。

所有外国公司的股票都会在当地的股票交易所上市，一些规模较大的公司还会在注册地之外的其他国家上市，以期吸引更多的股权持有者。总部不在美国的公司想要达到在美国股票交易所挂牌的目的，就需要借助美国存托凭证（American Depositary Receipts，ADRs）的方式。美国信托凭证代表的是在美国银行存放的外国股票的份额。银行会将这些股票份额转化为以美元标价的银行存托凭证，然后这些投资产品会和美国本土证券一起在纽约证券交易所和纳斯达克交易所进行交易。说一句题外话，很多总部位于美国的大公司也会在美国之外的股票交易所挂牌，例如伦敦或东京的股票交易所。

全球股票共同基金在美国和其他国际公司都有投资。如果你只有很少的钱用于投资，又想和国际市场接轨，不妨选择一款全球性的指数基金，因为这样就不必同时购买美国的指数基金和国际性的指数基金了。但如果选择了全球性指数型基金，我们就无法控制我们对相关国家或地区的资产配置。每个国家的股票持有量是由这个国家的市值与基金所追踪的全球指数中其他国家的市值之间的关系决定的。对于那些积极运作的全球基金，基金经理会决定他 / 她到底想在哪个国家或地区投资。随着时间的推移，不管是指数型基金还是主动型基金，各个国家与地区的持有量都会发生相应的改变。

相比购买全球性基金，建立美国股票和国际股票的投资组合更加理想，因为这样会有更多实现分散投资的机会。此外，在投资组合中持有不同地区的基金，并每年进行再平衡，有助于我们掌控某个地区或某种币种特有的投资风险。

划分全球市场

在传统意义上，经济学家将世界划分为两种类型：发达市场和新兴市场。这两种市场的差别既存在于人均经济的规模，也存在于公共股票和债券市场的发展程度。

发达市场指的是那些经济高度发达的国家，其年人均国内生产总值超过1万美元，具有根基深厚、发展成熟的债券市场。发达市场的例子有很多，如澳大利亚、德国、日本以及英国等。发达市场可以分为三个区域：北美、欧洲与太平洋地区。北美地区包括美国和加拿大的公司；欧洲包括英国和欧洲大陆；太平洋地区包括几个主要市场，如日本、澳大利亚和韩国，其中韩国是新加进来的。

一些国家由于没有达到人均国内生产总值的需求，其金融市场的发展也并不完善，所以被称为"新兴市场"。根据国家在向更为开放和自由的以市场经济为主导的经济类型迈进的进程，可以将新兴市场划分为早期的前沿市场和后期的发达新兴市场。保加利亚、阿根廷、越南、斯里兰卡和科威特都属于前沿市场。后期的新兴市场在自由市场的发展道路上走得更远，墨西哥、俄罗斯和南非就属于这一类型。有趣的是，由于一些国家的市价总值百分比最高，所以大部分新兴市场的共同基金都集中在后期的新兴市场。

从图7-2我们可以看出，世界市场价值在一段时间内的分配是依据每个地区在全球市场价值中所占的百分比。图中分为北美发达市场、太平洋发达市场、欧洲发达市场和在不断壮大的新兴市场四个地区。根据MSCI提供的数据，可以看出新兴市场所占据的股权资本份额已经高达12%。

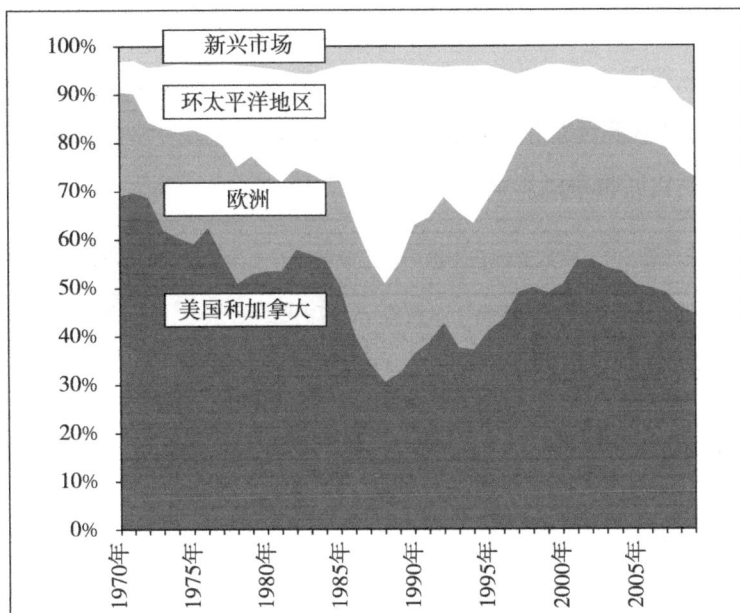

图 7-2　按价值份额划分的全球股权市场

　　还有些国家的股票市场尚未发展完善，所以算不上发达市场，也不属于新兴市场。基本上来说，这些国家都属于前沿市场。在全球市场资本总额中，前沿市场份额还不足 1%，它们是阿根廷、巴林、博茨瓦纳、保加利亚、罗马尼亚、沙特阿拉伯、塞尔维亚等国家。

发达市场指数

　　欧澳远东指数的全称是 MSCI 欧洲、澳洲和远东指数（MSCI ESFE），是发达市场国家认知度最高的国际指数。该指数涵盖了主要分布于欧洲及太平洋地区 23 个发达市场约 1 000 家大型公司的股票情况。这个指数具有广泛的多样性，它涵盖了这 23 个国家中每个行业至少 85% 的市值。

　　了解欧澳远东指数的最好方法，就是把它当成一个涵盖除了美国和加拿大之外的所有国家的大型国际标普 500 股价指数。欧澳远东指数属于浮动调整型指数，只包含可交易的债券，不包含对股东人数有限制的股票和产业中的交叉持股。MSCI 之所以设置欧澳远东指数，并非是为了把控行业权重、国家权重或地区权重。

MSCI 计算欧澳远东指数的方式有当地货币和美元两种。想要初步了解汇率浮动对于同比回报率的影响，可以看表 7-1。

表 7-1　在欧亚远东指数中，汇率效应对美国投资者的影响

年份	按当地货币计算的欧澳远东指数回报率	按美元计算的欧澳远东指数回报率	汇率效应对美国投资者的影响
1997	11.8%	2.1%	−9.7%
1998	10.6%	20.3%	9.7%
1999	31.7%	27.3%	−4.4%
2000	−8.5%	−14.0%	−5.5%
2001	−17.5%	−21.2%	−3.7%
2002	−27.5%	−15.7%	11.8%
2003	17.4%	39.2%	21.8%
2004	10.2%	20.7%	10.5%
2005	26.1%	14.0%	−11.9%
2006	13.8%	26.9%	13.1%
2007	1.2%	11.6%	10.5%
2008	−42.1%	−43.1%	−1.0%
2009	24.7%	31.8%	7.1%

从 1970 年开始，MSCI 就开始发布欧澳远东指数回报率和其他相关指数。

表 7-2 比较了欧澳远东指数中股息净值的回报率和美国股市整体回报率。股息净值表示计算该指数的时候，需要考虑到赋税。对于付给海外投资者的红利，一些国家会收取代扣所得税。

表 7-2　1970—2009 年的风险和收益比较

	MSCI 股息净值（美元）	整体美国股票市场
年化收益率	9.5%	10.1%
标准差	17.1%	15.9%

1970—2001 年，欧澳远东指数的表现一直逊色于美国股票的表现。依我

看，欧澳远东指数的回报率也是很高的，但问题在于这段时间内美国股市的收益甚高。2001 年，欧澳远东指数反超了美国股市，这样的局面一直维持到2010 年。21 世纪的第二个 10 年也许还会出现逆转，也许不会。想要预测世界上哪个地区在未来会表现突出是根本不可能的。因此，在你的投资组合中同时持有美国股票和国际股票是一个很好的策略。

由于美国股票和国际股票之间的相关性在逐步增加，有些投资者会对是否持有国际股票提出质疑。表 7-3 表明了二者的相关性。从 1998 年开始，欧澳远东指数和整体美国股票市场之间的相关系数从原来的 0.5 上升到了 0.8，这并不足虑。我们都知道，相关性可能发生剧烈的变化，并且欧澳远东指数和整体美国股票市场的相关性随时都可能发生变化，就算两者的相关性很高，也会具有一定的分散投资效益，你在后文中还会看到这个问题。

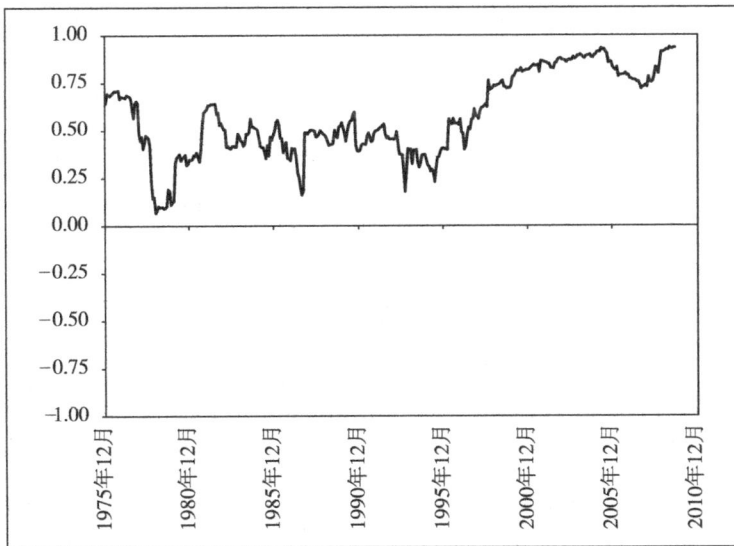

图 7-3　以美元计值的 MSCI 欧澳远东指数与整体美国市场指数在连续 36 个月之内的相关性

分解欧澳远东指数

想要对国际投资有更好的了解，我们有必要对欧澳远东指数所覆盖的不同地区的表现以及它们所具有的相关性进行细致研究。欧澳远东指数可以被划分为两个相互独立的指数：MSCI 欧洲指数和 MSCI 太平洋指数。图 7-4 展现出了不同地理区域之间的回报率的差异，如图所示，有的时候，所有地区的回报率都是一致的，例如 2008 年；而有的时候，它们会存在极大的差异，例如 2005 年。

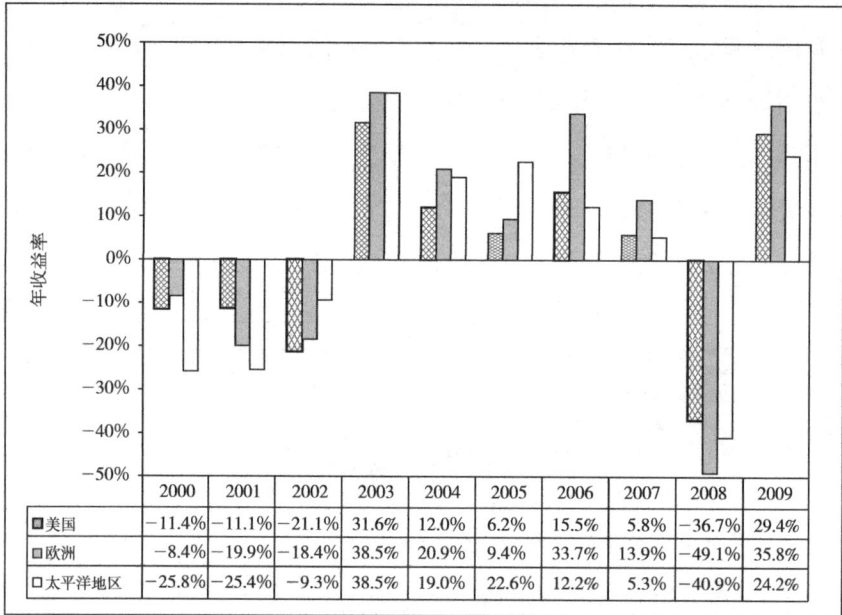

	2000	2001	2002	2003	2004	2005	2006	2007	2008	2009
美国	−11.4%	−11.1%	−21.1%	31.6%	12.0%	6.2%	15.5%	5.8%	−36.7%	29.4%
欧洲	−8.4%	−19.9%	−18.4%	38.5%	20.9%	9.4%	33.7%	13.9%	−49.1%	35.8%
太平洋地区	−25.8%	−25.4%	−9.3%	38.5%	19.0%	22.6%	12.2%	5.3%	−40.9%	24.2%

图 7-4　美国、欧洲与太平洋地区市场回报率的差别

图 7-5 体现了近年来的汇率和当地股票市值的波动趋势是导致欧澳远东指数在欧洲和太平洋地区权重分配的因素。在 20 世纪 70 年代初期，欧洲主导着欧澳远东指数，占据了 78% 的市场份额。到了 1988 年，随着日本股票的迅速崛起，太平洋地区开始主导欧澳远东指数，占据了 70% 的市场份额。到了 20 世纪 90 年代，形势再次逆转。日本股市进入熊市，而欧洲股市进入牛市，让欧洲在欧澳远东指数占据的份额重新超过了 70%。最近，欧洲股市式微，太平洋地区正在蓄势待发。

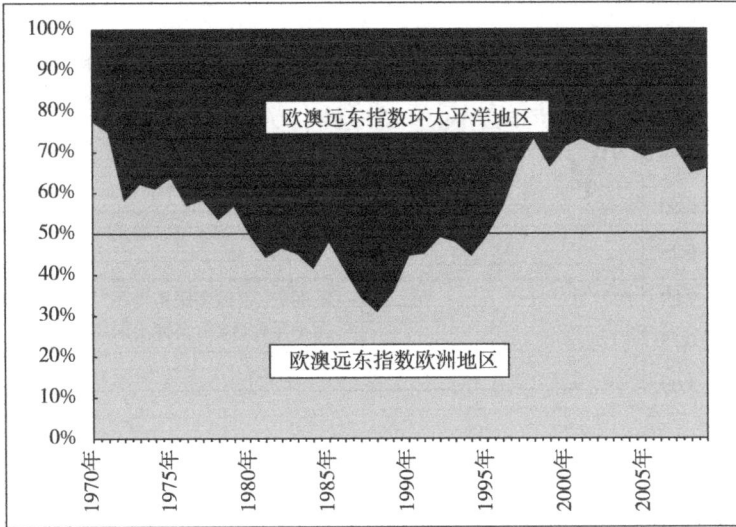

图 7-5　欧澳远东指数在欧洲与太平洋地区的发达市场所占的比例

　　将这些区域进行分割，然后分别审视单个地区的相关性，能让我们更加洞悉整个市场。图 7-6 展现的是 MSCI 欧洲指数和美国股票指数的相关性，以及 MSCI 太平洋指数和美国股票指数之间的相关性在 36 个月内的波动情况。由图可知，美国股票市场和欧澳远东指数之间的相关性自 1998 年以来就在逐渐增加。

　　图 7-6 表明，美国与欧洲的相关性和美国与太平洋地区的相关性相比较，前者要高于后者。从 2000 年开始，美国与欧洲之间的相关性开始慢慢变高，欧元刚好在这个时期启动。从 1999 年开始，欧盟的 11 个成员国都开始使用欧元。大概就是这个原因，美国和欧洲的相关性出现了显著的提升，当然也可能不是这个原因。时间最终会告诉我们真实的答案。

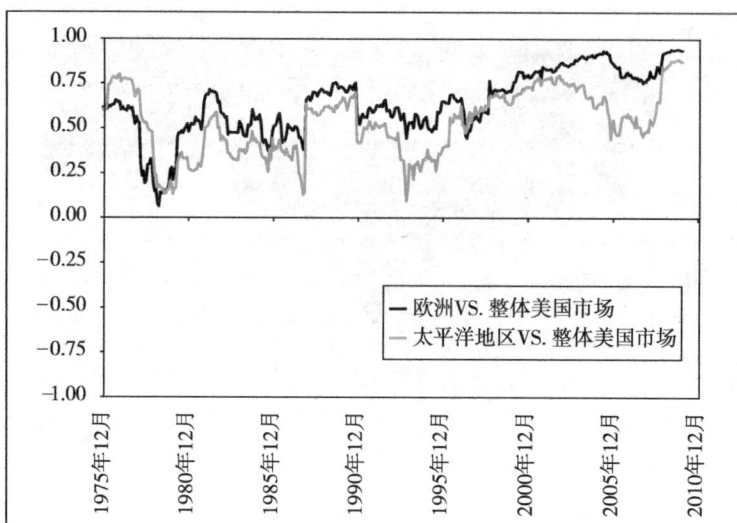

图 7-6　美国股市、欧洲股市以及太平洋地区股市在连续 36 个月之间的相关性

2007—2009 年这段时间，美国股市、欧洲股市以及太平洋地区股市受到信贷危机的影响，其相关性也骤然升高。我认为，在全球经济逐步复苏，各国经济各自走上正轨之后，相关性就不会继续保持这样高的水平了。因此，我建议投资者继续在全球的各个地区投资，并每年对投资组合进行再平衡。

更好的国际配置

从长远来看，欧澳远东指数与美国市场的表现应该是相差无几的，汇率因素的影响几乎可以忽略。我们根本没有理由相信一个市场或者市场中的一个行业可以长期获得更高的收益，因为资本可以自由地流向发达市场。我们生活在经济全球化时代。如果有机会在某个发达市场通过股票来获利，资金就会迅速从其他地区流入这个市场，使该市场的估价回归到合理价格。比如，在所有的发达国家中都会有大型银行，它们在世界各地进行借贷服务。由此，欧洲银行业是无法长期超过美国银行业的。

既然从长期来看，所有市场的表现都不会有太大的差别，为什么还要挖空心思进行国际投资呢？购买国际投资产品主要是为了实现货币多样化，次要原因是为了增加债券多样性。在你的股权配置中实现货币的多样性是增加通货敞口的一种比较经济的方式。如果你在使用不同货币的不同地区购买投资产品，并每年调整自己的投资组合来重建目标，就可以让货币多样性带来的益处达到最大化。

图 7-5 清楚地表明了在过去的 40 年时间里，太平洋指数和欧洲指数在市值上的此消彼长。表 7-3 表明，欧澳远东指数在过去的 40 年时间里，其股息净值为 9.5%，而在没有扣除代扣税额之前，其股息净值则为 10.2%（标普 500 股价指数的回报率为 9.9%）。在同一时间段，一个 MSCI 欧洲指数和 MSCI 太平洋指数各占 50% 并每年进行再平衡的投资组合，在扣除了国外的代扣代缴税额之后，其复合回报率为 10.1%。这一年回报率高出欧澳远东指数 0.6%，而波动性方面几乎没有增加。

表 7-3　按区域分割欧澳远东指数，1970—2009 年

	欧澳远东指数，以美元计算的股息净值	50%MSCI 欧洲指数，50%MSCI 太平洋指数
年化收益率	9.5%	10.1%
标准差	17.1%	17.7%
40 年内最高值	69.4%	68.6%
40 年内最低值	−43.4%	−44.9%

资料来源：MSCI

过去，投资者不能对欧澳远东指数直接进行投资，或者在这一指数所涵盖的地区进行独立投资。现在，这种情况已经得到了改善。依仗指数共同基金的快速发展，现在投资者可以将自己的钱投到前面提到过的大部分指数的金融产品里。本章结尾有一个发达市场的低价指数型基金的清单，可供投资者参考。

哦，加拿大

美国北边的邻居也不应该被遗忘。加拿大股票在国际股权市场上占有大

概 6% 的份额，在全球股权市场上占有大概 3% 的份额。如果在一个分散合理的发达市场股权投资组合中加入加拿大的指数型基金，不但可以增加货币的多样性，还能对冲美元贬值带来的风险。

加拿大经济的产业支柱有：金融业、能源业（石油和天然气）以及基础原材料业（矿物和木材）。对加拿大的指数型基金进行投资时，可以增加投资组合中对自然资源的配置，这样可以对冲大宗商品价格上涨带来的损失。本章的结尾列举的是一些遵循 MSCI 加拿大指数的 ETF，可供投资者参考。

新兴市场

从广义上来讲，新兴市场指的是正在努力提高自由市场经济和生活水平的发展中国家。这些国家在全球市场上的竞争力越来越强，而且正在对更多的国际性投资敞开大门。新兴国家也有井然有序的证券交易所，其交易对象是在该国注册的大型企业的股票和债券。外国人也被允许直接持有有价证券，或者通过基金间接持有有价证券。

一个具有投资潜力的新兴市场是通过一系列因素来定义的，包括人均国内生产总值、当地政府的规定、预期投资风险、外资所有权限制和资本管制。MSCI 新兴市场指数涵盖了 22 个具有投资潜力的国家。这是一个以市场权重为基准的指数，使用每个公司的浮动调整价值来反映外资投资受到的限制。有一些国家的股票市场要比其他国家的股票市场大。因此，一个新兴市场指数可能会被少数几个国家垄断。

为了减少 MSCI 新兴市场指数的市场垄断，三维基金顾问公司创建了一种平均加权指数，可以避免对一个或两个国家配置过高的份额。

表 7-4 比较了三维基金顾问公司平均加权指数和 MSCI 新兴市场指数的收益—风险。自从 1999 年基金顾问公司正式使用平均加权指数以来，平均加权指数的收益率高出 MSCI 的市场权重指数的收益率 0.5 个百分点。

表 7-4　新兴市场表现，1999—2009 年

	三维基金顾问公司新兴市场指数	MSCI 新兴市场指数
年化收益率	14.6%	14.1%
标准差	24.0%	24.9%

资料来源：MSCI 和三维基金顾问公司。

图 7-7 展现了美国股票指数与欧澳远东指数以及 MSCI 新兴市场指数的收益率之间的差别。注意，比起美国股票指数和 MSCI 指数中的欧澳远东指数，新兴市场指数似乎更加不稳定。对于投资来说，不稳定并非坏事，因为投资者具有广泛的多样性，而且会定期调整投资组合。

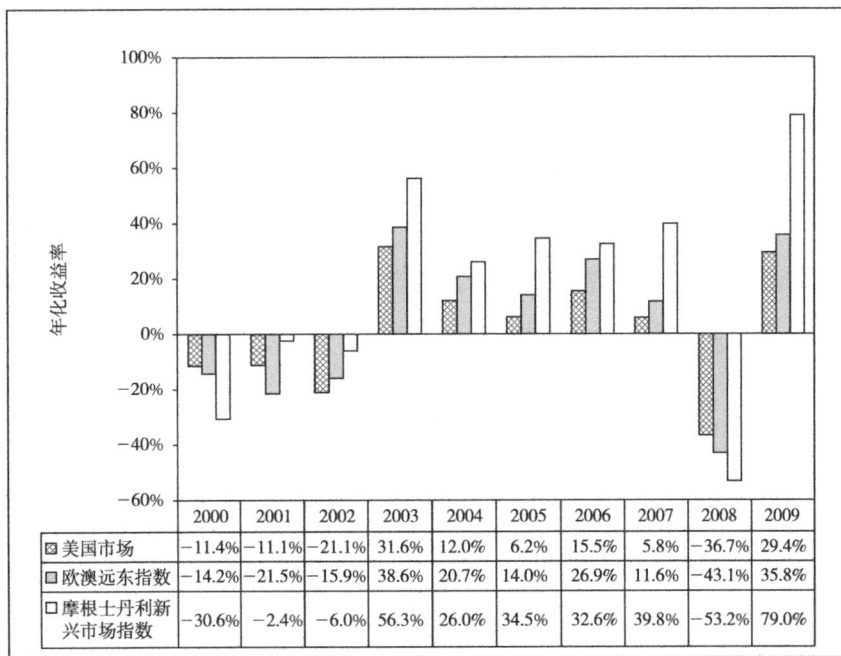

	2000	2001	2002	2003	2004	2005	2006	2007	2008	2009
美国市场	−11.4%	−11.1%	−21.1%	31.6%	12.0%	6.2%	15.5%	5.8%	−36.7%	29.4%
欧澳远东指数	−14.2%	−21.5%	−15.9%	38.6%	20.7%	14.0%	26.9%	11.6%	−43.1%	35.8%
摩根士丹利新兴市场指数	−30.6%	−2.4%	−6.0%	56.3%	26.0%	34.5%	32.6%	39.8%	−53.2%	79.0%

图 7-7　美国股市、欧澳远东指数与新兴市场指数之间的年化收益率的比较

图 7-8 中连续 36 个月的相关性分析显示，自从 MSCI 新兴市场指数 1988 年启动以来，其与美国股票之间的相关性有所增加，这就减少了投资组合中的分散投资效益。也许相关性的增加只是一个短期的现象，但也有可能是长期。

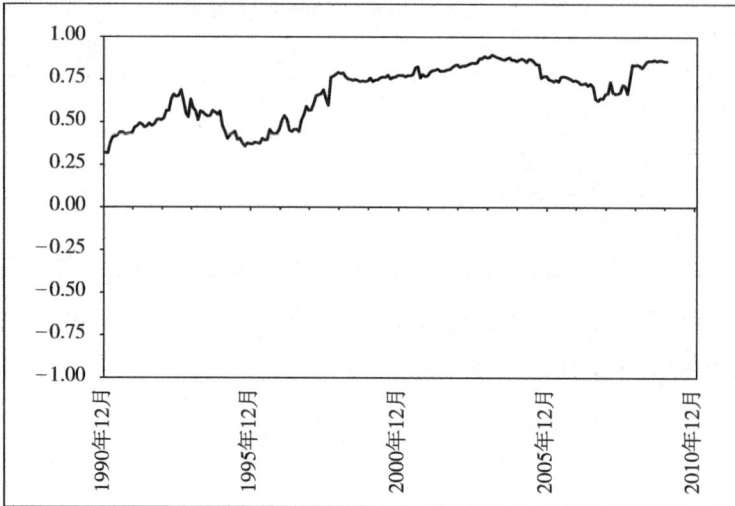

图 7-8 MSCI 新兴市场指数与整体美国股市之间连续 36 个月的相关性

随着中国、俄罗斯、印度等国家在全球股权市场上的地位越来越重要，那在接下来的 10 年间，美国股票市场和新兴市场之间的相关性忽上忽下也就不奇怪了。两大市场之间的相关性也许会迅速发生改变，过去的相关性并不能用来预测未来的相关性。因此，我建议在你的潜在投资清单上加上对新兴市场股票的长期配置。本章结尾部分的表格里列举了一些新兴市场指数基金。

国际市场上的规模和价值因素

第 6 章介绍了对于美国股票的收益有深刻影响的三种风险因素。根据尤金·法玛和肯·弗兰奇的研究，一个含有美国股票的分散投资组合，其 95% 的收益取决于投资组合面临的市场风险（β）系数，小型股票的比例（规模风险）以及高账面价值的股票的比例（价值风险）。从长期来看，美国小盘股的收益溢价高于大盘股，价值型股票的收益溢价高于成长型股票。

几项独立的研究都证明，具有广泛多样性的国际股票产品组合的表现，与决定美国股票投资组合收益的三大因素具有紧密的联系。表 7-5 利用三维基金顾问公司指数，量化分析了国际小盘股和国际大盘股的收益以及国际价值型股票和国际成长型股票的收益，对 MSCI 指数的分析也得出了类似的结论。

表 7-5　国际规模溢价与价值溢价，1999—2009 年

规模溢价	三维基金顾问公司国际大型公司指数	三维基金顾问公司国际小型公司指数
年化收益率	4.8%	8.7%
标准差	17.5%	18.5%
价值溢价	三维基金顾问公司国际大型公司价值	三维基金顾问公司国际小型公司价值
年化收益率	8.0%	12.7%
标准差	21.4%	18.1%

从 1999 年到 2009 年，国际市场展现出了规模溢价和价值溢价。根据三维基金顾问公司指数，在此期间，年化国际规模溢价为 3.9%，价值溢价为 4.7%。从 1975 年开始计算，MSCI 欧澳远东指数价值股和小盘股的年度溢价超过了 2%。

在许多独立的时间段里，很多国家都产生了国际规模溢价与价值溢价。这让研究者逐渐相信这两种溢价的存在并非异常。他们甚至更加肯定，这两种溢价分别代表了股市中存在的风险，但这风险不可能用 β 系数进行解释。所以，将来还极有可能会产生与规模和价值风险相关的溢价。

国际配置范例

在本书的第三部分里会涵盖几个投资组合的范例，而这些投资组合在资产配置方面都考虑到了国际股票。一般说来，国际股票在投资组合中应该占据 30% 的股权份额。按照这种分配份额，一个国际基金组合的范例如下：

- 30% 为太平洋指数基金；
- 30% 为欧洲指数基金；
- 20% 为国际小盘股；
- 20% 为新兴市场指数。

以上的国际投资组合并非是值得推荐的投资组合，这只是一个用来说明投资组合可以显现国际多元化特征的范例。有很多投资组合都可以融合国际基金，不但具有一定程度的多元化特征，还结合了不同程度的风险系数。你的目标就是寻找一个完全契合你的实际情况的投资组合。不管你选择哪种国际投资组合，无论市场情况如何，你都要维持你的分配比例，这是投资成功的关键要素。

国际股权投资清单

表 7-6 给出了部分低价基金的清单，可以考虑将它们放到国际股权配置中。想要获得关于低价基金和其他低价无佣金基金的全面信息，你还可以阅读理查德·A. 费里撰写的《指数基金从入门到精通》（第 2 版）以及《ETF 投资手册》（第 2 版）。

表 7-6　选择低价国际共同基金和 ETF

	交易代码	基准
欧洲共同基金		
Vanguard European Index	VEURX	MSCI European Index
iShares Europe 350 Index	IEV	S&P Europe 350 Index
iShares MSCI UK Index	EWU	MSCI United Kingdom Index
iShares MSCI EMU Index	EZU	MSCI EMU Index
太平洋共同基金		
Vanguard Pacific Index	VPACX	MSCI Pacific Index
iShares MSCI Japan Index	EWJ	MSCI Japan Index
iShares MSCI Pacific ex-JPN	EPP	MSCI Pacific ex-Japan Index
新兴市场基金		
Vanguard Emerging Markets	VEIEX	Select Emerging Markets Index
iShares Emerging Markets	EEM	MSCI Emerging Markets Free
DFA Emerging Markets[†]	DFEMX	DFA Emerging Markets Index

	交易代码	基准
国际价值基金		
Vanguard International Value	VTRIX	Actively managed fund
DFA International Value	DFIVX	DFA International Value
国际小盘基金		
Vanguard International Explorer	VINEX	Actively managed fund
DFA Small International[†]	DFISX	DFA Small International
DFA Small International Value	DISVX	DFA Small International Value
单一国家基金		
iShares MSCI Canada	EWC	MSCI Canada Index
iShares FTSE/Xinhua China 25	FXI	FTSE/Xinhua China 25 Index

本章小结

对于美国投资者来说，国际股票市场提供了独特的分散投资机遇。这些机遇从已经建立的发达市场延伸到新兴市场，从小盘股延伸到全球巨头。不幸的是，国际投资的超额收益总是伴随着风险。外国股票受制于货币风险、政治风险、贸易风险、托管风险和监管风险等。在市场情况并不乐观时，深入了解这些风险是非常重要的。

对于国际投资者来说，MSCI 欧澳远东指数是一个被广泛应用的基准。虽然通过这个指数可以以一种简单的方式判断所有发达市场的大盘股，但是指数范围内各个国家的市场比重一直在变化，这对投资者作出正确的投资决策是非常不利的。问题在于，指数中没有再平衡的过程。因此，全球不同地理区域直接在该指数中所占的比重一直有很大的起伏。

发达市场可以分为两个区域：欧洲地区和太平洋地区。对于在发达市场进行投资的投资者来说，购买欧澳远东指数基金是十分方便的，可是放任欧洲地区和太平洋股票产品所占份额一直改变并非最理想的资产配置方式。将发达市场进一步划分，欧洲市场股票和太平洋股票各占一半，每年进行重新调整，这比让你的投资组合配置在这两个地区之间任意起伏要好得多。

新兴市场的经济在不断发展，这意味着新的机遇。然而，这些机遇总是伴随着风险。新兴市场比发达市场具有更大的不确定性，还有政治上的不确定性这一附加风险。因此，我建议投资者购买新兴市场基金时要保持分散投资。

从长远来看，国际小盘股和价值型股票的收益高于国际大盘股和成长型股票。在你的投资组合中添加一支小盘股或国际基金或价值型股票，你可能会获得更高的长期收益。然而这一策略有一个弊端：目前市场上可选的小盘国际股票的低价共同基金非常少。

第8章

固定收益投资

关键概念

- 具有固定收益的投资产品可以被划分为多种类别。
- 不同的类别有其独特的风险和收益。
- 一个具有固定收益的分散投资组合能够提高收益。
- 低成本债券共同基金是非常理想的投资方式。

债券市场中并不缺少有潜在分散投资效益的产品。固定收益投资的产品类别中富有独特的投资机会。这些产品包括政府债券股、投资级债券和高收益公司债券、抵押债券、资产抵押债券和外债。使用固定收益的分散投资策略可以在不增加风险的情况下增加投资组合的收益。

固定收益的资产配置经常被投资咨询行业忽视。有关资产配置的书籍或文章总是长篇累牍地介绍股权分配多元化带来的益处，却大大忽视了固定收益投资产品这个区块。

将客户所有的固定收益投资都放在政府债券上，却忽略了其他固定收益的投资产品，这在现在的投资经理身上非常常见。这些理财顾问还会告诉客户，他们"更喜欢在股票上冒险"。我宁愿相信这些投资经理只对政府债券情有独钟是为了让自己的工作更加轻松，他们不愿意做额外的工作去建立一种多样化的固定资产投资组合。

投资者的投资组合中应该总是包含低成本共同基金，因为相比高收益的公司债券和外债，它不需要细致的分析和专业知识。想要立刻让自己的固定收益投资产品呈现多样化，最简单的方式就是通过低成本债券指数基金或者ETF。在人气很高的投资级指数的范畴中有几种低成本基金，例如巴克莱资本综合债券市场指数。本章的结尾提供了这种基金的部分清单。

在固定收益产品的投资过程中，如果投资者使用的是普通投资账户，那么税负问题就是一个非常重要的因素。因此，在你使用个人账户、共同账户或信托账户时，选择免税市政债券会比较合适。本章还讨论了承担税额较高的投资者如何运作免税债券投资的问题。

本章可以帮助你了解：固定收益投资产品的多种类别；如何将固定收益投资产品和其他投资产品结合起来，以减少投资组合的整体风险，增加长期投资收益；哪一种固定收益的投资产品适合你的投资组合。

证券市场结构

全球债券市场很大。投资者在固定收益产品市场和股票市场上面临着同样的多样性选择。债券投资的范围可以从政府债券到公司债券、抵押债券，再到外国市场债券。

指数提供机构按照不同的类型和风险等级对债券进行划分。以下列举的是债券市场的类别。

1. 联邦、州、地方政府债券

得到美国政府支持

财政部发行的有价证券（货币、票据、债券）

政府机构发行

由美国联邦存款保险公司（FDIC）通过出具的存款证明为其进行担保

州、地方政府市政债券

由税收支持的一般债务

由收入而非税收支持的收益债券

建设美国债券（利息要扣除联邦所得税）

2. 公司固定收益债券

公司债券

投资级公司债券（等级由 BBB 到 AAA）

非投资级公司债券（等级为 BB 或更低）

产业收入债券（扣除替代最低税的市政债券）

可转换的债券

优先股和可转换的优先股

3. 抵押债券

政府国家质押协会（GNMA）

联邦住房贷款抵押公司（FHLMA）

联邦国民抵押协会（FNMA）

4. 资产担保债券

混合信用卡贷款债券（美国第一银行、花旗银行）

混合汽车贷款债券（美国福特、通用汽车公司）

混合房屋净值贷款债券、其他银行贷款债券

5. 外国债券

发达市场（主权债券和公司债券）

新兴市场债券（主权债券、布莱迪债券、公司债券）

固定收益投资的风险和收益

各种美国固定收益产品投资的预期风险和收益都可以按照图 8-1 所示的双轴线的晨星固定收益投资风格箱进行分类。固定收益投资风格箱是一个九宫格，让你可以一目了然地看到一个基金的信用质量和持久性。这个风格箱可以让投资者迅速估算出自己的债券基金的风险敞口有多大。

高风险	SH	IH	LH
中等风险	SM	IM	LM
低风险	SL	IL	LL
	短期	中期	长期

图 8-1　固定收益产品到期期限和信贷风险网格

图 8-1 中的横轴代表了一支债券的到期期限，纵轴代表了它的信用等级程度。这个双数值模型包含了债券到期期限和信用等级程度，说明了与该固定收益投资有关的许多风险和收益。债券面临的风险越高，其预期收益就越高。表 8-2 说明了这种关系。

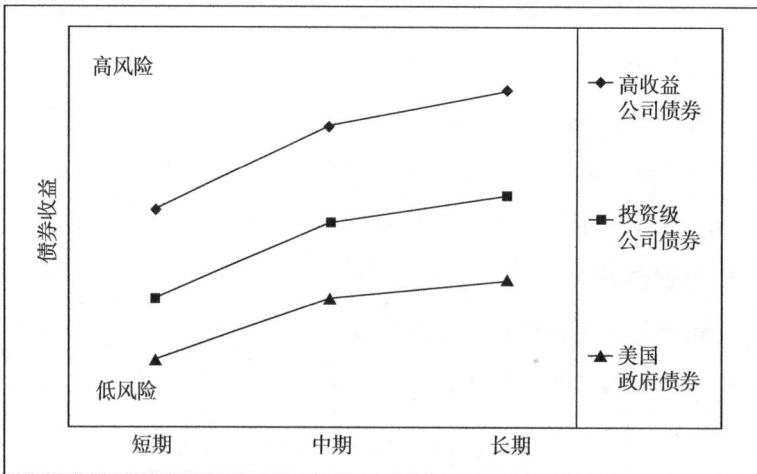

图 8-2　固定收益投资的风险—收益比较

利息率风险和信贷风险决定了想要弥补投资者承担的风险，一支债券应该有多少收益。那些信用质量较低和到期期限较长的债券，其潜在的收益会较高。

到期期限结构

债券是由政府或者公司发行的，其到期期限是不一样的。

图 8-1 根据到期期限，将债券划分为三类：短期债券、中期债券和长期债券。短期债券的平均到期期限为 3 年或以下，中期债券的平均到期期限为 4~9 年，长期债券的平均到期期限为 10 年或以上。在正常的经济情况下，长期债券的预期收益会更高，因为这部分市场利润风险更高。当利率升高的时候，债券相当于在贬值，购买债券就具有利率风险。长期债券面临的利率风险比短期债券更高，因为它们的到期期限更长。因为长期证券具有更高的风险，投资者会为承受这些风险而获得更高的收益。

经济因素会导致不同到期期限债券的利率在不同时期有不同程度的变化。这些利率的变化造成了不同到期期限的债券之间的"差幅"。1 年期的国库券和 10 年期长期国债的平均差幅大概为 0.9%。在 2009 年的大部分时间，这一差幅都超过了 3%。图 8-3 表明了 1 年期国库券和 10 年期国债从 20 世纪 20 年代初以来不停变化的利率差幅。

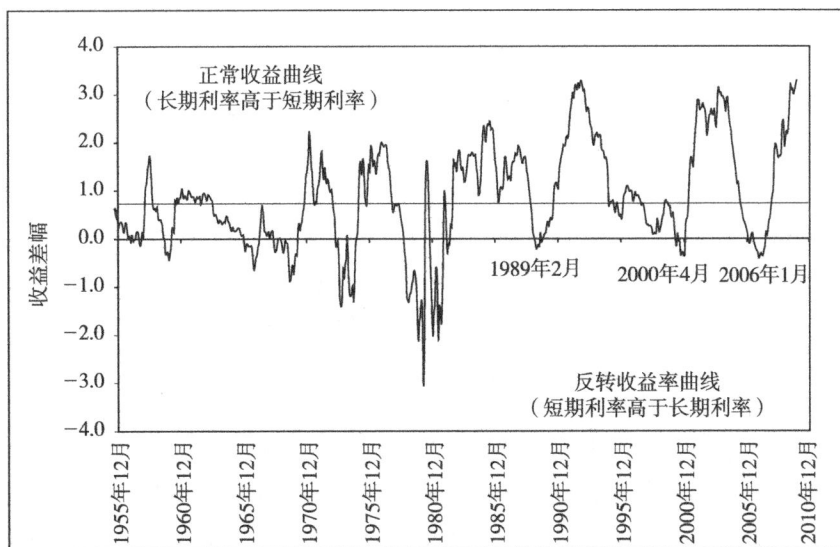

图 8-3　1 年期国库券和 10 年期国债的收益差幅

10 年期国债通常都比 1 年期的国库券有更高的回报率。收益曲线在大多数时间都是"正常的",这样说的原因是因为在正常情况下,短期国库券的预期收益要低于长期国债的预期收益。当短期国库券收益和长期国债收益一样时,收益曲线就是"平滑的"。如果短期国库券的收益高于长期国债,就会呈现出"反转收益率曲线"。

有一种理论认为,当收益曲线出现反转,就说明经济放缓,股票市场会下行。有时候在股市出现低迷之前,收益曲线已经反转了几年,有时候在股市已经回升之后,收益曲线依然保持反转。

信贷风险

在图 8-1 中,纵轴表示的就是信贷风险。相比那些信贷风险较低的债券,信贷风险较高的债券应该支付更高的利率。表 8-1 展现了三家不同的资信评级机构是怎样按照信用等级划分债券的。

表 8-1　各机构对债券的信用等级划分

	穆迪	标普	惠誉
投资等级			
最好	Aaa	AAA	AAA
很好	Aa	AA	AA
中上	A	A	A
中下	Baa	BBB	BBB
非投资等级			
投机	Ba	BB	BB
严重投机	B, Caa, Ca, C	B, CCC, CC, C,	B, CCC, CC, C,
违约		C	DDD, DD, D

按照标准普尔以及惠誉的评级体系,投资债券的等级是 BBB 或以上,而在穆迪体系中,这类债券的等级是 Baa 或以上。政府机构的直接或间接债务,如长期国债或联邦机构债券,其信贷风险最低,收益也最低。中等投资信贷等级的债券包括投资级美国公司债券和市政债券,其基本特征非常明确。这

类债券会接受以标准普尔为首的资信评级机构的等级评估,其利息也比政府债券的高。

这个风险梯形图的底端是高收益的公司债券和非投资级的市政债券。市场对公司债券和低于投资级的市政债券的发行商的债务清偿能力存疑。这些债券也被称为"垃圾债券",因为它们具有一定的投机性。本章的后文部分还会对其进行讨论。

信贷风险这个因素是一定要考虑到的,如果资信评级机构降低了债券的信用等级,那么债券就会贬值。例如,如果一支债券从 AA 级降到了 A 级,那么新投资者的预期收益就会提高,由此才能弥补信用等级的降低,因为这意味着债券会贬值。由于信用等级降低而造成的债券贬值就是信贷风险,也可以被理解为"降级"风险。

图 8-4 表明了信用等级最高的(Aaa)公司债券和信用等级较低的(Baa)公司债券的收益差幅的历史曲线。这个差幅是用 Baa 债券收益减去 Aaa 债券收益计算出来的。在经济情况低迷,陷入萧条的时候,信用差幅就会增大;在经济开始复苏的时候,差幅就会减小。

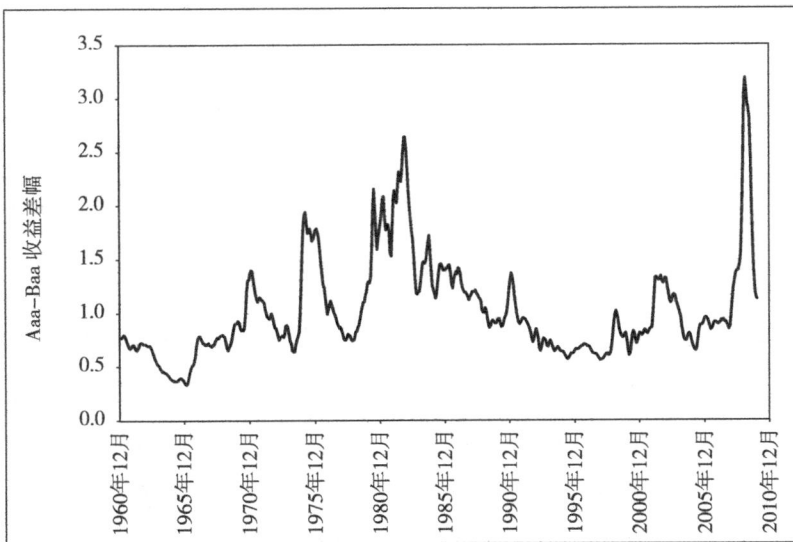

图 8-4　穆迪 Baa 债券收益和 Aaa 债券收益之间的收益差幅

有人认为，信用差幅增大或减小的原因与股票涨跌的原因是一样的。因此，他们认为在投资产品组合中加入公司债券，无异于增加了投资组合中的股权风险。虽然有时候信贷风险和投资之间会呈正相关，但是这种相关性并非一成不变。

图 8-5 表明的是投资级债券的超额收益和股票超额收益（信用风险溢价与股票风险溢价）在连续 12 个月之内的相关性。信贷风险溢价是用巴克莱资本 1~10 年期的中期信用债指数收益减去巴克莱资本 1~10 年期的中期国债指数收益计算出来的。股票风险溢价是用债券价格研究中心 1~10 年期股票市场综合指数收益减去短期国库券收益计算出来的。比较这两个收益之间的关系，我们就能知道它们之间是否存在相关性。

两种风险溢价之间的相关性：
公司债券收益（高于国债收益）和整体美国股票
市场收益（高于短期国库券收益）

图 8-5　信贷风险溢价与股权风险溢价之间连续 12 个月的相关性

观察信贷风险溢价和股权风险溢价在连续 12 个月之内的相关性就能看出，有时候影响信贷风险和股票收益的因素是相关的。在经济低迷的时候，这种现象更加明显。有时候二者并没有相关性，在极为罕见的情况下，二者会呈现弱负相关。当你对自己的投资组合中的综合风险进行衡量的时候，一定要考虑到股票和公司债券之间当时是否存在正相关。

对投资级债券的投资

表 8-2 展示的是信贷风险和到期期限这两个风险因素在 1973—2009 年产生的影响。由于中期国债的利率风险较高，所以其收益也比 1 年期国库券的收益高。同样，信贷风险的提高也增加了公司债券的收益，使其超过了长期国债的收益。

表 8-2　1973—2009 年固定收益投资的收益率

1973—2009 年	1 年期国库券	巴克莱中期国债指数	巴克莱中期信贷指数
年化收益率	5.8%	7.7%	8.3%
标准差	0.9%	4.3%	5.3%

一个分散合理的固定收益投资组合产品包含多种投资级证券，它们的到期期限、等级和发行单位都应该不同。美国发行的大部分应纳税投资级债券都包含在巴克莱资本美国综合债券市场指数中。2010 年 1 月，巴克莱资本美国综合债券市场指数跟踪了超过 8 400 种美国债券或政府机构发行债券、投资级公司债券和扬基债券（在美国发行的外国债券，以美元进行交易）。只有一个例外，就是通货膨胀保值债券（Treasury Inflation-Protected Securities，TIPS）。通货膨胀保值债券由于其独特的特点，由不同的指数进行跟踪。

巴克莱资本美国综合债券市场指数中债券的平均到期年限大概是 6.8 年，其中有 70% 以上都是以美国国库券、政府机构债券和政府支持的抵押担保债券。剩余的 30% 则为投资级债券和扬基债券。所有债券都是投资级的。表 8-3 是对 2009 年指数的划分。

表 8-3　2009 年巴克莱资本美国综合债券市场指数的构成

按发行单位划分		按等级划分	
政府债券 / 机构债券	35%	AAA	78%
政府抵押担保债券	38%	AA	4%
公司债券与资产抵押债券	20%	A	10%
商业抵押	3%	BBB	8%
扬基债券（外债）	4%	BB 或更低	0%
按到期期限划分			
0~3 年	24.7%		
3~5 年	30.9%		
5~10 年	32.5%		
10~20 年	5.6%		
20~30 年	6.1%		

　　有几种追踪巴克莱资本美国综合债券市场指数的指数基金你也可以购买。我建议在构建你的固定收益投资组合时，将这其中的一种基金作为主体部分。本章的结尾有一个指数基金的清单。

　　巴克莱资本美国综合债券市场指数还有很多分指数。其中一种是按照到期期限对指数进行划分的。平均到期期限最短的是巴克莱 1~3 年期短期政府指数 / 信贷指数，它包括政府债券和公司债券，但是抵押担保债券并不包含在内。第二个按照到期期限划分的类别是巴克莱中期政府指数 / 信贷指数。巴克莱长期政府指数 / 信贷指数的到期期限是最长的。

　　你可以通过将一系列债券市场指数基金和按照到期期限划分的 3 个指数中的 1 个指数结合的办法，实现对投资组合中利率风险的调整。例如，投资期限在 5 年或更少的投资者可以将短期债券指数作为组合中的主体，大量选择巴克莱 1~3 年期短期政府指数 / 信贷指数的产品。那些已经退休、每年都要取出部分资金进行投资的投资者，可能会选择短期基金中至少 1 年期的债券产品。

添加其他固定收益的有价证券

一个分散合理的固定收益投资组合并不局限于巴克莱资本美国综合债券市场指数所涵盖的投资级债券。我们还可以通过购买其他固定收益的有价证券来获得分散投资收益。这些类型的投资产品包括高收益的公司债券、通货膨胀保值债券以及含有新兴市场债务的外国债券。下面会详细研究这些板块。

高收益公司债券

高收益公司债券通常指非投资级债券、投机级债券和垃圾债券。和投资级债券不同，高收益债券的等级信用位于评级系统最底部的位置。在标准普尔评级系统和惠誉国际评级系统中，这些债券的级别是 BB 或以下；在穆迪评级系统当中，它们的级别是 Ba 或以下。

有很多单位都发行高收益债券，比如公司、市政机构和外国政府。总体来说，这种有价证券的预期收益应该比投资级证券的收益高。

除了信贷风险之外，高收益债券还面临着其他一些独有的风险，因为发行方最后可能无力偿还债务。因此，高收益债券除了信用风险之外，还存在违约风险。这些附加风险意味着投资者应该获得更高的预期收益。

图 8-6 比较了巴克莱资本美国高收益公司债券指数的年收益和巴克莱资本美国综合债券指数的年收益。因为综合指数涵盖了美国大部分投资级债券，因此两大指数之间的收益差距主要来自于违约风险。

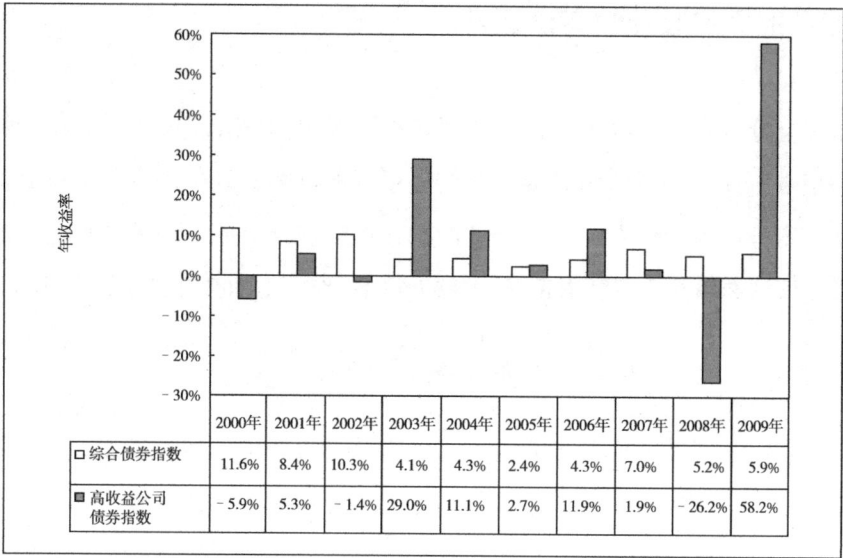

	2000年	2001年	2002年	2003年	2004年	2005年	2006年	2007年	2008年	2009年
□ 综合债券指数	11.6%	8.4%	10.3%	4.1%	4.3%	2.4%	4.3%	7.0%	5.2%	5.9%
■ 高收益公司债券指数	− 5.9%	5.3%	− 1.4%	29.0%	11.1%	2.7%	11.9%	1.9%	− 26.2%	58.2%

图 8-6　高收益债券年收益与综合债券指数年收益之间的比较

从 2000 年到 2002 年，违约风险大幅上升，原因是几家大型电信公司无法赎回自己的债券。在 2003 年和 2004 年，高收益债券的违约现象迅速减少，因此市场上债券的违约风险也降低了，直到 2007 年一直维持低点。2007 年，信贷市场再次崩塌，所有公司之间的债务差幅大幅上升。高收益债券市场的差幅又回到了 2008 年底的正常水平。高收益债券价格复苏的时间似乎早于股票价格。

有人认为，违约风险只是股票风险的一种，因此在投资组合中添加高收益公司债券就等同于添加更多的股票。这样的想法并非完全正确。高收益债券的差幅倾向于以预测未来的经济行为的方式，引领股票市场的走向。在 2007 年 10 月，差幅开始增大，同时股票市场创出了新高。2008 年 11 月，高收益债券开始复苏，这比股票市场的回温早了几个月。2009 年 10 月，高收益债券完全复苏，而股票市场仅仅收回了熊市中损失的一半。与此同时，标普 500 指数刚刚越过了 1 050，远低于 2007 年 10 月的 1 552。

高收益债券具有很大的波动性，因此，如果你想将自己的投资组合的整体风险系数控制在一定的水平，你也许需要调整你的股票和债券所占的比例。例如，如果你将 10% 的投资用来购买垃圾债券基金，那么要想将整体风险系数控制在添加高收益债券之前的水平，你也许就要考虑降低持有的股票比例。就我个人而言，我认为并没有必要这么做。你可能会持有不同的想法。

提醒大家，我并不建议购买单独的高收益债券，因为其交易费用很高，投资者接触的投资信息也不全面。更好的办法是购买一种以高收益基金为主的低成本共同基金。共同基金可以让投资者迅速接触到一系列不同的高收益债券，它们都是由经验丰富的投资经理精心挑选出来的。在本章的结尾列出了一些低成本 BB-B 等级的高收益美国公司债券基金。

通货膨胀保值债券（TIPS）

通货膨胀保值债券，或者叫 TIPS，问世于 20 世纪 90 年代末期，目的是用来抵御通货膨胀造成的负面影响。和传统的中期国债和长期国债一样，财政部通货膨胀保值债券每半年支付一次利息，并在到期时按照票面价值支付给投资者。它和传统国债的不同之处在于，它每半年支付的利息和最终偿还给投资者的票面价值并不固定。这些都与发行期间的通货膨胀率有关。如果在发行期间出现了通货膨胀，债券的票面价值就会上涨，其涨幅与这段时间的通货膨胀率是一样的。随着债券票面价值的上涨，投资者收到的利息也会上涨。这种债券的收益会按照通货膨胀程度进行调整，因此基本上可以视为无风险，这在所有的固定收益投资产品中是独一无二的。

在投资通货膨胀保值债券之前，你需要初步了解通货膨胀调整的问题。与以通货膨胀调整为基础的债券的票面价值相关的票面利率是固定的。如果在债券发行期间出现了通货膨胀，那么票面价值就会随之上升，结果投资者每次都会得到比前一次多的利息。另一方面，如果出现了罕见的通货紧缩（物价降低），债券的票面价值就会降低，这就意味着你的利息也会降低。

在你对于通货膨胀保值债券的通货膨胀调整特性感到激动万分时，你也应该知道，所有的债券在设定预期收益时，都考虑到了通货膨胀。假设一种传统的 10 年期国债的收益率为 4%，10 年期通货膨胀债券的收益率为 2%。这

2% 的收益率差幅，就是未来 10 年的预期通胀率。实际上，在确定传统国债预期收益率的过程中，已经考虑到了通货膨胀，而通货膨胀保值债券却没有。

想要知道公众对将来的通货膨胀率的预期，投资者可以用到期期限相同的通货膨胀保值债券收益减去传统国债的收益。图 8-7 用 10 年期通货膨胀保值债券和传统 10 年期国债收益率之间的差幅计算预期通货膨胀率。截至 2009 年年底，根据这一差幅计算出来的通货膨胀率预期为 2.23%，这与 2008 年的 0.25% 的历史数据有着很大的差距。

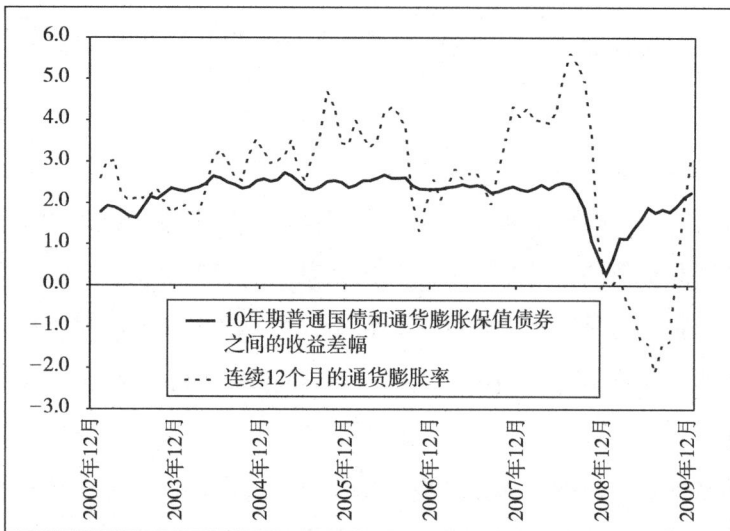

图 8-7　国债收益差幅：传统国债收益和通货膨胀保值债券之间的收益差幅
（到期期限为 10 年）

图 8-7 还表明，以 12 个月为一个测量周期的通货膨胀率是通过消费价格指数 CPI 来计算的。普通通货膨胀保值债券的差幅变化可以预测 3 个月后的通货膨胀率，二者具有一定的一致性。

因为发行通货膨胀保值债券的目的就是削弱长期通货膨胀风险，国债的"真实"预期收益就是通货膨胀保值债券的市场收益。真实收益就是投资者扣除通货膨胀影响之后所获得的收益。有人会认为，10 年期通货膨胀保值债券的真实收入会长时间保持不变，因为该债券中并没有信贷风险。但是，事实并非如此。当通货膨胀率上升时，通货膨胀保值债券的真实收益也会升高；

当通货膨胀率降低时，通货膨胀保值债券的真实收入也会随之回落。

通货膨胀保值债券的收益问题并非完全是通货膨胀引发的。税收是引发通货膨胀价值债券差幅变化的另外一个因素。美国联邦政府对于通过财政政策或货币政策引发的通货膨胀也会课税，也就是说税上加税。因为通货膨胀保值债券的价格会随着通货膨胀率的增长而增长，所以所得税的征收对象实际上应该包括通货膨胀保值债券的真正收入，以及由于抵消通货膨胀的影响而获得的额外收入。当通货膨胀率升高时，投资者需要对由通货膨胀带来的收入增长部分缴纳额外的税款。在所有的投资产品中，通胀因素造成的收入增长部分都要缴税，但是在通货膨胀保值债券的投资中，这种现象更为明显，因为通胀部分和真实收入部分可以分开来看。

1997 年，美国财政部第一次发行通货膨胀保值债券。图 8-8 表明了通货膨胀保值债券自 2000 年以来的年化收益率，我们可以通过这些数据认识到通货膨胀保值债券和巴克莱资本综合债券指数之间收益率的差幅。通货膨胀保值债券并非巴克莱资本综合债券指数的一部分。

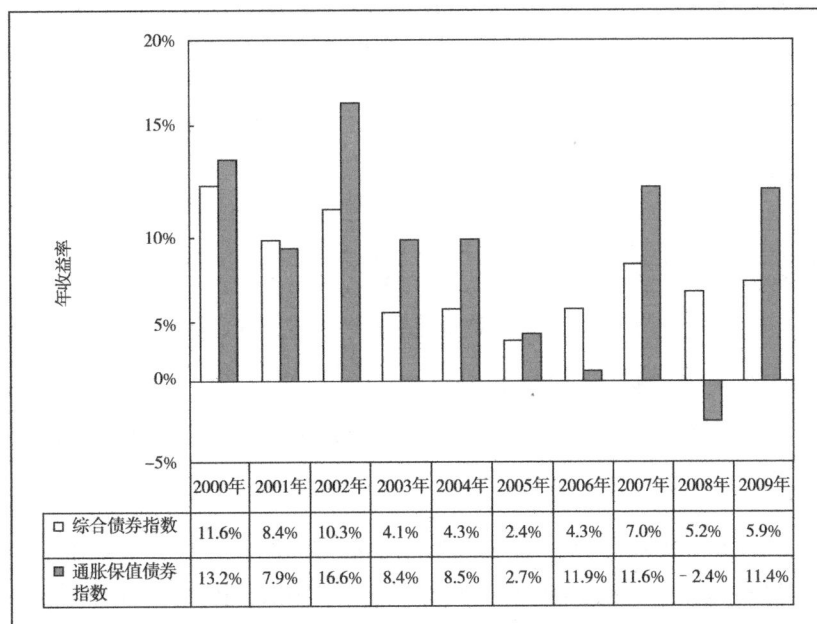

	2000年	2001年	2002年	2003年	2004年	2005年	2006年	2007年	2008年	2009年
□ 综合债券指数	11.6%	8.4%	10.3%	4.1%	4.3%	2.4%	4.3%	7.0%	5.2%	5.9%
■ 通胀保值债券指数	13.2%	7.9%	16.6%	8.4%	8.5%	2.7%	11.9%	11.6%	- 2.4%	11.4%

图 8-8　巴克莱资本美国综合债券指数收益 VS. 巴克莱资本通货膨胀保值债券指数收益

美国财政部发行的通胀挂钩债券（U.S. Treasury iBonds）也是一种通货膨胀保值债券，其目的是保护投资者的购买力。从通胀挂钩债券中获取的利息和通货膨胀部分都不需要缴纳国家或者当地的个人所得税。此外，还有一些特性让通胀挂钩债券比通货膨胀保值债券更具有吸引力。第一，通胀挂钩证券的单位票面价值较低，面值有 50 美元、75 美元、100 美元、200 美元、500 美元、1 000 美元和 5 000 美元。第二，除非投资者兑换通胀挂钩债券，或者债券在 30 年后不再提供利息，否则通胀挂钩证券带来的收入可以免交联邦政府的个人所得税。第三，如果用于某些教育用途，那么通胀挂钩债券带来的所有收入都不必交税。

当然，通胀挂钩债券也有缺点。首先，每个投资者每年的投资额度只有 5 000 美元。其次，如果在 5 年内兑现通胀挂钩债券，那么投资者就要支付 3 个月的收入罚金。

通货膨胀保值债券和通胀挂钩债券的目的都是为了保护投资者免受通货膨胀难以预料的波动而造成的损失。由于巴克莱资本美国综合债券指数中并没有通货膨胀保值债券，所以在进行固定收益投资时，可以将通货膨胀保值债券和通胀挂钩债券放到我们的投资组合清单里。

外国债券市场

全球债券市场规模宏大，其市值高达 65 万亿美元，几乎和全球股票市场的市值一样。在世界上可交易的固定收益债券中，有一半是通过美元进行交易，而另外一半是通过外币进行交易。

按照投资意图，可以将国家划分为两种类别：发达市场和新兴市场。发达市场指的是具有先进的自由市场经济体系和成熟的金融市场的国家。新兴市场的经济发展程度不是太高，金融市场也没有那么繁荣。如今有很多指数基金或 ETF，你只需要花费合理的费用，就可以接触到任何一种外国债券。

图 8-9 展示了巴克莱资本美国综合债券指数和涵盖美国国债的花旗集团全

球政府债券指数（非对冲类型）每年收益的差距。如果一种全球指数是非对冲类型，就意味着指数表现包含了当地货币的收益。对冲指数不考虑货币风险，并且假定所有债券都是以美元发行的。

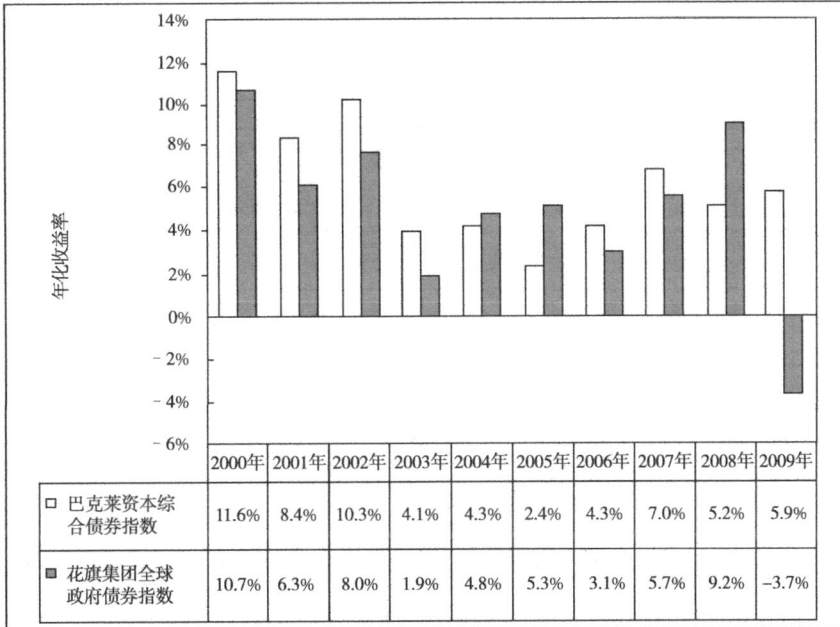

	2000年	2001年	2002年	2003年	2004年	2005年	2006年	2007年	2008年	2009年
□ 巴克莱资本综合债券指数	11.6%	8.4%	10.3%	4.1%	4.3%	2.4%	4.3%	7.0%	5.2%	5.9%
■ 花旗集团全球政府债券指数	10.7%	6.3%	8.0%	1.9%	4.8%	5.3%	3.1%	5.7%	9.2%	-3.7%

图 8-9　巴克莱资本综合债券市场指数与花旗集团全球政府债券指数（非对冲类型）

我并非外国债券的忠实拥趸。这些基金确实可以实现国外货币的多样化，不过这种多样化的成本是很高的。接触外国债券基金所需的费用比购买美元基金债券的费用高出 2~3 倍。就算这昂贵的费用不会抵消货币多样化带来的全部优势，也会抵消其中的部分优势。这种高昂的费用让我从来不涉足国际性债券基金。

图 8-10 比较了 30 年间花旗集团全球政府债券指数（共同基金费用率调整为 0.15%）和花旗全球政府债券指数基金（共同基金费用率调整为 0.5%）的假设收益。全球债券投资组合的总收益并不耀眼，特别是当美元相对于其他国际货币贬值了 20% 的时候。此外，全球指数的波动性也更大。鉴于在美元贬值期间，国际债券的表现并不夺人眼球，投资者就没有足够的理由在美元

债券投资组合中再加上国际债券。

虽然新兴市场债券的历史并不长，但也值得研究。第一批新兴市场债券共同基金设立于 1993 年。

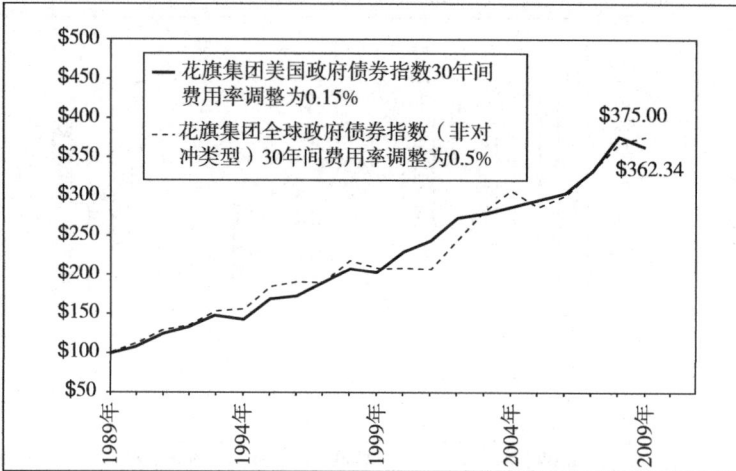

图 8-10   美国政府债券基金与非对冲全球政府债券基金的假设收益

新兴市场债券和美国公司高收益债券的信用等级处于同等水平。风险等级高是由欠发达的经济、落后的银行结构和动荡的政治风险导致的。一些新兴市场的政治环境也许会出现迅速的、难以预料的变化。

和发达市场的债券类似，投资新兴市场面临的最大障碍就是其所需要的费用。根据晨星数据库提供的数据，新兴市场债券基金的平均年费为 1%。这比我会投资的任何一支债券基金都贵出一倍还多。在本章的结尾列举了一些成本相对较低的国际债券 ETF，但是我要再次说明，由于从事外国债券基金投资所涉及的费用问题，它们并没有什么吸引力。

免税市政债券

迄今为止，我们只讨论了应纳税的债券。根据你创建的投资组合的类型和你的所得税等级，免税的市政债券也许可以在你的资产配置中扮演重要的角色。在一个普通的投资账户中，市政债券的税后收益对于所得税等级较高的投资者来说也许偏高。

一般说来，由你的居住国发行的市政债券所带来的利息收入不必缴纳任何联邦、州或者城市征收的所得税（也有例外）。由于这个原因，市政债券的利率要低于应纳税的政府债券或公司债券。但是在缴税之后，其净收入可能更高。

要比较应纳税债券的收益和免税债券的收益，只需要用应纳税收益乘以税率得出一个数值，再用收益减掉这个数值。如果你购买的是利率为 4% 的中期应纳税债券，这部分收入要缴纳的所得税是 30%，那么税后收益就是 2.8%。如果一个到期期限差不多的市政债券的收益高于 2.8%，那么投资免税的市政债券就对你非常有利。一般情况下，如果你的州和联邦所得税税率合并起来达到了 30% 及以上，那么对于普通投资账户来说，市政债券就是非常合适的选择。

如果所得税等级较高的投资者使用的是普通投资账户，他们就应该考虑免税的市政债券，而非投资级的应纳税债券。你可以购买独立的债券或者债券基金。低成本的、多样化的免税债券基金是很好的分散风险的选择，可以有效避免违约风险。一支基金中涵盖的债券越多，其优势就越明显。基金的缺点就是它在你的居住国可能并不是免税的。在本章的结尾列举了几种低成本的市政债券共同基金。

为投资组合选择资产配置比例

分析完固定收益投资产品市场之后，下一步就是为你的投资组合选择一个分配比例。表 8-4 提供了一个固定收益产品组合的分配比例的例子，我的公司在涉及应纳税债券的投资组合中就用到这样的比例。

表 8-4　利用应纳税债券来完成的固定收益投资组合

固定收益产品配置	固定收益产品类型
60%	巴克莱资本综合债券市场指数
20%	通货膨胀保值债券或通胀挂钩债券
20%	高收益公司债券

图 8-11 表现的是表 8-4 中投资组合的累积收益。在投资组合中加入通货膨胀保值债券和高收益债券增加了固定投资产品收益，但风险却只有轻微的增长。

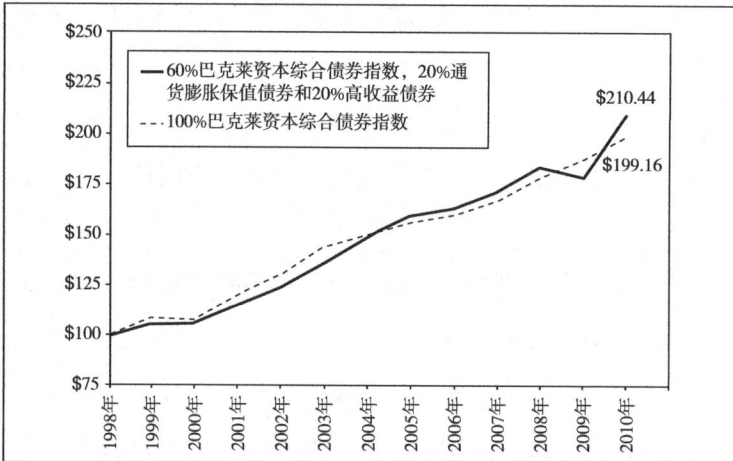

图 8-11　多样化固定收益投资组合和综合指数的累计收益

我们无法预料购买多种资产类别的固定收益产品产生的收益将来会不会超过国债券和投资级债券所产生的收益。我认为一定会的，因为投资者承受了由高收益和通货紧缩带来的额外风险，就应该得到补偿。同样地，那些愿意花费时间来学习固定收益产品组合的投资者也会很高兴他们这么做了。

注意，表 8-4 中的投资组合只是一个范例，每个投资者都应该根据自己的财务目标和纳税情况，自己决定投资比例。

固定收益投资产品清单

表 8-5 列举了一系列低成本的共同基金，你在创建投资清单的时候，可以
考虑这些基金。想要全面了解这些产品或其他低成本零手续费的基金，可以
阅读理查德·A.费里撰写的《指数基金从入门到精通》（第 2 版）。

表 8-5　选择低成本的固定收益共同基金

	交易代码	基准
整体债券市场基金		
Vanguard Total Bond Market	VBMFX	Barclays Capital U.S.Aggregate Bond Index
iShares Barclays Aggregate	AGG	Barclays Capital U.S.Aggregate Bond Index
Vanguard Short-Term Bond Index	VBISX	Barclays 1–5 Government/Credit Index
通货膨胀保值债券		
Vanguard Inflation-Protected Securities	VIPSX	Barclays Treasury Inflation Notes Index
iShares Barclays TIPS Bond	TIP	Barclays Treasury Inflation Notes Index
Individual iBonds	Purchase through banks or the U.S.Treasury	
高收益公司债券		
Vanguard High-Yield Corporate Bonds	VWEHX	Actively managed B–BB grade
外国债券基金		
iShares S&P/Citigroup International Treasury Bond	IGOV	Japan is 25% of the fund
iShares JPMorgan USD Emerging Markets	EMB	BB rated bonds
市政债券基金		
Vanguard Inter-Term Tax-Exempt	VWITX	Actively managed，6–12 years
Vanguard Limited-Term Tax-Exempt	VMLTX	Actively managed，2–6 years

在选择投资公司债券和市政债券的 ETF 时，投资者需要考虑到一些问题。
在 2008 年的信贷危机期间，大部分基金都无法兑现，一些 ETF 是按照净价值

乘以一个极大的折扣成交的。所以你一定要考虑到，如果你购买的债券 ETF 在市场环境较差的时候无法兑现的话，其价值就会大打折扣。

本章小结

分散合理的投资组合既包括固定收益投资，也包括股票投资。为了让效益最大化，投资组合中固定收益产品中应该包含多种类型，并每年进行再平衡。配置固定收益投资可以带来更高的整体收益，而投资组合面临的风险只会有少许增加。

债券市场上并不缺乏多样性特征。固定收益产品的子类别包括政府债券、公司债券、住房抵押共同基金、资产抵押债券（包括信用卡应收款抵押债券），以及外国发达市场债券和新兴市场债券。大部分的投资级固定收益债券都包含在债券市场基金中。

想要构建含有固定收益投资产品的投资组合，最好的办法就是选择低成本债券共同基金，特别是债券指数基金。指数基金会紧密追踪多种固定收益指数，本章的数据分析就涉及到了这些指数。有一些固定收益投资产品无法通过指数基金购买。对于这些投资产品，通过低成本主动管理型共同基金来实现投资更为适合。纳税等级较高的投资者可以购买市政债券共同基金作为应纳税投资级债券的替代品。

第 9 章

房地产投资

关键概念

· 房地产是和股票、债券都不同的资产类别。

· 房地产投资信托基金（Real Estate Investment Trusts，REITs）是进行房地产投资的便捷方式。

· 有时候房地产投资信托基金与普通股票和债券存在弱相关性。

· 自置房产既让投资者有地方住，又有潜在收益。

现代投资组合理论中最有洞察力的观点就是，在投资组合中持有弱相关性的资产类别，并定期进行再平衡，可以减少整体投资组合风险，增加长期收益。房地产就是能在相当长的一段时间内与股票和债券保持弱相关性的为数不多的资产类别之一。一个涵盖了房地产、股票和债券的具有良好多样性的投资组合，其长期收益比不包含房地产的投资组合要高。即便是在 21 世纪的第一个 10 年，房地产市场惨淡的时候，上述论点也是成立的。

投资房地产可以带来两种收益：收入项和增长项。布兰德斯投资机构（Brandes Investment Institute）和美国德保信金融集团（Prudential Financial）联合来自伦敦商学院的埃尔罗伊·迪姆森（Elroy Dimson）研究了美国房地产投资的长期收益。迪姆森发现，如表 9-1 所示，从 20 世纪 30 年代以来，美国房地产的长期收益和美国股市的长期收益不相上下。直到 2009 年，这一结果都没有更新，而房地产的价值从 2004 年以来已经累计降低了 10%。我对房地产长期收益数据进行了调整，见表 9-1。

表 9-1　美国房地产投资的长期收益

	房地产投资总收益率 *	整体股票市场	通货膨胀（CPI）
1930—2009 年	9.1%	9.2%	3.2%

注：*2004 年的数据来自布兰德斯机构报告；2009 年的数据来自作者估算。

对迪姆森的研究数据进行进一步分析就会发现，在几十年间，通过租金获得的收入一直比较平稳。表 9-2 计算得出的房地产投资的平均收益率为 7%，每 10 年的数据在此基础上上下浮动 1 个百分点。为了反映 2004 年全年的情况，我修改了 2000—2004 年的资本收益报告。我还根据从其他渠道获得的 2009 年的数据完善了原有的研究结果。

表 9-2　每 10 年的美国房地产收益

年份	总收益率	年所得收益率	资本收益率
1930—1939 年	8.1%	8.4%	−0.3%
1940—1949 年	13.7%	6.3%	7.0%
1950—1959 年	6.2%	6.1%	0.2%
1960—1969 年	6.5%	6.2%	0.3%
1970—1979 年	10.1%	6.3%	3.6%
1980—1989 年	11.1%	6.5%	4.3%
1990—1999 年	5.5%	6.6%	−1.1%
2000—2009 年 *	9.3%	7.5%	1.8%

注：*2004 年的数据来自布兰德斯机构报告；2009 年的数据来自作者估算。

几乎所有的商用租约合同都包含了通胀对冲机制。房主可以在一定范围内提升租金，以此将通货膨胀带来的损失转嫁到租户身上。由于在投资组合中建立了一个通胀对冲机制，房主具有了提高租金的权利，让房地产投资更有吸引力。

除了出租房屋，从长期来看，自置房产也是比较可靠的投资方式，还可以提供住处。根据政府住房供给部门的数据，多年来，房主的年化收益率在3%以上，这和通货膨胀率是不相上下的。

从20世纪90年代到21世纪的第一个10年，美国的很多地区都见证了房价的迅速上涨。这导致了很多刚刚购入房产的人无力进行房产投资，也让很多人负债累累。同时，这也促生了很多"房虫"，他们几乎没有成本地进行投机，并迅速积累起大量财富。2007—2009年这一段时间，政府针对房地产现状进行大力整顿，终结了这种投机行为。至此，房价下跌，刚刚购入房产的人可以享受税收抵免政策，还可以享受由联邦储备银行提供的低水平按揭利率，这些措施稳定了大部分市场的房价。

假如情况允许的话，投资者就可以考虑同时买入自住房产和商用房产进行投资，作为其长期投资方案的一部分。美国的建筑用地面积是固定的，建筑资源也有限，与此同时，美国人口却在持续增长。这两个因素导致大部分市场的房价保持平稳，如果某个市场可以提供很好的工作机会，那么从长期来看，大多数市场的房地产价格会不断上涨。

商用地产的投资机会

投资商用地产有三种方式：直接投资；通过有限责任合伙的方式间接投资；通过公开交易的房地产投资信托间接投资。这三种投资方式各有优劣。

直接投资可以让投资者完全掌控自己的财产，包括租金、成本的管理，以及决定是否将其出售。通常来说，直接投资带来的收益最高，因为房产持有者可以直接参与房产管理，越过了很多中介机构。直接投资的劣势在于，它要求投资者具有实际的房产管理能力，还要具备房地产方面的知识。虽然直接投资者也可以委托管理公司来处理房产，但是这会降低投资的总收益。除了管理费用，长期闲置或者租户拖欠房租都会减少收益。最后，在投资者想要出售的时候，如果二手房市场不景气，就会导致出手困难或者卖不上价。

通过有限责任合伙进行投资时，如果你买对了股份，就会有很大的升值潜力，这种投资方式的关键在于找到一个诚实的、富有经验的普通合伙人。一个有能力的、富有经验的普通合伙人可以处理一切，包括房产的购买、管理和出售。有限责任合伙的劣势在于有限责任股东不能插手公司运作。有限责任股东对于公司要买什么房产、如何管理和什么时间出售都没有决定权。此外，有限责任合伙公司的股票通常都无法兑现。有限责任股东想要出售自己持有的股份是非常困难的，因为很难找到另一个愿意以合理的价格购买股份的投资者。

在参与房地产市场投资时，房地产投资信托基金是最为简单的方式。房地产投资信托基金就像"一篮子"房产，它们都在股票交易所进行交易。房地产投资信托基金的公开市场可以立刻兑现。不过房地产投资信托基金的劣势在于其管理和运行费用。如果现在房地产投资的收益率为 8% 左右，那么房地产投资信托基金的收益率就在 6% 左右。此外，房地产投资信托基金的投资者只有每年对年度管理者继续投票时才能行使权利，否则是没有发言权的。

在过去的 20 年间，房地产投资信托基金市场发展十分迅速，房地产投资信托基金共同基金变得很受欢迎。投资者通过购买房地产投资信托基金指数共同基金或者 ETF，就相当于拥有了全国各地的不同市场板块中上千房产中的一部分。

房地产投资信托基金也有劣势。投资房地产投资信托基金涉及一定的管理费用，而投资房地产投资信托基金共同基金又涉及另一个层面的管理费用。另一个劣势在于，房地产投资信托基金的价格通常无法反映房地产资产净值（Net Asset Value，NVA）的真实价值。相比房地产的价格，房地产投资信托基金的价格具有更大的波动性。有时候，股份在交易时会大打折扣，在资产净值的基础上造成大量溢价。

房地产投资信托基金

在这本书中，我将低成本的共同基金视为主要推荐的产品。因此，本书中推荐的商用房地产投资产品只有房地产投资信托基金和 ETF。但是从这一部分学到的经验也可以应用于其他形式的商业地产股份。

1960 年，美国国会颁布法令，允许合并的房地产信托基金出现，并允许其在主要股票交易所交易。之所以要设定房地产投资信托基金，是要将其作为一种节税的投资工具，投资者可以通过它持有多种房地产投资产品。管理房地产投资信托基金的公司只要可以达到美国国内收入署（Internal Revenue Service，IRS）的几项要求，就根本无须缴纳联邦或者州所得税。这些要求中最重要的部分如下。

1. 总资产的 75% 以上用于投资房地产。

2. 总收入的 75% 以上来自房产租金。

3. 90% 以上的应纳税收入用来支付股息。

虽然在 20 世纪 60 年代时，房地产投资信托基金还是一个新概念，并没有吸引投资者。投资机构对此也不感兴趣，因为税法要求 5 个及以下的个人不得持有房地产投资信托基金的 50% 以上。结果，在头 30 年间，房地产投资信托基金产业的市值增加到了 56 亿美元（只包括权益型房地产投资信托基金）。

在 20 世纪 90 年代初期，税法的调整成了房地产投资信托基金市场规模激增的催化剂。这次调整让养老金信托基金在不违反《信托法》的情况下在房地产投资市场上占据了更大的份额。由于房地产投资信托基金可以兑换，所以投资机构将其视为进入房地产投资市场的通衢大道。

根据美国房地产投资信托协会（National Association Real Estate Investment Trusts，NAREIT）的数据，在 1990 年到 2009 年间，房地产投资信托基金市场从不到 60 种小型权益型房地产投资信托基金，总市值只有 55 亿美元，迅速增长到超过 100 种基金，总市值 2 500 亿美元。虽然这些数字听起来令人振奋，但是在整个商用房地产投资市场中，权益型房地产投资信托基金只占很小的比例，其市值在美国股市中只占不到 3%。

房地产市场的证券化进程仍然路途漫漫。根据联邦储备委员会（Federal Reserve）的数据，商用房地产市场的总价值约为 150 万亿美元。不过，房地产投资信托基金产品中并没有包含所有的房地产。公开交易的公司拥有大量的商用房地产，因此从技术层面上来说，这部分房地产已经是它们一般公司股价的一部分。在调整了公司的持股问题之后，美国商用房地产市场上可投资的部分总价值约为 4 万亿美元，其中，不到 7% 的部分构成了公开交易的房地产投资信托基金。

权益型和其他类型的房地产投资信托基金

房地产投资信托基金可以分为三个基本类别：权益型、抵押型和混合型。其中，权益型房地产投资信托基金是唯一一种完全以房地产为投资对象的基金。这类基金是最纯正的房地产持有形式。抵押型房地产投资信托基金不是直接占有房地产，而是通过商业贷款的方式投资房地产。抵押型房地产投资信托基金基本上是一种债券投资，而不是房地产投资。混合型房地产投资信托基金既持有房地产物产，又持有抵押贷款。因此，混合型房地产投资信托基金的收益一部分来自房地产收益，一部分来自抵押型投资产品组合的收益。

本章把房地产投资作为一个独立的区块，目的在于从中抽出一种独特的资产类别，也就是商用地产。因此，本书中的数据只反映权益型房地产投资信托基金的风险和收益，书中并不涉及抵押型与混合型房地产投资信托基金的数据。

在美国股票市场上进行交易的有 100 多种权益型房地产投资信托基金，这些公司投资的房地产类型十分广泛，包括大型购物中心、办公写字楼、公寓和酒店等。想要拥有这一切的投资者可以购买一种权益型房地产投资信托基金指数共同基金，就可以拥有全国各地上千个房地产股权。

权益型房地产投资信托基金的收益

权益型房地产投资信托基金的收益可以分为两个类别，第一种是房地产投资信托基金股价的收益，第二种是股息支付和股息的再投资收益。只要房地产投资信托基金将应纳税收入的 90% 以上以股息形式支付给股东，公司就不必为公司的收入缴纳企业所得税。由于这个原因，它们的大部分业绩来自于股息收益和股息的再投资收益。

图 9-1 和图 9-2 说明了股息对于房地产投资信托基金的投资者的重要性。图 9-1 代表的是投资在我国房地产投资信托协会股价上 1 美元实现的增长，图中并不包括股息或股息的再投资收益。图 9-2 展示的是在过去的 20 年间，房地产投资信托基金在支付了股息之后的总收益与美国股票市场的总收益的对比。二者的长期收益几乎一样。

图 9-1　美国房地产投资信托协会权益型指数（股价部分）
对通货膨胀进行的追踪，起始价值为 1 美元

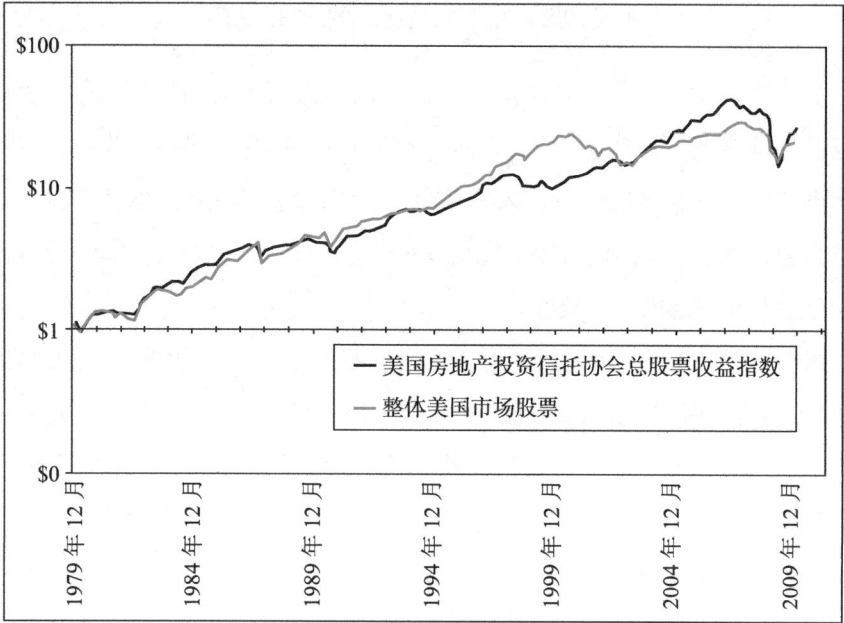

**图 9-2　美国房地产投资信托协会股票总收益指数 VS. 美国证券价格研究中心
整体美国股票市场指数，起始投资为 1 美元**

总体说来，权益型房地产投资信托基金的价格会随着以消费者物价指数
衡量的通货膨胀率的回升而上涨。这很好理解，因为租金会随着通货膨胀率
的提高而上涨，而且权益型房地产投资信托基金需要将 90% 的应纳税收入用
于股息支付。

一旦在该指数上加上股息和股息的再投资问题，情况就不一样了。因为
实际原因，房地产投资信托基金和一般的美国股票的风险和收益紧密相关，
我们足可以说它们有着同样的长期预期风险和收益。

图 9-3 表明了整体美国股票市场、巴克莱中期政府指数 / 信贷指数和威尔
希尔房地产投资信托基金指数（一种权益性房地产投资信托基金指数）的同
比收益的不同。从收益中可以看出，这三种资产类别的收益率几乎没有什么
相关性。

	2000年	2001年	2002年	2003年	2004年	2005年	2006年	2007年	2008年	2009年
■ 美国股票	-11.5%	-11.1%	-21.2%	31.6%	12.0%	6.2%	15.5%	5.8%	-36.7%	29.4%
□ 美国债券	10.1%	9.0%	9.8%	4.3%	3.0%	1.6%	4.1%	7.4%	5.1%	5.2%
■ 房地产投资信托基金	31.0%	12.4%	3.6%	36.2%	33.2%	14.0%	36.1%	-17.6%	-39.2%	28.5%

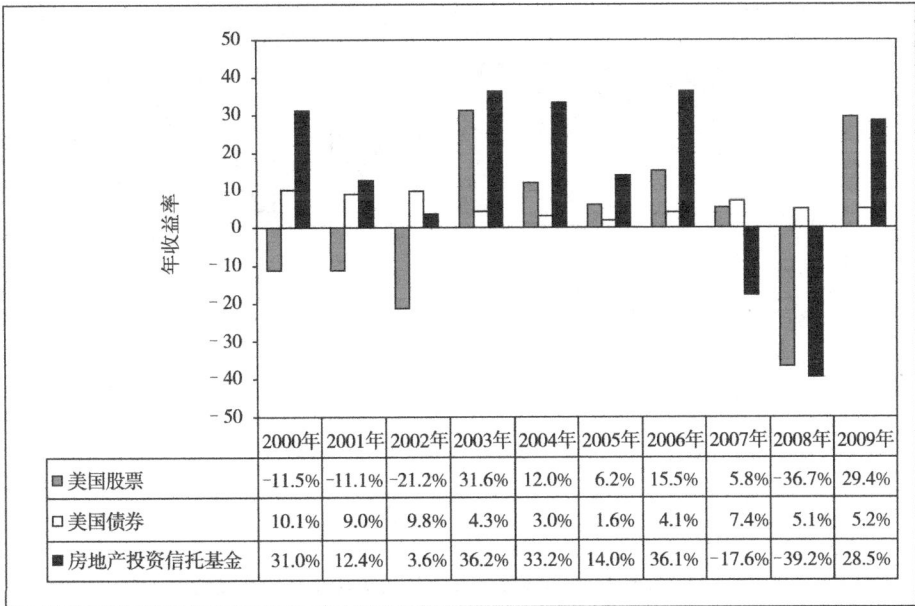

图 9-3　美国证券价格研究中心整体美国股票市场、中期债券和房地产信托基金的年收益

相关性分析

在 1992 年美国税法对房地产投资信托基金进行调整之前，房地产投资信托基金的风险和收益特征与股票相类似。房地产投资信托基金和美国股票之间的高度相关性表明，整体的市场变化会影响房地产投资信托基金。

20 世纪 90 年代初期，市场对于房地产投资信托基金的认识开始转变。房地产投资信托基金市场蓬勃发展，投资者对这部分的了解也在逐步增加。市场的转变反过来开始影响这类资产的行为方式。后来的 10 年间，房地产投资信托基金和其他股票产品的相关性降低，在 2001 年的一段时间，二者实际上变成了负相关。在 2010 年，相关性又发生了改变，房地产投资信托基金和美国股票之间变得高度相关。图 9-4 记录了这一现象。

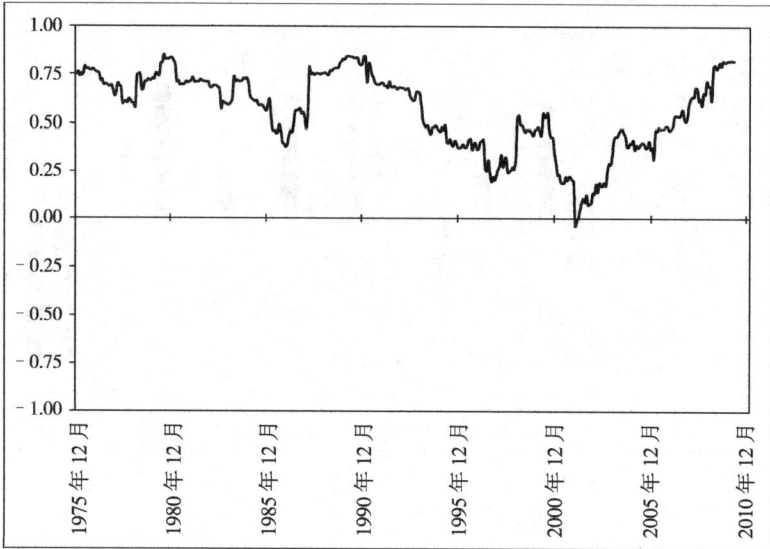

图 9-4 连续 36 个月美国房地产投资信托协会股票指数和
美国证券价格研究中心整体美国股票市场指数之间的相关性

房地产投资信托基金和股票市场其他产品之间的不断变化的相关性，为投资者创造了实现投资组合多样化的机会。图 9-5 表示的是在美国的股票投资组合中加入房地产投资信托基金之后的风险—收益曲线。

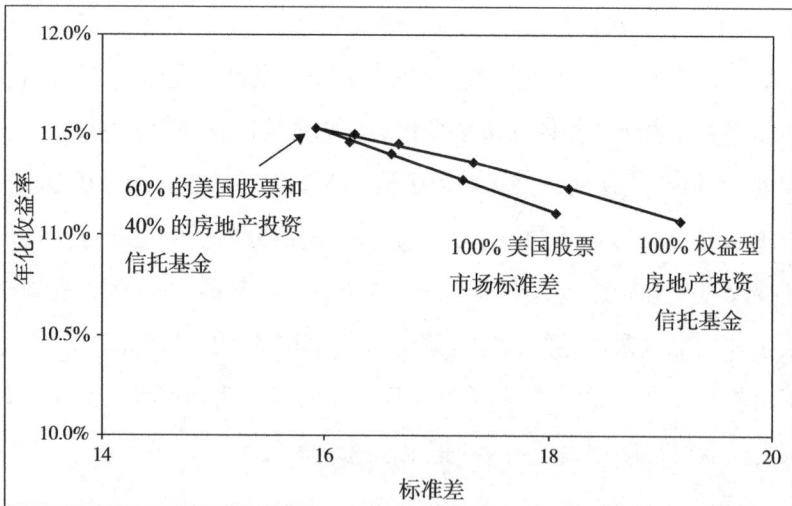

图 9-5 美国证券价格研究中心整体股票市场和
威尔希尔房地产投资信托基金股票指数的风险—收益，1980—2009 年

房地产投资信托基金和美国股票的风险—收益水平相当。然而，如果持有房地产投资信托基金，就能获得分散投资效益，因为正如图 9-4 所示，二者的相关性处于不停的变化之中。虽然这张图展示的是 40% 的房地产投资信托基金和 60% 的普通股票，不过我并不建议将房地产投资信托基金的比例提高到 10% 以上，因为房地产投资信托基金只代表了一个非常狭窄的市场区块，其中可供选择的投资产品有限。在美国交易所中，只有大概 100 种房地产投资信托基金进行交易。

威尔希尔房地产投资信托基金指数类似于美国房地产投资信托协会指数，因为它也代表了所有公开交易的权益型房地产投资信托基金。这两个指数的区别在于，威尔希尔指数始建于 1987 年，在 2002 年之前，它并不涵盖医疗保健机构。使用威尔希尔房地产投资信托基金指数的好处就在于它是可投资的，也就是说，投资者可以购买追踪威尔希尔房地产投资信托基金的指数共同基金。

房地产价格和利率密切相关。利率下降时，房地产价格就会上涨，因为需求增加了。因此，很多人认为债券收益和房地产投资信托基金收益具有很高的相关性。但是，并没有任何数据支撑这一观点。图 9-6 表明了房地产投资信托基金收益和巴克莱资本中期指数之间在连续 36 个月的相关性。

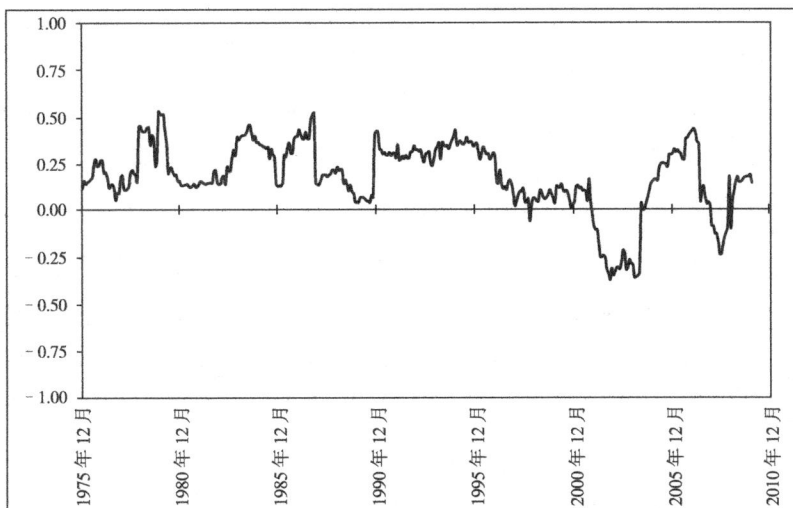

**图 9-6　美国房地产投资信托基金收益和巴克莱资本
中期政府指数 / 信贷指数之间在连续 36 个月的相关性**

图 9-7 研究的是房地产投资信托基金投资，它表明了包含多种资产类别的投资组合的好处。这个风险收益表是基于一个包含中期债券和股票产品的投资组合进行绘制的。该股票产品的投资组合中有 20% 是房地产投资信托基金，80% 为股票市场中其他类型的产品。不管从哪个角度来说，在投资组合中加入房地产投资信托基金都可以降低投资组合的风险，并增加长期收益。

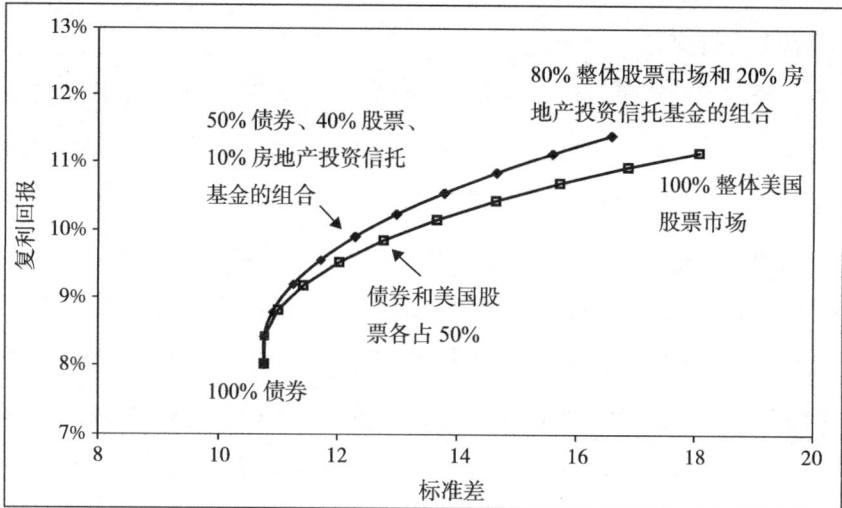

图 9-7　包含和不含房地产投资信托基金的投资组合的对比，1980—2009 年

我要重申一点，投资组合中包含 20% 的房地产投资信托基金，这个比例也许有些高了。在美国交易所中，只有大概 100 种房地产投资信托基金进行交易。房地产只是美国市场的一个小小的区块，占市场总值不到 3% 的比例。因此，我认为股票投资组合中包含 10% 的房地产投资信托指数基金就足够了。

权益型房地产信托投资基金是一种和其他资产类别相关性较低的资产类别，你可以将它列入你的潜在投资清单里。有一些低成本的房地产投资信托指数基金反映了房地产投资信托基金指数的收益。本章结尾的表 9-3 列举了其中的部分产品。

自置居所

如果一个讲述房地产投资的章节中没有讨论自置居所，那么这个章节就是不完整的。除了可以提供居住的场所，在地理位置比较优越的地段购买房屋已经被证明是一种比较可靠的长期投资。过去的几十年间，美国的私房业主获得的平均年化收益率略高于通货膨胀率。虽然近期住房市场表现疲软，但按揭利息的部分同样享受减税政策，而且你出售房屋的全部或部分利润也是免税的。

图 9-8 表现了从 1987 年开始，住宅的平均价格变化，该数据来源于标普 / 凯斯席勒房价指数。这些数据是从当地的税务部门收集到的，代表已经完工的房产售价。该指数设定的目的是捕捉美国 10 大国际都市中住宅的价格变化，它使用的是重复出售的测量方式，即它测量的是同一房产重复出售过程中的平均价格变化。

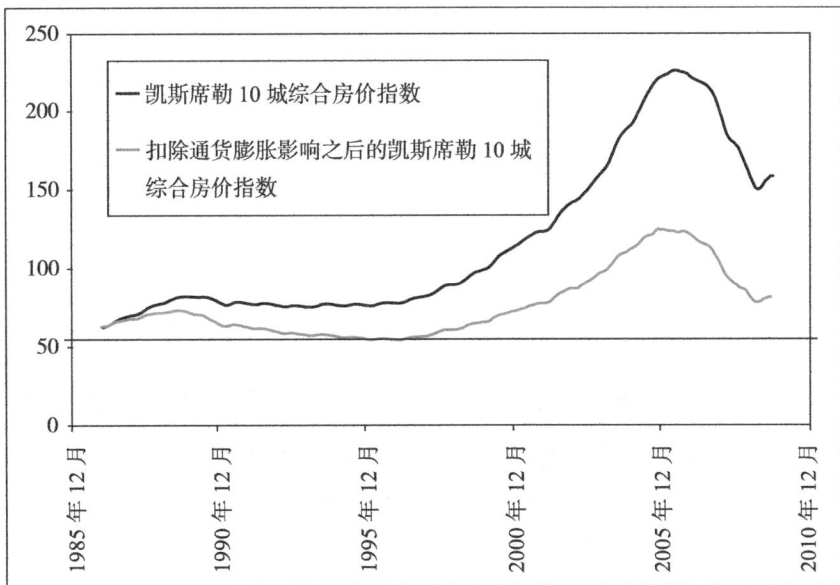

图 9-8 房价指数 VS. 消费价格指数

图 9-8 中有两种测量指标：一种是房屋的名义价格，另一种是扣除通货膨胀因素影响后的价格。几十年来，美国房屋价格的上涨与通货膨胀率不相上下。在 20 世纪 90 年代中期，美国一些地区的房价稳步增长，房地产的真实收益也随之上涨。在加利福尼亚、亚利桑那、内华达、佛罗里达和其他许多地区，都出现了投机泡沫。在 2006 年，这种疯狂购买达到顶峰，然后房价急转直下，使美国的其他经济都迅速下滑。在我写作这本书的时候，房价正在接近它们扣除了长期通货膨胀率的水平。

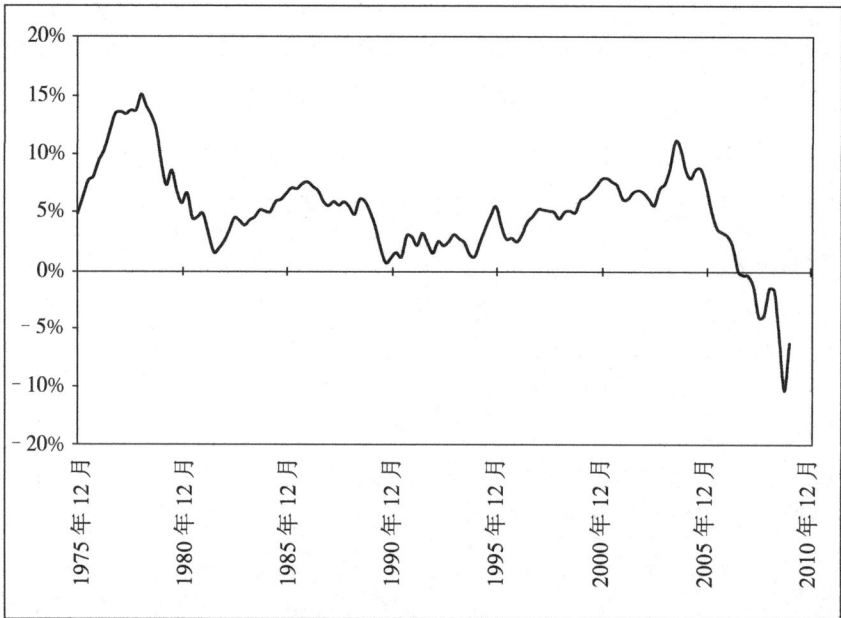

图 9-9　房价指数以及全国房价变化，1974—2009 年

图 9-9 表现了房价的同比增长率，图中有几点值得研究。20 世纪 70 年代末期和 80 年代初期的通货膨胀率非常高，使得房价增长率达到了两位数水平。在 20 世纪 90 年代初期，经济的衰退导致价格开始持平。从 1995 年到 2006 年，房价在稳步上升；从 2008 年到 2009 年，房市崩盘，房价暴跌。

回顾房价的变化过程，从 2000 年到 2005 年这段时间非常值得研究。在美国经济经历寒冬的时候，房价还在持续攀升，每年增长 4%~7%。这种增长发生在美国股市崩盘、经济衰退之时。

从 2000 年到 2003 年的房价上涨主要有三个原因。第一，在经历了股市的崩盘之后，人们希望把自己的钱放在他们能够看得见摸得着的地方。第二，按揭贷款的发放者给出了非常低的按揭利率，有些新的按揭贷款产品只需要很少的首付。第三，美国政府通过降低购房门槛和给予赋税优惠的形式来刺激人们购买住房。图 9-10 反映了 30 年间的按揭利率，数据来源于美国联邦住宅贷款抵押公司。

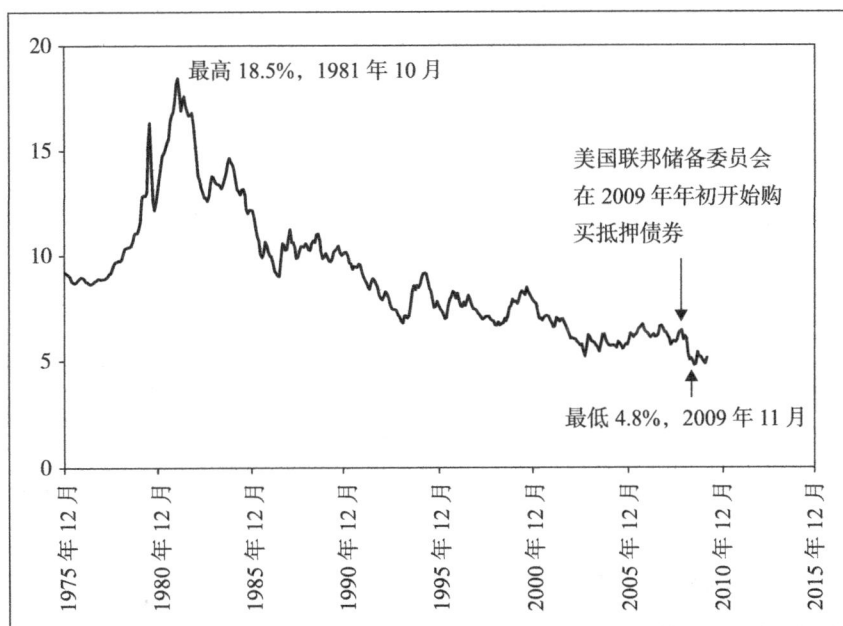

图 9-10　美国联邦住宅贷款抵押公司公布的 30 年间按揭利率

2005 年，我正在写作本书的第一版。当时我在书中表明，房价增长也许已经接近了顶峰。当时，我预测一些地区的房价会逐渐下降。从 2007 年到 2009 年，房价迅速下跌，止赎率上升，这让金融机构手上积累了很多既不需要也卖不掉的不可兑现的房产，这就导致了全球的经济衰退。

我认为房价已经降到了它们应该有的水平，不存在泡沫了。以 2010 年的房价水平，我会毫不犹豫地出手买房。

由于实际因素，你所居住的房屋的资产净值不应该算在你的投资组合的资产配置中。买房的首要目的是让我们有一个住的地方。在扣除赋税、利息支出和通货膨胀的影响之后，房屋的增值几乎可以忽略。买房实际上唯一的收益就是有了一个容身之处。将自己的住房放到房地产投资组合中会引发一系列问题，因为你永远无法确定真正的市场价值，也无法实现房屋资产净值和其他资产之间的再平衡。

房地产投资信托基金投资名单

表 9-3 列举了部分低成本基金，在配置房地产投资信托基金时，可以加以考虑。想要深入了解这些和其他低成本、零手续费的基金和涵盖它们的指数，可以阅读《指数基金从入门到精通》（第 2 版），以及《ETF 投资手册》（第 2 版）。

表 9-3　低成本房地产投资信托共同基金

权益型房地产投资信托指数基金	交易代码	基准
Vanguard REIT Index Fund[*]	VGSIX	Morgan Stanley REIT Index
iShares Dow Jones U.S.REIT	IYR	Dow Jones U.S.REIT Index
SPDR Wilshire REIT	RWR	Wilshire REIT Index

注：[*] 先锋房地产投资信托 ETF 的交易代码是 VNQ。

本章小结

在投资组合中添加与原有的投资产品相关性较低或相关性不断变化的资产类别会降低整体的投资风险，增加长期收益。和债券具有较低的相关性又和股票的相关性不断变化的资产类别不多，房地产就是其中之一。一个包含了房地产投资产品与股票和债券投资产品的分散合理的投资组合，比一个不包含房地产投资产品的投资组合效益更高。

在商用房地产市场进行投资的途径有很多，但是最方便也最容易兑现的
方式就是购买权益型房地产投资信托基金。权益型房地产投资信托基金是由
公寓大楼、宾馆酒店、购物中心、工业建筑和其他在股票交易所上交易的租
赁物业等投资对象组成的投资组合。一些低成本的房地产投资信托指数基金
可以让你在整个可投资的房地产投资信托基金市场中迅速实现分散投资。

除了投资商用房地产，自置居所也可以成为投资对象。从传统意义上来
说，房价的上涨与通货膨胀率不相上下。在利率降低时，房价的增值速度甚
至会超过通货膨胀率。仔细考虑地理位置，每个城镇或城市中都有一些地区
会比其他地区增值快。美国还有一些地区的房价可能不会上涨，因为它无法
带动就业。

第10章

另类投资

关键概念

• 另类资产是传统的股票和债券之外的资产。

• 很多另类资产都难以投资。

• 难以兑现和费用高昂会使所有的优势黯然失色。

• 一些共同基金和 ETF 基金现在可以以合理的价格购买。

现代投资理论的投资对象并不局限于股票、债券和房地产。过去几年间，另类资产类别在投资组合设计中扮演着越来越重要的角色。另类资产类别包括用于大宗商品、收藏品和对冲基金的投资。

有人说，在投资组合中加入另类投资的好处就是它们与传统的股票和债券投资具有弱相关性。由于这个原因，有人认为，在投资组合中加入另类资产类别会降低整体投资组合的风险并增加长期收益，我对此表示质疑。

股票和债券是用于投资的，而大宗商品是用于投机的。大宗商品包括实体资产和追踪一切产品价格的期货合约，从小麦到黄金再到猪肉都囊括在这些产品中。这些资产都不是成长型资产。现在的一吨铜在 10 年后还是一吨铜，在 100 年后也是一吨铜，而且一吨铜不会付给我们任何股息或者利息。

价格波动本身并不会产生扣除通货膨胀影响后的投资收益，能够产生收益的是现金流。企业股票的收益增长能够创造真正的财富，如债券带来的利息收入、房地产带来的租金，以及稀有硬币等收藏品的稀缺价值。随着股市的波动，大宗商品的价格也会上下浮动，但是大宗商品并不能产生股票那样的收益，因为它们无法创造现金收入。

人们可以通过大宗商品赚钱是因为他们能正确预测价格趋势。因此，时机就是一切。如果你是世界上为数不多的了解未来供求关系中的有效信息并能将这种知识转化成技巧高超的交易的人，或者你非常幸运，可以猜到未来的物价，你就可以通过大宗商品赚钱。

如果一个讲述另类投资的章节中没有讨论对冲基金，那么这个章节就是不完整的。对于合格的投资者来说，对冲基金就相当于他们的个人投资账户。大部分对冲基金都是不受管制的。对冲基金并不是一种资产类别，只是由职业投资经理进行独立管理组织的投资工具。对冲基金的独特之处在于，基金经理可以自由地进行资本投资。对冲基金可以大规模地持有某种股票，可以自由使用财务杠杆，可以通过期货、期权、掉期交易和其他衍生产品进行投资，或者做空投资产品。

从 2000 年到 2008 年，由于股票的收益减少，投资者就迷恋上了神秘的对冲基金，尤其是在高净值的市场区块，在这里，投资者为了获得购买对冲基金的机会而喧闹不已。

对冲基金价格高昂。对冲基金获得的收益中，很大一部分归于对冲基金经理，作为一般的管理费之外的奖金。这些基金也难以兑现，很多都要求投资者在几个月或几年后才能撤出资金。最后一点，真正技巧高超的对冲基金经理对于你那点小额投资毫无兴趣，如果你没有几百万美元进行投资，那你根本没有机会购买对冲基金。中产阶级可以考虑的对冲基金和那些坐拥几十亿美元的投资者能够接触到的对冲基金是不一样的。

如果你决定投资另类资产，请注意不要为投资花费太多成本。投资大宗商品和对冲基金的费用可能会迅速超过分散投资效益。所有的另类投资都适用的一条好的法则就是：一旦怀疑，马上抽身。

大宗商品

大宗商品是指我们每天都使用的普通产品，例如食品、基本原料以及和能源相关的物品。食品包括糖、玉米和燕麦等；基本原料包括钢和铝等；能源是以原油、天然气和电力的形式进行贸易的。另一个类别是贵金属，例如黄金和白银等。这所有的资源一起组成了全球大宗商品市场。

全球大宗商品市场不但范围极广，而且深度也非同小可。因为几乎世界上每个国家都从事大宗商品的挖掘、制造或种植，因此就有成百上千个全球大宗商品市场。有一些地区的贸易活动会每周7天、每天24小时持续进行。如果你想在晚上10点购买一盎司黄金，任何一个大型的大宗商品经纪人都可以为你安排。如果你想在凌晨3点出售石油，也可以轻易实现。

随手拿起一份《华尔街日报》，翻到投资和理财部分，你就能看到在美国交易所交易的部分大宗商品的名单。《华尔街日报》会公布现货和期货价格。现货价格是指实体大宗商品当天交易时遵守的价格，而期货价格涉及的是制定一份在将来的某个时间将一定量的实体大宗商品交给对方的合约。

一般说来，大宗商品可以划分为不同的类型，具体如下。

- 能源：原油、燃料油、天然气、电力
- 工业原料：铜、钢、棉花
- 贵金属：金、铂金、银、铝
- 牲畜：活牛、瘦肉猪
- 谷类和油料种子：玉米、大豆、小麦
- 软性大宗商品：可可、咖啡、果汁、糖

能够作为大宗商品的物质一定易于种植、挖掘和开采。虽然有时候会因为偶然的大宗商品短缺而导致临时性的价格飞涨，但是短缺问题会自动解决。如果由于需求的增加而导致小麦价格上涨，农民就会在下一季种植更多的小麦。如果钢材由于短缺而出现了价格上涨，工厂就会开采更多的矿石。如果原油稀缺，石油公司就会开采更多的石油，勘探更多的油田，并加速寻找替代品。此外，在价格攀升的时候，来自全世界的新竞争者都会涌入这个市场。

如果某种大宗商品的价格长期居于高位，人们就会寻找便宜的替代品。例如，如果石油一直保持高价，汽车公司就会增加对电力汽车的研发力度，并寻找可替代的燃料，如氢气和天然气。也许使用者和制造商要用几年的时间才可以找到应对高价能源的办法，但是供给最终会和需求保持平衡，能源的价格会下降。

如果由于乙醇的需求增大，导致玉米的价格上升，农民就会在下一季种植更多的玉米，并会持续种植更多的玉米，直到供给超过需求，玉米价格下降。喂牛的玉米的替代品会增加，制造乙醇的玉米的替代品也会被发现。如果房地产业的繁荣导致钢材紧缺，钢的价格就会上涨，生产者就会挖掘更多矿石，小型工厂会回收利用更多的钢制废料，来自世界各地的生产者也会涌入这个行业。然后房地产的繁荣终结，钢材价格大幅下跌。不管什么时候，当一种大宗商品的价格上涨到能够带来足够的利润，现有的供应者就会创造或收获更多的此种产品，新的竞争者就会带来更多的供给。

就算是像黄金这样的贵金属，也存在着供需周期。尽管并不能总是找到新的金矿进行挖掘，采用新技术从现有的矿石中提取更多的黄金的办法也可以增加供给。另外，如果价格够高，国家和大型机构会出售更多的国库存货，使得价格迅速下降。当黄金的供给量超过需求量，黄金的价格就会回归到它真实的经济价值。我在 2010 年撰写这本书的时候，就出现了这样的情形。

新的供需平衡的实现可能需要几年的时间。因为筹备费用很高，而且新型资源的开发也需要时间。对于长期的大宗商品制造商来说，价格的飞涨并不是什么好事，因为价格的飞涨多半会带来供应过度，就会导致价格迅速下跌，造成潜在的经营损失。这就是行业的繁荣和萧条交替的周期性特征。

图 10-1 展示了从 1955 年以来，扣除通货膨胀影响的黄金和石油的价格。它们的起始价格都是 1 美元。在过去的几年间，黄金和石油的价格都出现了几次飞涨，但是从长期来看，这些飞涨最后都降回了通货膨胀率。石油价格

率先回落，黄金价格紧随其后。

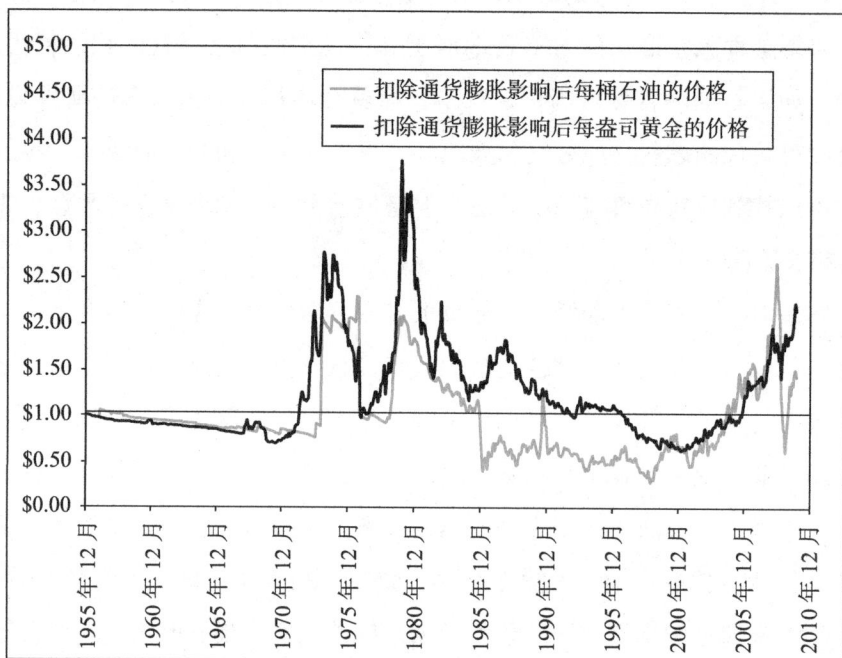

图 10-1　扣除通货膨胀影响之后的黄金和石油的价格

由于全球供求关系的预测分析一直在发生变化，石油的价格一直都不稳定。我们为汽油支付的价格就体现了这些变化。最近几年，由于新兴市场对原油的需求逐渐增加，原油价格的不稳定性和由此带来的价格波动越来越明显。然而，石油的价格也有繁荣和萧条的周期。图 10-1 表明，1981 年石油的价格出现了最剧烈的增长，当时在扣除通货膨胀的影响之后，油价达到最高。

对于金价的记载可以追溯到几千年之前，这些数据表明，扣除通货膨胀的影响，几千年来的黄金价格并没有显著变化。金价也有过几次飞涨，紧接着就出现了大幅下跌，这些起伏几乎可以相抵。黄金是储存财富的一种途径，在经济状况不佳时，人们就会囤积黄金。在能够投资其他产品获利时，人们又会卖掉黄金。金价可以迅速上涨，也可以以几乎同样的速度迅速下跌。当然，如果经历了经济冲击，金价需要花费更多的时间才能回归正常。不过总体说来，全球经济扩张持续的时间越长，黄金价格的下跌幅度就越大。

历史最悠久的大宗商品指数

大宗商品市场存在的时间要长于股票市场。有一些大宗商品的价格可以追溯到几千年前。本章中采用的是美国大宗商品研究局（Commodity Researeh Bureau，CRB）的指数数据，它已经有 70 多年的历史了。

从 1934 年开始，美国劳工统计局（The Bureau of Labor Statistics）就开始统计每日大宗商品价格指数。该指数最终发展成了 CRB 现货市场价格指数（CRB Spot Market Price Index），它深入测量在大宗商品市场上表现活跃的 22 种商品的价格起伏，这些大宗商品包括：可可豆、玉米、阉牛、白糖、小麦、粗麻布、铜废品、棉花、铅废品、印花布、香蕉、钢废品、毛条、黄油、兽皮、树脂、牛油、锡、锌，还有那些和能源相关的基本产品。最初，大宗商品价格主要来自于贸易出版物或者是政府机构，而在今天，我们只需要浏览电子交易网站，就能轻易地得到这些价格数据。

还有许多其他的追踪大宗商品价格的综合指数。有些指数存在的时间较短，有些已经存在了一些时间。通常从规模来看，能源占据了大宗商品市场上最大的份额，能源大宗商品的价值在所有大宗商品价值中大概占 80%。因此，能源价格在市值加权指数中占据优势地位。

CRB 指数是一种等权重指数，也就是说，棉花价格的变化和石油价格的变化带来的影响是一样的。等权重的研究方法可以让我们忽略平均大宗商品价格对经济的影响，单纯地研究平均大宗商品价格。图 10-2 展现了从 1947 年以来，CRB 现货价格指数扣除了通货膨胀影响之后的发展历史。

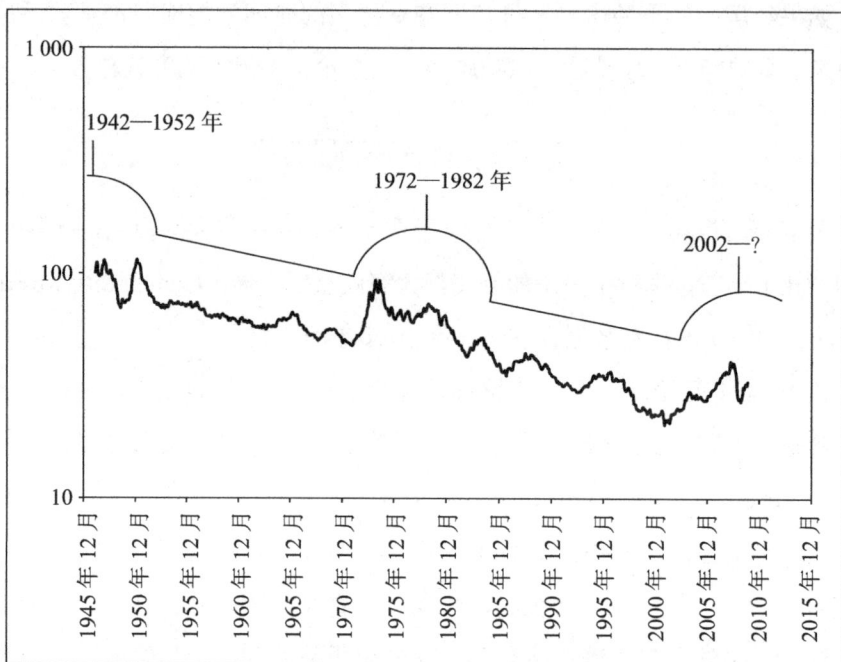

图 10-2　扣除通货膨胀因素影响后的 CRB 大宗商品现货价格：1947 年的基数为 100

在过去的 63 年间，所有大宗商品在扣除通货膨胀的影响后，其价格都有了显著下降。扣除通货膨胀的影响，每年的大宗商品价格降幅约为 1%。这是由很多因素造成的：技术革新和科技进步导致生产效率大大提高；来自国外的竞争的增加；原本由政府支付的大宗商品有了替代品；政府采取了一系列物价控制举措和关税调节杠杆。

有人认为世界上的大宗商品价格将来一定会持续增长。但是图 10-2 表明，最近发生的物价上涨不会存续很长时间。图 10-2 显示，每一代人中都会遇到大宗商品涨价，最近的三次大宗商品涨价之间正好相隔了 30 年。扣除通货膨胀的影响，每次涨价之后，物价都会回落到涨价之前的水平。

期货合约

对于大部分投资者来说，对实体大宗商品进行现货交易并不现实。直接对谷物进行投资并不现实，除非你拥有一个粮仓，能把 10 000 蒲式耳玉米全装进去。对于投资者来说，在现货市场上购买原油也不现实，除非他们拥有一个巨大的油罐，能将 1 000 加仑原油装进去。这一规则也有例外，实体黄金和其他贵金属现在都可以以 ETF 进行交易。

大部分人从事的是商品期货贸易，而非实体大宗商品。纸质合同可以确保将来某个时间对大宗商品所有权的移交。期货合约的基准是未来交货价格，而非现货价格。期货合约就像股票一样，可以在期货交易市场进行交易。

商品期货代表着以当前约定的价格在几个月后购买某些产品的责任。这种合约是一种标准的协议，约定在将来以某个价格买入或卖出一定数量的某种产品。投资者只需要很少的钱，就可以获得期货合约，这给了投资者很大的杠杆。

计算期货价格

期货价格和现货价格可能相差悬殊。计算期货价格时要从现货价格出发，考虑到多种因素。这些因素可能包括供求的季节性变化、借贷成本、储存成本以及其他持有成本。如果交易时的期货价格高于目前的现货价格，就称为期货溢价；如果交易时的期货价格低于目前的现货价格，就称为现货溢价。

图 10-3 是石油期货市场的期货溢价和现货溢价的例子。它参照的石油现货价格是每桶 60 美元。

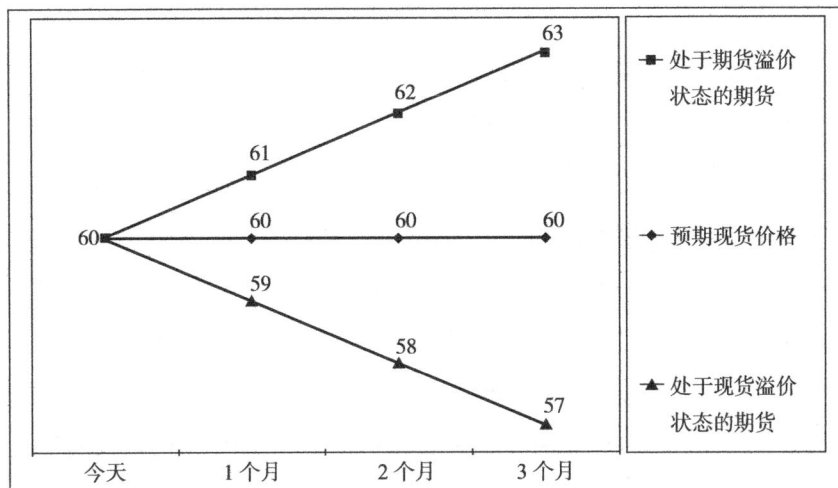

图 10-3　处于现货溢价和期货溢价状态的石油期货价格

关于商品期货收益问题的辩论已经持续了很长时间。有些研究表明，商品期货的收益堪比股票收益，而长期的现货市场的收益还达不到这一水平。其他的学术研究表明，期货收益率和通货膨胀率不相上下，其差幅取决于研究发生的时期、研究的执行者和研究的目的。很多研究表明，商品期货投资市场上的既得利益者赚取了超常的收益，但是中立的研究表明，收益远没有这么高。

从逻辑分析的角度出发，如果商品期货有一半时间是期货溢价，另外一半时间是现货溢价，那么购买现货或者期货并没有什么收益上的差别。不管你是买入实体资产将其储存起来，还是买入期货合约，把现金投资到短期国库券上，最后获得的收益相差无几。事实本来就是如此，我们会在本章的后文部分讨论这一问题。

投资期货的共同基金或 ETF 必须每月更新自己的合约，才能避免在合约到期时出现上千加仑的汽油堵在公司入口的情况。期货投资的展期收益可正可负，这取决于下个月的期货价格和近期期货价格之间的关系。简而言之，如果大宗商品处于现货溢价，第二个月的合约价格就会低于第一个月的合约价格，购买者就能获得收益；如果大宗商品处于期货溢价，第二个月的合约价格就会高于第一个月的合约价格，购买者就会遭受损失。

多年以来，能源期货的购买者由于石油市场一直处于现货溢价而赚了很多钱。根据巴克莱资本提供的数据，从 1983 年到 2007 年，石油有 57% 的时间都处于现货溢价。不过，这段时间的收益在 2006 年变成了亏损，当时的石油市场变成了期货溢价。这让 ETF 投资者身受重创。美国石油指数基金（The United States Oil Fund，代码 USO）是美国市场上的第一支原油 ETF。2006 年 4 月 10 日，美国石油指数基金开始交易，价格为 68.25 美元，与当时每桶石油的价格几乎相等。一年后，该基金以 52.01 美元的价格收市，跌幅达到 23.8%。但是同一时期，美国原油的基本价格只下跌了 6.5%。美国石油指数基金的额外损失大部分来自期货市场进入期货溢价之后带来的负展期收益。

期货交易合约

期货合约是一种协议，约定在将来某一个确定的日期以约定的价格买入或卖出一定数量的某种产品。期货属于衍生投资产品，得名的原因是其价值源于标的资产的价值。商品期货合约的定价是一部分参考这种大宗商品当前的现货价格，一部分参考该大宗商品在将来交货日期的预估现货价格。

我们可以把期货合约视为以先付定金的方式购买某种大宗商品。作为买家，你同意标准大宗商品合约中的价格，并缴纳部分费用作为保证金。合约的结算日期就是大宗商品的交付日。合约就是责任，所以买卖双方都应该遵守它。不过，你不必在交付日才能得到大宗商品。你可以在交付日之前随时出售合约，撤出交易市场。

标准的商品期货合约包含预先确定的大宗商品数量和结算日期。它在发展完善的期货交易所进行交易，通过一笔标准的费用，也就是保证金得以确认。保证金通常占合约总价格的 2%~7%，具体由大宗商品种类决定。在合约到期日之前，这部分保证金由第三方托管。

这里举一个使用商品期货合约的例子。假设一个炼油厂想要提前 3 个月锁定 3 个月后购买原油时的价格，只需要购买交付期为 3 个月的原油期货并缴纳少量的保证金。这样炼油厂就可以提前知道 3 个月后要为原油支付多少费用，并为此做好预算。同样地，石油生产商也可以出售交付期为 3 个月的石油期货，即便他们手头上现在并没有石油。这让石油生产商能够知道 3 个月后自己的石油可以卖到什么价钱，并知道应该生产多少石油。

期货合约的价格取决于很多因素，最重要的一个因素就是产品的现货价格。一般说来，近期期货合约的价格会非常接近于现货价格。其他影响价格的因素包括对供求关系的预期，交付日之前的储存成本，以及现在和交付日之间的利率水平。有时候大宗商品合约的期货价格会高于现货价格，有时候期货价格会低于现货价格。这主要由共识价格预测决定。图 10-4 表明了 CRB现货价格和 1 个月期 CRB 期货价格之间的历史差距。

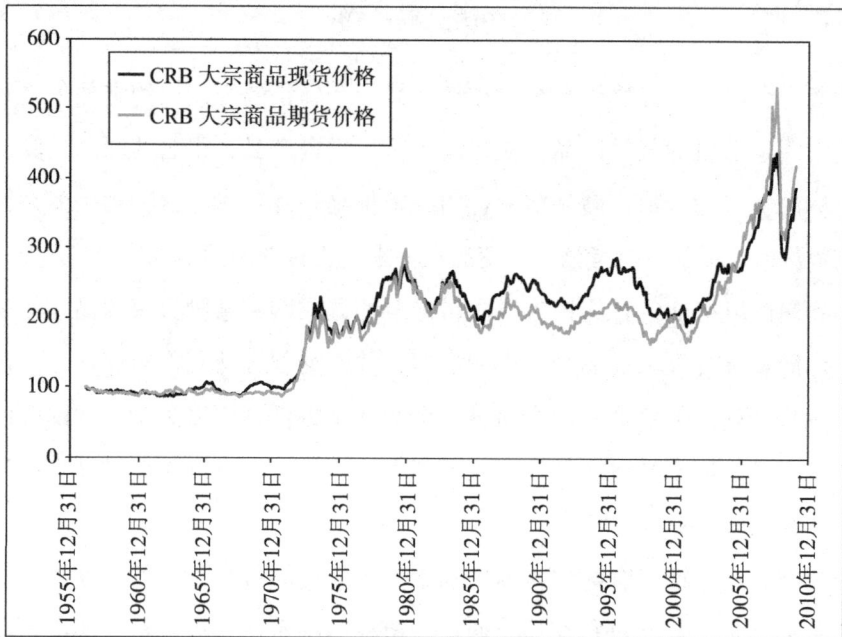

图 10-4　CRB 大宗商品现货价格 VS. 期货合约价格

有一点非常有趣，就是在 20 世纪 90 年代，近期期货价格远远低于现货价格。在这 10 年间，期货购买者预计，随着生产力水平的提高和外国竞争者的涌入，原材料的价格会不断降低。20 世纪 90 年代末期，商品期货价格相较于现货价格出现了一个低点。过去 10 年间，期货价格逐渐回升。由此，现货价格和期货价格之间的差幅逐渐消失。有一段时间，与期货相关的产品需求量很大，使得期货收益高于现货收益。这导致期货市场的投资者获得了超出正常水平的收益，但是之后就再也没有出现过这种现象。

大宗商品总回报指数

图 10-5 显示的是 CRB 大宗商品总回报指数。设计该指数的目的是使投资者获得不能直接投资的大宗商品的收益。所以在结算指数时，需要考虑大宗商品本身的价格浮动，以及即将到期的旧期货合约和在当天续约到下一个月的新期货合约之间的价格差幅，还有短期国库券的收益。

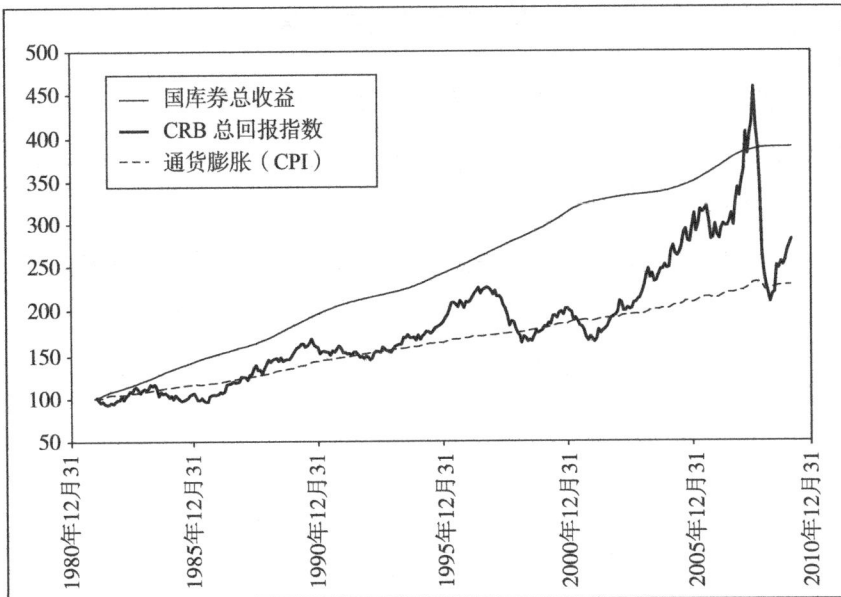

图 10-5　CRB 总回报指数，假设现金用于投资短期国库券

你可能还记得，购买期货合约需要缴纳保证金。保证金约为期货合约代表的大宗商品价值的 5%。例如，交付期为 1 个月的价值 4 000 美元的期货合约，需要缴纳 5% 的保证金，也就是 200 美元，这部分钱可以在货币市场上获得利息。假设你有 4 000 美元，那么在交付日来临之前，你可以用账户中剩下的 3 800 美元投资其他东西。你在这 1 个月内的投资收益等于黄金期货合约发生的价格变化加上你账户中剩余的 95% 的资金的利息。如果你将期货合约续约到下个月，那么根据近期期货价格和 1 个月期的期货价格的差幅，就会有另外一份收益或损失。

大宗商品总回报指数包括大宗商品的价格浮动、近期期货价格和 1 个月期的期货价格的差幅，以及现金和保证金带来的利息收益。为了计算总回报指数，假设将 95% 的现金用于投资短期国库券。将一段时间内的月收益连在一起，就构成了图 10-5。如图所示，如果你没有在正确的时间买入或卖出商品期货，短期国库券的收益是非常微薄的。

投资组合中的大宗商品

大宗商品基金之所以能对投资者产生吸引力，就在于它们和股票、债券具有弱相关性。这就意味着传统的有价证券市场的下跌不会影响大宗商品的价格。图10-6体现了CRB总收益指数、美国股票和国债之间的相关性。一般说来，大宗商品总收益指数与股票和债券之间的相关性较低，这让它们成为很好的分散投资组合工具。但是这种投资产品也存在问题：一个是大宗商品的长期收益率较低；另一个是在股市崩盘时，大宗商品总收益指数和股票就会呈现高度的相关性。

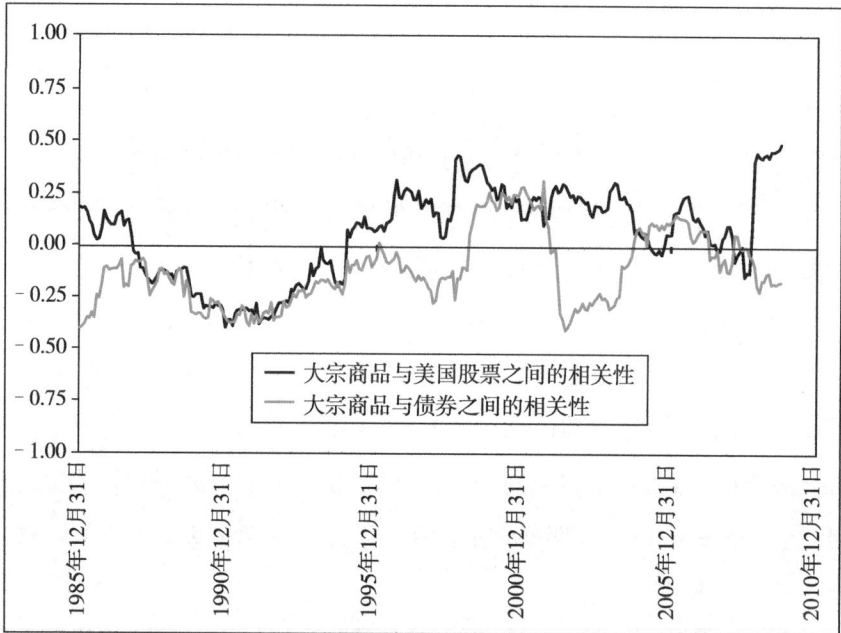

图 10-6　CRB 总收益指数与美国股票和中期国债在连续 36 个月的相关性

图10-5和图10-6代表了投资者面临的窘境。有时候，大宗商品总收益指数和其他资产类别之间存在着较低的相关性，但是它们的低收益也是历史上绝无仅有的。虽然从降低风险的角度来讲，弱相关性产品是一种具有优良特性的资产类别，但是你不能只靠弱相关性产品。此外，在你不愿意发生改变的时候，相关性可能会迅速变成正相关。股票下跌时，大宗商品的价格也会

迅速下滑，2008 年的情况就是如此。

投资的目的是实现长期的财务目标。因此你的投资组合中的每一种投资的真实收益都应该超过这种资产类别的通货膨胀率。考虑到这一点，大宗商品就过不了关。虽然大宗商品的价格具有很大的波动性，但是从长远来看，大宗商品的收益率无法超过通货膨胀率。即使在投资组合中加入大宗商品后，投资组合的不确定性会降低一些，你也最好不要涉足这一资产类别，把钱放到股票和债券里，才会得到更高的真实收益。

如果你一定要进行大宗商品投资

如果你坚持要进行大宗商品投资，那么一定要理性看待你的投资方式。购买单个的商品期货合约并不是什么好主意。单个的合约风险很高，因为它们的杠杆系数高。你应该投资不同大宗商品的不同期货合约，实现适当的分散投资。更好的选择是，通过购买分散合理的共同基金来接触更多种类的大宗商品。另一种方法就是通过行业的共同基金进行投资，这些共同基金的持股对象是生产大宗商品的公司。本章结尾的表 10-4 中列举了几种价格比较合理的共同基金。

大宗商品共同基金投资的是大宗商品总收益指数的衍生投资产品。因此投资这些基金的投资者应该理解这些大宗商品指数是如何构成的。市面上有几种存在竞争关系的大宗商品总收益指数。和股票指数一样，每种大宗商品指数的供应商都有其独特的计算收益的方式，也有理由让别人相信他们的体系要优于别人。

人气最高的 3 种指数是美国大宗商品研究局指数（Reuters-CRB）、标准普尔高盛大宗商品指数（前身为高盛大宗商品指数）和道琼斯瑞银大宗商品指数（DJ-UBS）。这 3 种指数最重要的差别是它们对于不同大宗商品类型的权重不同。

- 美国大宗商品研究局指数是对 22 种大宗商品价格的等权重指数。等权重意味着镍的价格上涨 1% 和原油价格上涨 1% 给整个指数带来的影响是一样的。

- 标准普尔高盛大宗商品指数根据总体市场价值来衡量 24 种大宗商品。因为全球生产的石油总价值在整个大宗商品市场中占主导地位，所以能源产品在高盛大宗商品指数中占很高的权重。也就是说，原油价格上涨 1% 对标准普尔高盛大宗商品指数带来的影响大于镍的价格上涨 1% 带来的影响。

- 道琼斯瑞银大宗商品指数源于 19 种大宗商品的价值。道琼斯瑞银大宗商品指数也是一种市场加权指数，但是有所不同的是：指数中每种类型的大宗商品所占的份额不得超过 33%（能源），每种构成大宗商品的份额不得超过 15%（例如原油）。道琼斯瑞银大宗商品指数每年都会按照一定的限制条件进行重新的权重分配和再平衡。

表 10-1 表明了三种大宗商品指数计算方法上的不同，由图可知，不同的大宗商品类型对每一种指数的相对重要性不同。

表 10-1　2009 年大宗商品指数权重

大宗商品类型	路透 CRB 大宗商品指数权重	标普高盛大宗商品指数权重	道琼斯瑞银大宗商品指数权重
能源	18%	70%	33%
谷物	17%	9%	21%
软性大宗商品（糖、可可）	23%	4%	9%
基础金属	12%	9%	18%
贵金属	18%	3%	8%
家畜类	12%	5%	11%

尽管 3 种大宗商品指数在权重分配上有所不同，但它们的收益却存在着很高的相关性，而它们与美国股票和债券的相关性却很低。表 10-2 展现的是 2000—2009 年人气最高的 3 种指数收益。造成收益差距的原因是对不同的大宗商品类型投资的比例不同，以及对指数进行再平衡过程中采取的策略不同。

表 10-2　大宗商品总收益指数

2000—2009 年	路透 CRB 大宗商品指数	标普高盛大宗商品指数	道琼斯瑞银大宗商品指数	短期国库券
年化收益率	4.7%	5.0%	7.1%	2.9%

我们无法预知将来哪种大宗商品指数的表现会更加突出。但是从长期来看，我推测所有总回报指数的表现应该相差无几，与短期国库券的收益也不相上下。

现在我们来研究一下投资主要大宗商品总收益指数是否可行。机构公布出来的指数收益率并不能反映真实收益。指数费用、赋税问题和基金运营能力等都是需要考虑的问题。

投资大宗商品的成本可能很高。大宗商品和期货基金都有管理费用，也许还会有出售许可的问题。除了 5.75% 的销售费用，一些产品每年还会征收 2% 的费用。在上一次大宗商品价格大涨的时候，通过在市场引入很多 ETF，降低了投资成本。但是大宗商品指数基金的成本比投资股票或债券指数基金的成本高得多。本章结尾的表 10-4 列举了一些价格合理的大宗商品共同基金和 ETF。

从纳税的角度来说，大宗商品基金非常不划算。这些基金的收益会带来大量的可支配收入。有很多与期货相关的基金收益在缴税时会被认定为一般收入。黄金和其他贵金属被认定为收藏品，基税率会高于一般的股票收入的税率。收入所得税等级较高的投资者在投资之前，应该考虑一下自己的税后收益，或者只在允许延期纳税的退休账户中持有这样的投资产品。

可以替代每年交税的大宗商品基金的办法是投资交易所交易票据（Exchange-Traded Note，ETN）。这种负债型投资产品是由银行发行的，其设计目的是在避免年税负担的同时追踪大宗商品市场的表现。不过投资 ETN 也面临着共同基金或 ETF 中不存在的风险。在投资 ETN 之前，你应该深入了解这些产品，因为发行商可能存在信贷风险。

还有一种方法可以代替直接投资大宗商品共同基金。有一些低成本的行业指数基金，其持股对象是一些从事大宗商品贸易的公司。这些基金只涉足采矿业、能源业和其他自然资源股票。在本章结尾的表 10-4 中列举了一部分大宗商品行业共同基金。

对冲基金的投资

对冲基金不属于资产类别。它们只是一种投资账户。对冲基金是一种完全由专业投资经理独立进行组织和管理的集资投资工具。

对冲基金产业并没有受到严格的管理，这让投资经理可以绕过共同基金必须遵守的很多规范性要求。对于对冲基金经理来说，有限的公开性让其很有优势。首先，他们不需要向公众披露减持股情况。其次，这种神秘性对市场营销十分重要。他们总是有意无意地透露给投资者，自己的投资手段有多么出神入化。而这不过是一种营销噱头而已。现在市面上的对冲基金有上千支，令人匪夷所思的是，只有 100 多个基金经理有独特的投资技巧。为数不多的几个经验丰富的投资经理对于为你管理几十万美元并没有什么兴趣，他们感兴趣的只是那些身家几亿美元的机构性客户。

几年前，美国证券交易委员会要求对冲基金公开它们的交易记录，也包括基金经理和投资者之间的利益冲突。但是这并未付诸实践，对冲基金依然没有得到管理。对冲基金的资产在 1 万亿美元以上，而且由于杠杆的存在，有些资产更是远超这一数字。监管机构应该更加关注对冲基金产业的规模和影响，我相信将来一定会有某种形式的规范出现。

对冲基金策略

对冲基金的策略有很多种。基金经理可以买进或"做多"有价证券，利用价格上涨来获利，也可以"卖空"有价证券，或者卖掉自己实际上并没有的证券，利用价格下降来获利。不管金融市场的方向如何，有一些对冲基金都可以获得利润。市场平衡策略就是其中的一种，按照这种策略，经理买进和卖出的证券数量是一样的，这样可以避免整体市场波动带来的影响。市场平衡策略的核心思想就是从低估作价和高估作价的有价证券上获取差价。

对冲基金有很多优势，也有很多劣势。其中，弱相关性就是一个优势。几种类型的对冲基金与股票和债券等主要资产类别存在着微弱的相关性。对于分散投资来说，这些对冲基金是很有吸引力的。此外，一些对冲基金经理可以在风险更低的情况下获取比股票市场更高的收益。至于劣势方面，对冲基金非常昂贵。一种基金每年的平均管理费为1.5%，此外还有20%的收益奖励。还有众所周知的一点，对冲基金的市场表现具有很大的跳跃性。一支基金这一年的表现十分突出，不能保证甚至不能用来预测明年的表现是否也十分突出。最后，进入对冲基金市场的门槛很高。对冲基金只接纳那些净资产很高的投资者。一些基金的最低投资额也在100万美元及以上。

对冲基金有三大类型，还有一些子类型。

- **套利策略**。套利利用的是市场上的定价不均。纯粹的套利是没有风险的。交易一定会得到收益。举一个非常简单的例子，假设XYZ股票在纽约股票交易所的交易价是每股42美元，而在伦敦证券交易所的交易价是每股41.90美元。投资者可以在伦敦用41 900美元购买1 000股，同时在纽约卖出1 000股，得到42 000美元。投资者没有承担任何风险就获得了100美元的纯收益。如果你有获得信息的渠道，交易成本也不高，那么一天之内就有上百次的套利机会。

- **事件驱动型策略**。事件驱动型策略利用的是公司交易公告或某个事件。"濒临破产的证券"就是一例，指的是投资已经破产或者濒临破产的公司。另一种类型的事件驱动策略体现为主动型基金，这种基金天生就是掠夺者。主动型基金经理会在小型的、经营困难的公司持有相当份额的股份，利用他们的影响力迫使公司进行管理变革或改组重建。事件驱动型策略的第三种类型是风险投资。风险投资基金会投资刚起步的公司。

- **方向或战术策略**。对冲基金中最大的一个群体使用的是方向型或战术型策略。方向型基金的一个例子就是大宗商品交易顾问（Commodities Trading Advisor，CTA）。大宗商品交易顾问利用图表和数学模型来确定全球期货市场的发展趋势。大宗商品交易顾问会买进或卖空期货，从期货价格的升降中获得利润。战术型基金的另外一个例子就是宏观基金，它们从根本上都是自上而下运作的，重点下注在货币、利率、大宗商品和全球股票市场上。

表 10-3 列举了对冲基金的三个主要类型和每个类型中的主要策略。表 10-3 只是对冲基金类型和策略的一个示例。唯一能够限制对冲基金策略数量的，就是投资界从业人士的想象力。

表 10-3 对冲基金类型与相应策略

投资套利策略	事件驱动型策略	方向 / 战术策略
固定收益套利	兼并与收购	买进 / 卖空股票
可转债套利	困境证券	管理期货基金 （也称作大宗商品交易顾问基金）
特殊情况	风险投资	宏观策略

对冲基金存在的问题

对冲基金有一种独特的吸引力。过高的潜在收益的诱惑力与股票和债券的弱相关性——这一切都看似非常迷人。不过在我看来，大肆宣扬对冲基金在投资组合中扮演的角色是错误的。对于大多数个人投资者来说，高昂的成本、缺乏公开性、缺乏多样性、某些基金兑现困难和表现缺乏一致性等劣势远超过了它的优势。

由于对冲基金并没有受到严格的管理，对冲基金的投资经理不必向公众汇报他们的股权持有情况和市场表现。当然也有几家监控对冲基金市场表现的公司，虽然它们公布的数据经常有所偏差。有一些对冲基金会给监控公司送钱，让它们美化所公布的基金。其他监控公司采用的是有缺陷的数据采集方式。例如，它们不会包括关闭基金或兼并的对冲基金，这会让对冲基金存在"幸存者偏差"。如果一种对冲基金在上一季度表现不佳，基金经理只需选择不公布收益结果即可。这导致指数表现上存在选择偏差。大部分监控公司允许新加入的基金用模拟的历史收益（没有投资者真正得到过）来"回填"表现，这导致指数出现"回填偏差"。最后，大部分监控公司允许对冲基金经理对他们自己的非兑现型有价证券进行定价，这就让指数中存在"定价偏差"。

当公布的对冲基金指数中所有不符合事实的因素都被从数据中移除，该指数的总收益就会一泻千里。大规模从事对冲基金投资的投资者声称，这些基金的收益和股票市场的长期收益是一样的，风险却更低。但是，在将指数中所有不符合事实的因素排除之后，对冲基金的收益就会落到和中期政府债券的收益差不多的水平，而其风险要远高于债券。

如果对冲基金指数的表现缺陷无法阻止你投资对冲基金，那么对冲基金缺乏稳定性的市场表现一定会阻止你。某些基金今年表现良好，投资者也不能指望它们下一年或者之后的很多年依然表现抢眼。事实上，在一个不错的年景之后，对冲基金下一年的表现低于平均水平的可能性要大于高于平均水平的可能性。

来自佐治亚州立大学的维卡斯·阿加瓦尔（Vikas Agarwal）和来自伦敦商学院的纳拉亚·奈克（Narayan Naik）曾经发表了一份研究报告，指出了对冲基金的收益有多么不稳定和难以预测。维卡斯和奈克发现，对冲基金投资经理的表现只能在短时间内呈现一致性，如果把观测周期延长到几年，经理的表现就没有任何的一致性。因此，根本不可能有人预测出哪些对冲基金将来会表现良好，哪些会表现差劲。

1990 年，对冲基金的种类不足 300，资产总值不到 300 亿美元。到 2007 年，已经有 10 000 多种对冲基金，资产总值超过 1 万亿美元。2008 年和 2009 年的经济衰退让很多基金走向灭亡。假设对冲基金获利的机会会匀速增长是不符合逻辑的。

对 2003 年版的《美国境外基金目录》（U.S.off shore Funds Directory）进行的统计分析表明，对冲基金的关闭率已经从 20 世纪 90 年代初期的 2% 增长到了现在的超过 12%。许多基金已经破产，更多基金即将破产。因此，一些现在还存在的基金 10 年后就消失了。

如果你一定要投资对冲基金

如果你仍然相信对冲基金是不错的投资产品，如果你一定要投资对冲基金，那么你一定要采取一些防范措施。只投资一种对冲基金就是赌博。你无法预测对冲基金的光辉岁月什么时候会结束。

被对冲基金所吸引的投资者一定要选择多种投资产品。问题在于很多基金的最小投资额很高，所以小投资者是不可能同时买入几种基金的。解决多样性的一个简单方法就是购买基金中的基金。基金中的基金是投资几种对冲基金的有限责任合伙公司。基金中的基金通常会从管理风格等方面保持多样化特征，实现整个投资的多样化。

基金中的基金有助于实现分散效益，但是它的主要劣势在于在原本就已经很高的单个对冲基金费用上增加了另一层年度管理费用。除了另一层管理费用，有些基金中的基金还要求管理费用之外的激励性奖金。在把支付给单个基金经理的所有费用和激励性奖金，以及支付给基金中的基金的经理的所有费用和激励性奖金加到一起之后，持有这种投资产品的成本可以轻易地达到总收益的 50%——假设有收益的话。

参与对冲基金投资的成本高，缺乏多样性，以及缺乏稳定性的市场表现，让作者将其归入不适合大部分个人投资者的投资类别。如果你对对冲基金感兴趣，一些通俗易懂的书也许对你有所帮助，其中就包括《对冲基金从入门到精通》（*All About Hedge Funds*），作者是资深的对冲基金经理罗伯特·A. 耶格（Robert A.Jaeger）。

收藏品投资

投资收藏品不但可以获得金钱上的收益，还是一种令人愉快的爱好。传统的收藏品包括艺术品、硬币、邮票、宝石、古董等物品。不过，收益并不限于传统的收藏品。任何稀有的或不常见的物品都可能成为比一个知名的艺术大师绘制的精美油画更好的投资。

投资收藏品有几个缺点，比如购买、储藏和给收藏品投保也许就要花很多钱，这就占据了长期收益的很大一部分。此外，对收藏品征收的资本收益税的税率高于普通股票的税率。

投资收藏品还有很多限制条件。我们对于收集的收藏品要有一定的专业知识，对于细节也要满怀激情。如果你不具备专业知识，就非常有必要雇一位职业顾问，这会增加很大一部分成本。收藏品的另外一个缺点就是它们是难以兑现的资产。当你想要出售的时候，不一定会有能给出合适价格的有意愿出售的买家。你需要找到一个流动性市场来进行买卖。像易趣网之类的网上拍卖公司在收藏品兑现和寻找合理的价格的过程中发挥了巨大的作用。

优点方面，收藏品的美学价值足以弥补它的大部分缺点。你可以跟你的朋友、亲戚或者其他收藏者一起欣赏自己的收藏品。在很多情况下，收藏的社会价值比钱方面的收益更加重要。

收藏品的市场表现

追踪收藏品的市场表现是一件很有难度的事情。大部分交易都是私下进行的，要么交易价格不公开，要么没有专门的数据库进行统计。追踪收藏品市场表现的指数比较有限。

梅建平（Jianping Mei）和迈克尔·莫瑟斯（Michael Moses）同为纽约大学的教授，他们一起创立了一种指数来跟踪艺术品的长期市场表现。这种名为梅·莫瑟斯艺术指数（Mei Moses Fine Art Index）的指数追踪的是自 1875 年以来在纽约拍卖的绘画、图纸和雕塑的成交价格。图 10-7 比较了最近 60 年来梅·莫瑟斯艺术品指数和美国股票市场的复合收益。

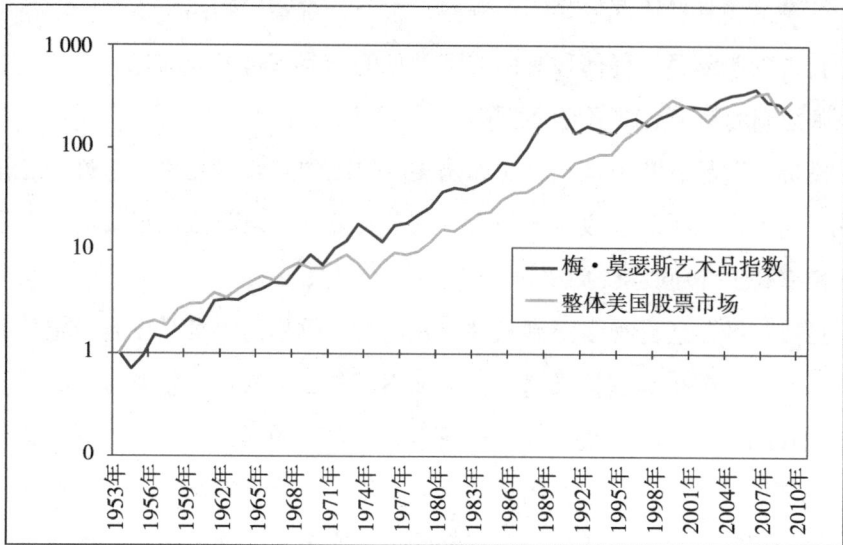

图 10-7　梅·莫瑟斯艺术品指数 VS. 美国证券研究中心整体美国股票市场指数

从 1970—1990 年的这段时间里，艺术品的价格出现了飞跃。之后市场出现了横向趋势。梅·莫瑟斯艺术品指数的收益与美国股市 1954—2009 年这段时间的收益基本持平。不过，在这一段时间里，对艺术品进行投资所面临的风险性明显大于股票投资，这一现象从艺术品指数的较高的标准差可以看出一二。

另一个非常有趣的收藏品指标是专业钱币分级服务公司（Professional Coin Grading Service，PCGS）的硬币币 3 000 指数（CU3 000）。专业钱币分级服务公司位于加利福尼亚的纽波特比奇市，是收藏者世界集团（Collectors Uiverse，Inc）旗下的企业。CU3 000 指数涵盖了钱币世界（Coin Universe）挑选的 3 000 分级钱币，代表了整个美国钱币市场。

图 10-8 比较了从 1970 年以来 CU3 000 指数的收益和整体美国股票市场的收益。就像梅·莫瑟斯艺术指数一样，从 1970 年至 1989 年这段时间，钱币收藏市场的价格也有了飞跃。CU3 000 指数价值竟然上涨了 181 倍之多，而在 1989 年这一价值达到最高峰，其总值为 181 088 美元。之后的 5 年，钱币的价格下跌了将近 75%，并在市场即将土崩瓦解的时候才止跌反弹。

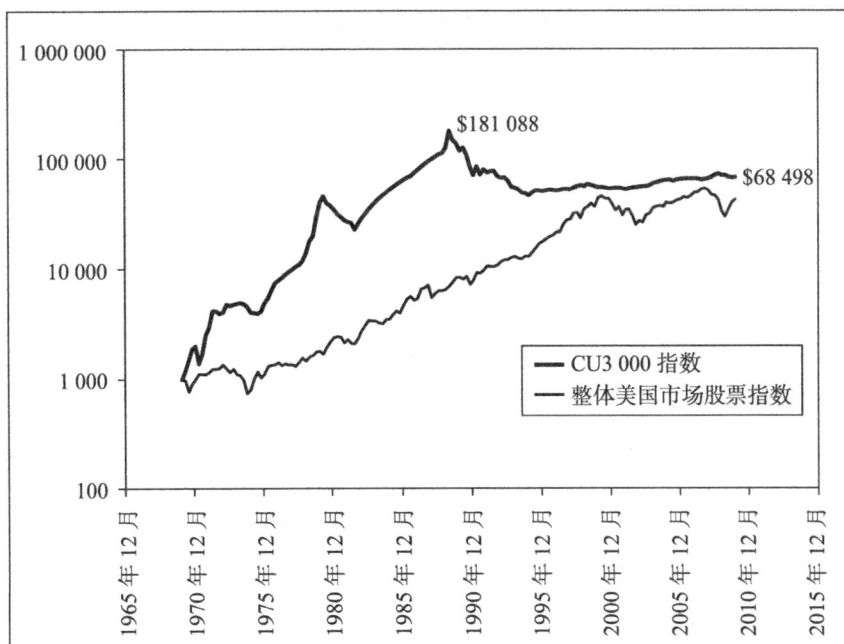

图 10-8　美国专业钱币分级服务公司 CU3 000 指数 VS. 整体美国股票市场指数

从 20 世纪 50 年代投入市场以来，CU3 000 指数的总收益和股票市场的收益不相上下。在此期间，钱币市场曾经一飞冲天，也曾经一泻千里。记住，钱币指数里并不包括收购、储藏和保险费用。

另类资产投资清单

表 10-4 列举了本章讨论过的部分投资另类资产类别的共同基金。一些基金投资的是衍生投资产品，还有一些投资的是从事大宗商品买卖的公司。表格中列举的共同基金只是举例说明的另类投资产品，并不作为投资推荐。

表 10-4　低成本另类资产、共同基金和 ETF

	交易代码	基准
商品基金		
iPath UBS-AIG Commodity ETN	DJP	UBS-AIG Commodity Index
iPath S&P GSCI Total Return ETN	GSP	S&P GSCI Total Return Index
GreenHaven Continuous Commodity	GCC	CRB CC Index-Total Return
PIMCO commodity real teturn	PCRAX	Dow Jones-AIG Commodity Index
能源共同基金		
iShares DJ Energy ETF	IYE	Dow Jones U.S. Energy Sector
iShares SP Global Energy ETF	IXC	S&P Global Energy Sector Index
Energy SPDR ETF	XLE	S&P U.S. Energy Select Sector Index
Vanguard Energy Fund	VGENX	Actively managed fund
黄金和贵金属基金		
iShares COMEX Gold Trust	IAU	Gold and gold futures contracts
SPDR Gold Shares	GLD	Direct investment in gold bullion
基础原材料		
iShares Basic Materials	IYM	Dow Jones U.S. Basic Materials
Vanguard Materials ETF	VAW	MSCI U.S. Investible Materials
整合自然资源		
iShare Natural Resources	IGE	Goldman Sachs Natural Resources

本章小结

在长期投资组合中，大宗商品和对冲基金并不是良好的投资选择。这些另类投资产品的成本很高，抵消了分散投资带来的好处。许多资金管理公司在不停地探索新理念，也许有一天能够创造出一种低成本的指数或 ETF，让它和股票、债券保持弱相关性，并在扣除通货膨胀的影响之后依然具有真实收益。

收藏品的独特之处在于它们的稀有价值。持有这些收藏品的美学价值可以使它们带来金钱方面的收益。

第三部分

管理你的投资组合

第 11 章

切合实际的市场预期

关键概念

- 对投资规划而言，最为重要的是市场预期应该切合实际。
- 市场的波动性比市场收益更容易预测。
- 市场风险和长期的预期收益存在一定的关系。
- 从长期来看，市场预测是有效的，但从短期来看没有什么效果。

在资产配置策略的设计、执行和维系的过程中，可以用到几种工具。第三部分会为大家介绍这些工具，这样你就可以设计出适合你自己的理财需要的资产配置了。

在资产配置过程中，非常重要的一个方面就是投资者要有切合实际的市场预期。只有在投资者对于市场回报的预期和经济现状保持一致时，投资规划才会发挥作用。顺便说一句，有人说市场收益是无法预测的，从短期来说，我认同这一观点。不过，带有适当准确性的长期收益是可以预估的，在制定投资规划的过程中，这些市场预期可以起到协助作用。

投资分析师预测市场收益的方法有很多。其中一些是按照"自上而下"的方法来分析经济变量，并渗透到不同资产类别的预期收益。还有一些是用"自下而上"的方法，从对单个有价证券的预测出发，累积到每个资产类别的预期收益。大部分分析师和经济学家对于市场预测中的每个元素都存在争论——从使用的方法论到建模方法，再到输入等式的数据。有趣的是，尽管预测市场收益的观点和方法都存在差异，但是大部分关于长期收益的预测都落在一个狭小的区间里。在本章的结尾是我对于长期市场风险和收益的预测。

预测市场收益

本章中主要讨论两种基本的市场预测方法。第一种方法是风险调整型收益模型，它在一定程度上从历史价格的波动性出发，预测很多彼此相关的资产类别在未来的表现。第二种方法是"自上而下"的经济模型，它从国内生产总值的长期预测出发，预测多种资产类别的收益。

在预测市场的未来收益的过程中总是会涉及对历史风险和收益的分析。虽然历史不会重演，但是它影响深远。在研究经济史的过程中，我们能学到很多深刻的教训。预测需要有信心将过去的一些走势特征延伸到未来。

对市场收益的分析要求投资者目光长远。在 2009 年之前的 30 年间，市场对于美国股票和债券投资者是非常慷慨的，虽然在过去的 10 年间，股票市场已经举步维艰。从 1980 年到 2009 年，美国股票的年化收益率大概为 11.2%，同一时期，5 年期国库券的复合收益率为 8.4%，而通货膨胀率为 3.5%，意味着股票的真实收益率为 7% 以上，而中期债券的真实收益率约为 5%。

虽然股票和债券的投资者在过去 30 年间的收益颇丰，不过在接下来的 30 年间，想要再获得这样的收益或者获得更好的收益是不太可能的事。事实上，根据现在的经济形势，如果通货膨胀率依然保持低位，美国股票和债券的收益要远低于 1980—2009 年的收益。1980 年的通货膨胀率是两位数，而如今只有一位数。因此，1980 年两位数的利率降低到了如今的不到 3%。未来股票市场的表现不会有像过去 30 年间那样高的水平，因为在长期市场收益中，通货膨胀率是一个很大的因素。一开始通货膨胀率就走高，名义收益就会较高。一开始通货膨胀率较低，名义收益就会较低。扣除通货膨胀的影响后，比较实际也比较保守的股票年收益率大概为 5%。

模型1：风险调整型收益

风险调整型收益模型基于历史上的市场波动来预测大量资产类别的相对预期表现。在不同时期，市场收益也会很有很大变化，虽然这些收益的波动性基本上前后一致。从长期来看，市场的波动性可以用来预测相对于其他具有不同风险的市场的收益。

由于经济情况的不同，市场收益在不同的时期可能会有很大的不同。表 11-1 列举了从 1950 年开始，5 个独立的 10 年的收益的不同。

表 11-1　按每 10 年一个周期统计的复合收益

年份	标普 500	5 年期中期国债	短期国库券
1950—1959 年	19.4	1.3	1.9
1960—1969 年	7.8	3.5	3.9
1970—1979 年	5.9	7.0	6.3
1980—1989 年	17.5	11.9	8.9
1990—1999 年	18.2	7.1	4.9
2000—2009 年	−0.9	6.2	2.8

虽然不同的 10 年收益会产生很大的变化，但在这些独立的 10 年间，收益的标准差似乎比收益本身更加稳定。表 10-2 表明了从 1955 年开始每 10 年的市场收益的标准差。

表 11-2　按每 10 年一个周期计算的收益标准差

年份	标普 500	5 年期中期国债	短期国库券
1950—1959 年	11.8	2.9	0.2
1960—1969 年	12.1	3.2	0.4
1970—1979 年	15.9	4.8	0.6
1980—1989 年	16.4	7.9	0.8
1990—1999 年	13.4	4.3	0.4
2000—2009 年	16.1	4.9	0.5

图 11-1 比较了以 10 年为一个周期的美国股票的年化收益率和这些收益之间的标准差。注意，股票市场的波动比市场收益更具有一致性。还要注意，

波动性最高的时期就是收益最低的时期。

图 11-1　美国证券价格研究中心整体美国股票市场指数的风险和收益的关系

在过去的 50 年间，债券市场的波动和股票市场的波动并不是同步的。在
20 世纪 70 年代末期和 80 年代初期，异常高的通货膨胀率导致固定收益价格
失常，利率随着通货膨胀率而水涨船高。20 世纪 90 年代末期，债券市场的波
动性回归到一个较为平缓的水平，并一直保持到 2007 年。图 11-2 表明了不同
的固定收益投资产品在连续 10 年的标准差。

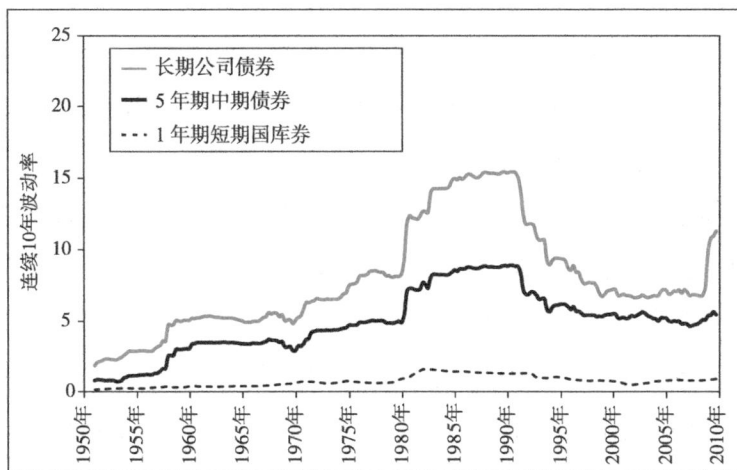

图 11-2　美国固定收益有价证券在连续 10 年的标准差

波动性本身并不是风险，而是象征着经济风险，它预示着投资者对于自己下注的资产类别的态度会发生变化。每种资产类别都有能够造成价格起伏的独特的金融风险，它可能会从属于更大的经济风险。例如，股票市场的波动性意味着公司的收入预期会发生变化，国债市场的波动性意味着预期通货膨胀的大幅变化。公司债券的波动性增大可能是由于较高的预期通货膨胀率引起的，也可能是经济行为放缓引起的，也可能是二者兼而有之。

资产类别收益波动性的突然增加是偶然发生并由很多原因引起的。不过从长远来看，纵观主要资产类别，一般资产类别的收益波动性相对较为平稳。

稳定的长期波动性让投资者可以建立一个模型，利用波动差幅来预测未来某种资产类别相对其他资产类别的市场收益。一般来说，波动性较高的投资产品，预期收益也会较高；波动性较低的投资产品，预期收益也较低。因此，如果你知道某种投资产品的历史波动情况，你就可以预测出它相对其他资产类别的预期长期收益。即便如此，波动性本身也不能成为高预期收益的理由。我们在第 10 章曾经研究过，大宗商品的历史价格波动性很高，但是并没有产生较高的长期收益。

图 11-3 展示了前面的章节中讨论过的几种资产类别的价格波动性在理论上的相互关系，包括通货膨胀率对于所有投资收益的关系。随着一种资产类别中风险的增加，预期收益也会增加。

图 11-3 在垂直方向上划分为两个投资类别。左边的资产类别适合运营资本现金与应急基金。这些投资产品应该属于低风险、低预期收益的资产类别。右边是高风险、高预期收益的资产类别，适合长期投资。

高波动性中也有例外，比如大宗商品和黄金。大宗商品的价格具有很大的波动性，投资者并没有因这份风险而得到收益。从长期来看，任何投资产品的现值就是所有长期现金流的贴现值。大宗商品与股票和债券不同，因为大宗商品不能创造收入。因此，资金流中的 0 美元，现值还是 0 美元。如果将来能够卖掉大宗商品和黄金，它们才存在价值。从历史数据来看，二者的长期收益率和通货膨胀率是不相上下的。关于大宗商品的风险和收益的更多信息，可以参考第 10 章。

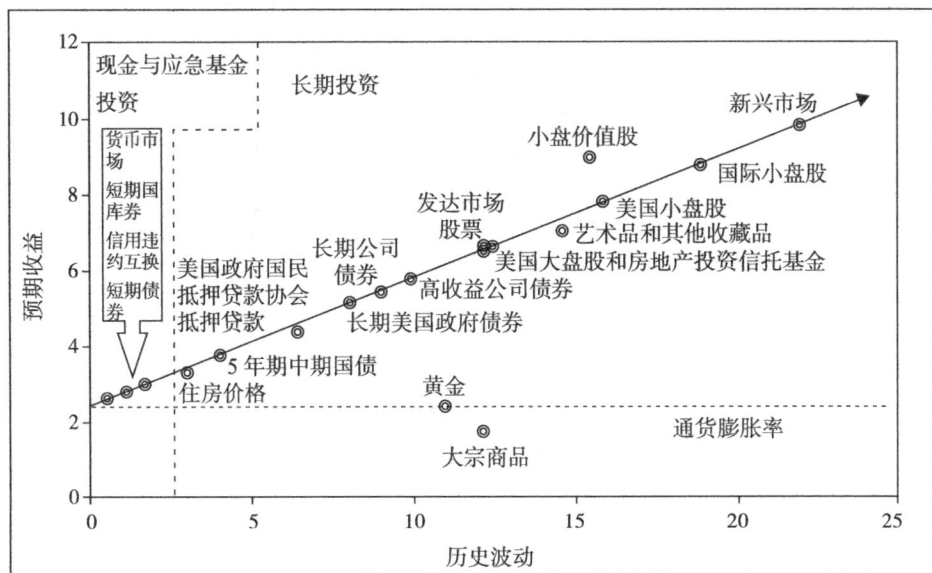

图 11-3　市场波动及预期收益的历史数据

通货膨胀的影响

在所有的市场收益中，都包含着通货膨胀率。遗憾的是，由通货膨胀产生的收益并不是"真实的"，无法购买产品和服务。此外，政府还会对通货膨胀引起的收益征税，就好像通货膨胀增加了我们的财富一样。

基于波动性的模型应该扣除通货膨胀预期，才能得出每种资产类别的真实收益组成。图 11-4 表明了通货膨胀对于短期国库券年度收益的影响。上面的一条线是 1 年期短期国库券的名义收益，下面的一条较暗的线是扣除通货膨胀影响之后的真实收益。从 1955 年以来，1 年期短期国库券的平均收益为5.1%，而平均通货膨胀率为 3.8%，即真实收益只有 1.3%。

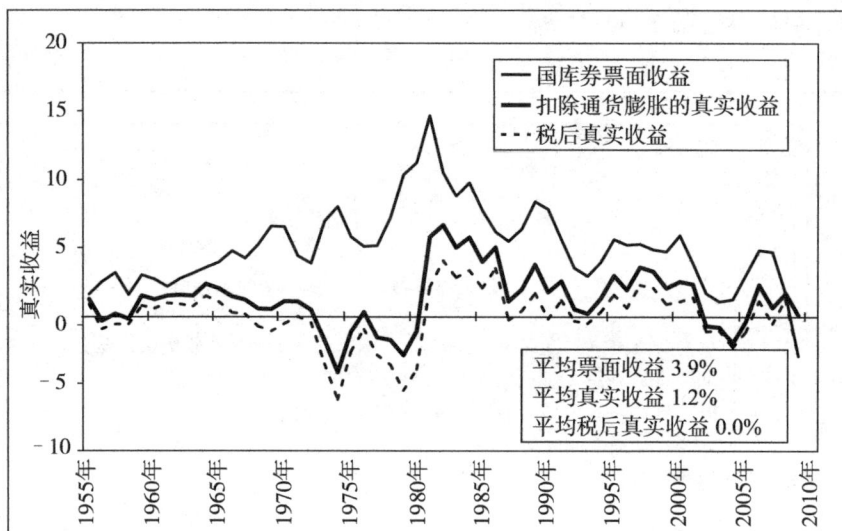

图 11-4   短期国库券年收益，1955—2009 年

税负也是一个问题。从长期来看，扣除通货膨胀的影响，短期国库券的平均收益率为 1.3%。但是，收入所得税是按照 5.1% 的收益率征收的。在计算你赚得了多少收益时，政府不会扣除通货膨胀的影响，虽然是政府的政策造成的通货膨胀。5.1% 的利息需要缴纳 1.3% 的税，也就是税率为 25%。在扣除通货膨胀的影响和税后，短期国库券的真实收益为 0，也就是没有收益。

扣除税和通货膨胀的影响后，短期国库券的收益为 0，这一点并不奇怪，投资者应该预料到这一点。短期国库券没有风险。在一个有效的市场上，任何没有风险的投资产品都应该是没有收益的。所以那句"没有付出就没有回报"的格言同样适用于投资市场。出于各种现实原因，我们可以假设，在扣除了税和通货膨胀的影响之后，短期国库券将来的收益依然会是 0。

税是非常高昂的投资成本，税负管理应该成为每个投资者投资规划的一部分。后面的章节中还会深入讨论税负和管理问题，因为它属于资产配置和投资组合管理的内容。

风险溢价叠加

一切投资都有风险。即便是零风险的短期国库券，如果短期国库券到期之前，税率和通货膨胀率上涨，就会出现通货膨胀和税负风险。所有的其他资产类别除了有如短期国库券面临的风险之外，还面临着其他的风险。通过分析所有不同的资产类别中导致价格波动性的固有风险，并将承受所有风险的预期收益溢价加在一起，就可以估算出这种投资产品的预期总收益。通过"叠加"风险，可以估算出任何资产类别的预期收益。本章会带领你完成风险溢价叠加的具体步骤，以从一种资产类别中获得预期收益。

计算任何一种资产类别的预期收益都要从短期国库券的风险和收益入手，因为这是你可以持有的最为安全的投资产品。短期国库券收益可以分为两部分：预期通货膨胀部分和真正的零风险收益部分。

短期国库券收益 = 到期期限之前的预期通货膨胀 + 真正的零风险收益率

因为短期国库券是投资者能够接触到的最安全的投资产品，因此，所有其他投资产品都要至少达到短期国库券收益的水平。此外，所有其他投资产品都应该具有额外收益，才能补偿特定投资产品的固有风险。这种额外收益就是风险溢价。

某种资产类别的预期投资收益 = 短期国库券收益 + 风险溢价

每种投资产品的预期风险溢价都应该高于短期国库券，这个风险溢价取决于该投资产品特有的风险。例如，10 年期国债就存在期限风险。从你购买10 年期国债开始到到期期限之前，利率可能会出现变化，这就会导致价格风险。如果在此期间利率上涨，你就错过了这笔更高的利率，因为你的钱被 10 年期的国债占用了。到期期限更长的债券，其面临的期限风险就更大，其预期收益就应该更高，这就是长期债券的收益高于短期债券的收益的原因。

存续期限是对债券的期限风险的估算。它基本上就是估算一般利率升高1% 之后的价格变化。存续期限是根据债券的到期期限和票面利率计算的。假设 10 年期的国债的存续期限为 7 年，如果利率增长 1%，投资者就要承受大约 7% 的市值损失。

图 11-5 展现的是不同到期期限和不同存续期限的通货膨胀保值债券的期限风险。由于在计算通货膨胀保值债券时已经扣除了通货膨胀的影响，所以图 11-5 中的曲线代表的是纯粹的期限风险。如果你想要深入了解通货膨胀保值债券，可以阅读第 8 章。

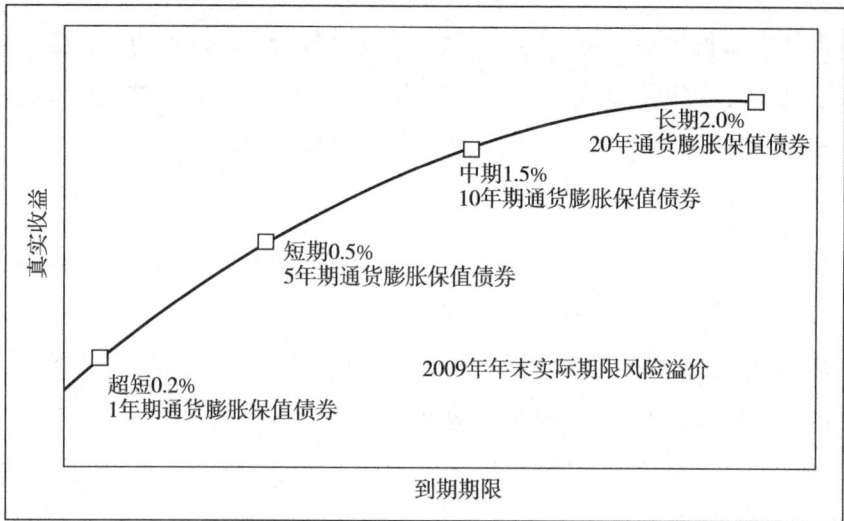

图 11-5　通货膨胀保值债券存续期间与因承担期限风险而产生的真实收益的差幅

图 11-5 表现了投资者通过根据债券到期期限调整自己的固定收益投资产品组合的存续期限得到的溢价。投资者可以通过延长或缩短存续期限来增加或减少投资组合的风险和预期收益。例如，如果投资者将投资组合的存续期限从 3 年左右延长到 6 年左右，就可以让预期收益增加大概 0.5%。但是这也会增加固定收益风险。因为一旦利率上涨，投资者就要承受更大的损失。

国债预期收益 = 短期国库券收益 + 期限风险溢价

所有的债券都有期限风险。公司债券、市政债券以及外国债券都有期限风险，这反映在它们的收益上。此外，它们都面临着信用评级下降或违约造成的风险。这种信用风险会使债券价格在期限风险下产生波动。

购买具有信用风险债券的投资者预期会得到溢价，因为他们承担了风险。

表 11-3 展现的是信用"差幅",它们是不同到期期限和不同信用等级的债券产生的预期溢价。信用等级从 AAA 到 BBB 的债券属于投资级债券,从 BB 到 C 的债券属于非投资级债券,也叫高收益债券或垃圾债券。投资者购买的投资产品到期期限越长,他承担信用风险所得到的溢价越高,因为随着时间长度的增加,利息支付的不确定性也在增加。

表 11-3　美国公司债券高于美国国债的平均差幅

信用评级	短期（1~5 年）	中期（6~10 年）	长期（11~30 年）
最高等级（AAA–AA） 信用风险溢价较低	0.4	0.6	0.7
等级优（A–BBB） 信用风险较高	0.8	1.0	1.1
等级良好（BB–B） 信用风险以及一定的违约风险	2.4	2.6	2.7
等级较低（CCC–C） 信用风险和高违约风险	6.0–15.0	6.0–20.0	10.0–20.0

资料来源:彭博通讯社、美国联邦储备委员会与《华尔街日报》。

公司债券 = 国债 + 信用风险溢价

现在再来看看股票市场。股票的风险高于公司债券。没有人可以保证一定会从股票中获得收益。一旦公司破产,股份持有者会排在偿付顺序的最后。而且,董事会成员可以减少普通股股息而不必征求股份持有者的同意。这些都通过股票价格的波动性高于债券表现出来。

图 11-6 显示了 10 年中股票风险溢价的情况,这是以 10 年中的股票收益率为标准,参考 CRSP1-10 数据,美国股票市场指数在长期公司债券的 10 年回报中由巴克莱银行衡量长期公司债券指数。该数字反映了 10 年期美国普通股相比公司债券的额外回报(或亏损)。

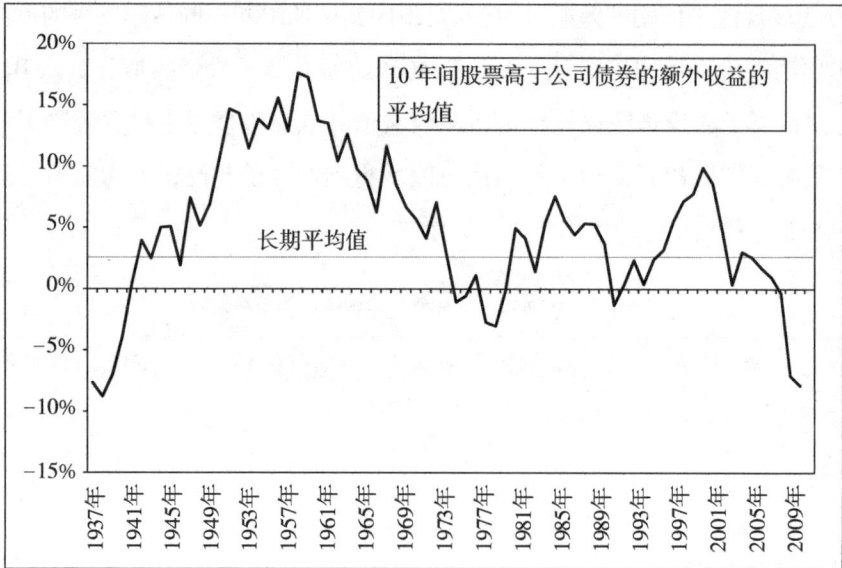

图 11-6　连续 10 年的股票相比公司债券的风险溢价

股票风险溢价毫无规律。股票和债券 10 年的年化收益率的差幅为 –8%
到 +18%。要是能预测差幅出现的具体时间就好了，但是并没有这样的方法。
因此，我们需要采取长期的策略，对风险溢价也要有长期的预估。鉴于股票风
险和目前市场的估值水平，比起长期公司债券，未来一段时间的股票长期风险
溢价约为 3%。我对股票相对公司债券的溢价持保守预估，推测每年为 2%。

美国股票预期 = 长期公司债券预期 + 股票风险溢价

除了股票固有的风险之外，还有一些其他的风险溢价可以应用到投资产
品的预期收益上。例如，小盘价值股的风险溢价一定和大盘价值股的风险溢
价不同。投资小公司和经济安全价值有所欠缺的公司，一定会获得额外的风
险溢价。图 11-7 展现的是连续 10 年小盘股风险溢价，即小盘股收益和整体美
国股票市场收益之间的差额。

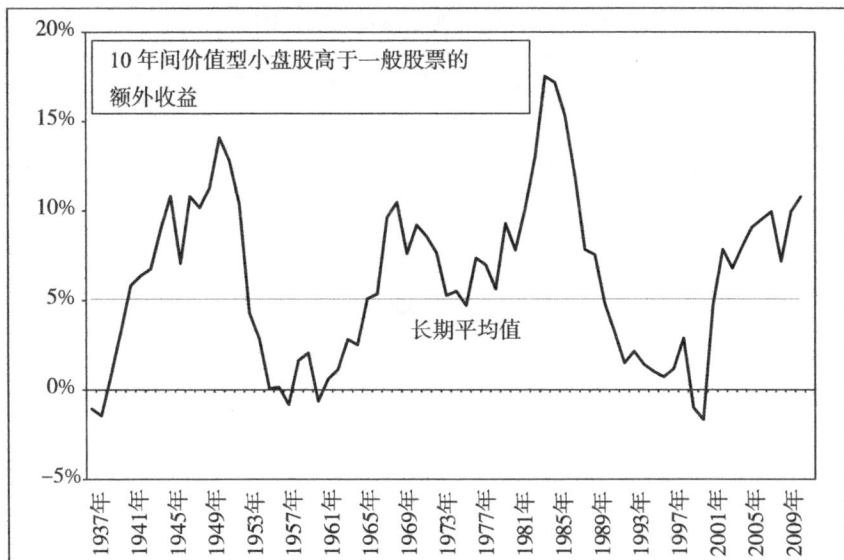

图 11-7 连续 10 年小盘股的价值溢价 FF 价值型小盘股收益减去整体市场股票收益

过去几年间，购买价值型小盘股的风险带来的收益溢价非常可观，而且一直十分稳定。每年的平均值约为 5%。小盘股的 10 年收益落后于整体股票市场的时候只有几段时间。我对价值型小盘股相对整体股票市场的长期溢价持保守预估，推测每年为 3%。

价值型小盘股 = 预期美国市场收益 + 小盘股溢价 + 价值溢价

风险溢价叠加说明

表 11-4 全面体现了整个叠加过程。这是一个通过风险分层来获取资产类别的长期收益的例子。本章提到的风险溢价都是作者本人的估计，和其他资料来源的数据可能一致，也可能不一致。

表 11-4　风险溢价分层带来的预期收益的示例

	短期国库券	中期国债	中期公司债券	大盘股	小盘股
真实零风险收益率	0.5	0.5	0.5	0.5	0.5
期限风险溢价（中期）		1.5	1.5	1.5	1.5
信用风险溢价（中期）			1.0	1.0	1.0
股票风险溢价				2.0	2.0
价值型股票风险溢价					2.0
小盘股风险溢价					1.0
真实预期收益	0.5	2.0	3.0	5.0	8.0
通货膨胀率	3.0	3.0	3.0	3.0	3.0
总预期收益	3.5	5.0	6.0	8.0	11.0

表 11-4 将真实预期收益和总预期收益放到一起，强调所有资产类别中固有的通货膨胀率。如果通货膨胀率高于 3%，资产类别的总收益就会更高，反之亦然。表 11-4 中并不包含市场上已知的各种资产类别的所有预期风险溢价。很多带有独特风险的独立的投资产品也可以带来收益溢价。在本章的结尾，一些风险溢价被用来计算长期市场收益。

模型 2：经济要素预测

计算预期市场收益的另一种方法就是借助经济增长的假设使用"自上而下"的方式。国内生产总值（GDP）是在美国生产或销售的所有产品和服务的总和。美国联邦储备委员会对于总体国内生产总值的增长有一个目标，并试图通过改变货币政策的方式来控制这个增长。这一增长率在扣除通货膨胀影响之后约为 3%。

在公司创造的国内生产总值中，最后大约有 10% 会以收入的形式回到公司。从长期来看，这个数字较为平稳。因为公司利润最后会体现在股价上，所以经济增长预测可以用来预测股票收益。

使用收入增长的方法来计算预期股票市场收益，计算公式如下：

股票收益＝每股收益增长＋现金股利＋股价变化

为了更好地理解这一模型，每一个变量都需要进行解释。

1. 收入增长。长期股票市场收益的主要驱动因素就是公司收入。公司赚钱越多，股票市场收益跑赢通货膨胀的差幅就会越高。收入是国内生产总值增长的衍生品。

2. 现金股利。许多美国公司都会以现金股利的形式分发一部分收入。2009 年年底，总体美国股票市场的股利约为 2%。每年的股利增长率约为 3%，比收入增长率略低。股利增长之所以存在不同，是由于股本问题和公司董事会的决议问题，并由此延伸到了政府的税收政策。对于追求收入的投资者来说，高股利很有吸引力，但是天下永远没有免费的午餐。支付的股利越高，公司用于投资的现金就越少，未来的预期收益增长率就会越低。此外，在美国，股利会有二次征税：从公司层面讲，公司收入需要缴一次税；如果股利发放给股份持有者，那么从个人层面将还要缴一次税。

3. 股价变化。股价是指投资者为了获得 1 美元收入而愿意支付的价格。如果投资者认为公司真实收入的增长率会增加，他们就会为预计收益流支付更多的钱。因此，价格和收益的比率（市盈率，P/E）就会增加。如果经济下行，那么市盈率一般也会随着股价的下降而下降。股价的变化会影响整体投资收益，但是并不会影响股利支付。

想要预测收入增长，使用人均国民生产总值的数据就可以完成。人均国民生产总值是一年中在美国生产的所有产品和服务的总和除以人口数量。人均国民生产总值的增长和公司收入的增长之间存在着直接而一贯的联系。图11-8 清楚地表明了这一联系。

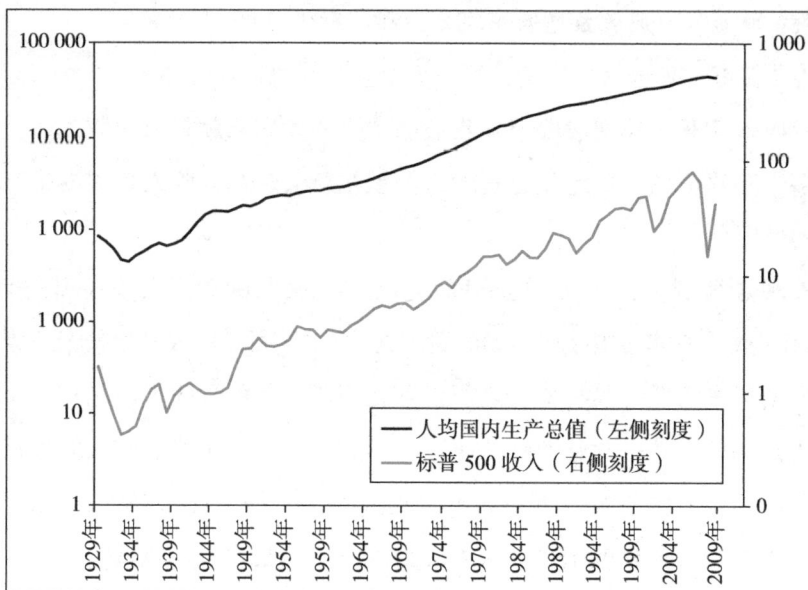

图 11-8　标普 500 收入增长和人均国内生产总值之间高度相关

　　人均年国内生产总值的增长和标普 500 收入增长之间的长期相关系数超过了 0.9。如果 10 年前的收入较为平缓，这个相关性会更高，因为收入平缓降低了收入衰退造成的影响。

美国联邦储备委员会和国内生产总值的增加

　　美国联邦储备委员会主要有两个职能：第一，通过控制国内生产总值的增长来促进充分就业；第二，将通货膨胀率保持在一定水平。从根本上来说，美国联邦储备委员会的目标是让经济以每年 3% 的速度增长（扣除通货膨胀影响之后）。这样不但可以创造新的工作岗位，还能将通货膨胀率控制在一个较为合理的水平。如果经济增长的速度高于这个目标，就会造成供需的不匹配，导致通货膨胀率上升。

　　美国联邦储备委员会通过货币政策来控制经济增长，主要是通过调整银行之间因隔夜贷款而产生的短期利率。短期利率能够影响按揭贷款的利率和其他贷款利率。之后，这些利率又会直接影响消费者和公司的借款行为，这些都会对经济活动产生直接影响。

鉴于现在联邦政府赤字逐步增加，州政府赤字猛增，贸易逆差，人口老龄化，为了偿还这些赤字的潜在的税收增长，而将真实的 GDP 增长率定在3% 有些让人难以想象。另一方面，由于科技进步带来生产效率的提升，精简后的劳动力效率可能提高，美国的跨国公司会将更多的境外收入输送回美国。在可预见的未来，收入的增长速度也许会超过国内生产总值的增长速度。所以，虽然 3% 的国内生产总值增长率也许难以实现，但 3% 的真实收益增长率是可能实现的，这个数据对股票估价十分重要。

股利和市场估价

在公司的收入中，以股利的形式支付出去的不到 30%，虽然这一数值在近年来有所增长。现金股利支付可能会由于目前的收入、总体经济展望、股票回购、投资机会、税法调整以及很多其他的因素而发生变化。从长期来看，股利支付会随着收入的增长而增长。表 11-9 表明了自 1950 年以来的标普 500收入和股利增长。

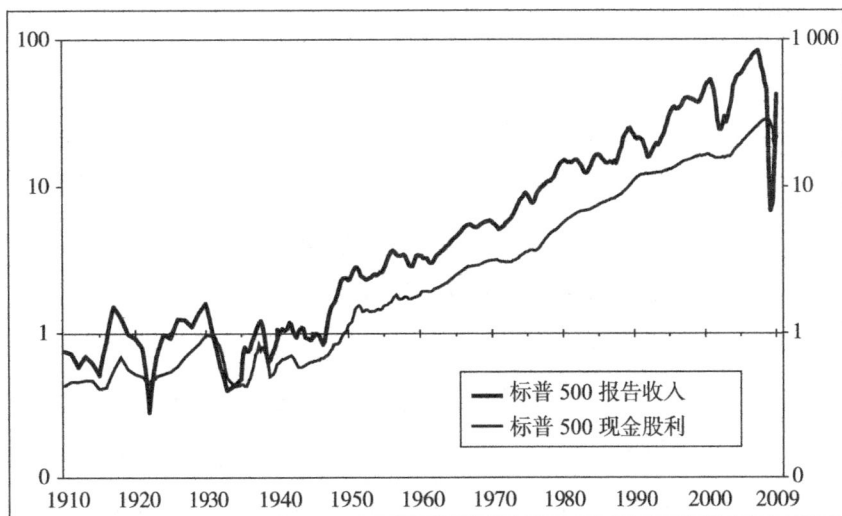

图 11-9　标普 500 收入和股利增长

　　通常衡量股价的方法是价值和收益的比率，也被称为市盈率。许多投资者通过市盈率来判断股票价格什么时候低，什么时候高。图 11-10 借助罗伯特·希勒（Robert Shiller）教授数据库中的 10 年的平均收益，统计了从 1950 年到 2009 年的市盈率。确实有一些历史时期的市盈率很高，但是没有可以与 20 世纪 90 年代晚期比肩的，当时的股票溢价达到了投机性的程度。

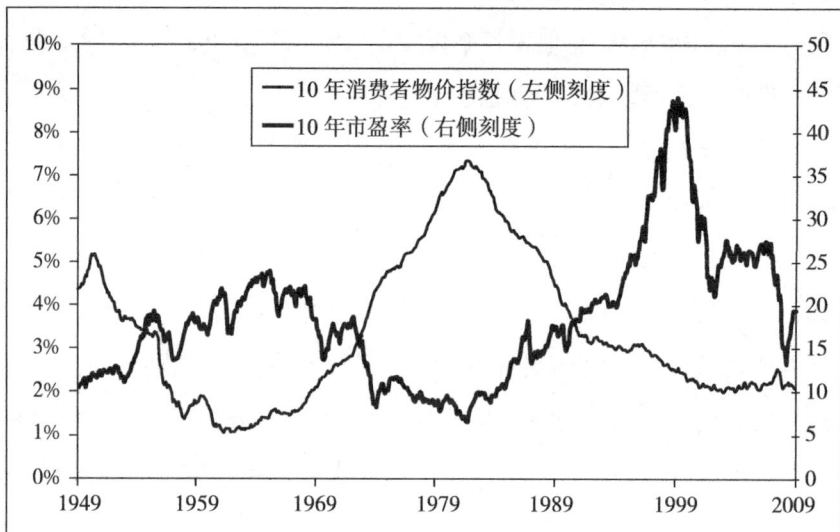

图 11-10　用 10 年平均收入计算出的市盈率

有很多问题值得关注市盈率的投资者考虑。

　　1. 市盈率会随着通货膨胀率的变化增加或减少。如果通货膨胀率增加，未来收入的现值就会降低，这会导致股票市场下行，市盈率也会降低。通货膨胀率的降低会导致股票价值升高，因为未来收入的购买力增强了。通货膨胀对于股价的影响在图 11-9 中表现得非常明显。

　　2. 如果大部分投资者相信公司收益的增长速度和增长率都会高于平均水平，那么股票价格就会由于投资者对于收入预期的升高而上涨。股票价格的迅速上升会造成市盈率的扩张。这就是 20 世纪 90 年代股价一路攀升的原因。在 20 世纪 90 年代，收入增长势头迅猛，而投资者认为这种由技术迅速进步而带来的增长会一直持续下去。当收入增长最终没有实现，股票价格就回落到较为正常的水平。

从短期来看，投机行为会造成股票价格上涨，但是从长期来看，收入增长才是真正的驱动力。投机走势难以预测，所以试图将投机这个变量放到我们的长期预测中是没有意义的。相反地，为了进行预测，我们要假设市盈率一直稳定地维持在 18% 的水平，这个数值在通货膨胀率低的时候是正常水平。这一恒量可以帮助我们消除投机的干扰。

固定收益产品的预测

预测债券收益要比预测股票收益简单。从长期来看，公司收入的增长和以股利形式支付出去的现金是股票收益的驱动因素，因为影响未来债券收益的因素是利率。计算债券的预期长期收益的公式如下。

固定收益产品收益＝购买时收益＋收益变化

收益变化＝通货膨胀率的变化，零风险真实收益率和信用差幅

如果你购买了 5 年期、收益率为 3% 的公司债券，并且在债券到期之前，利率不会发生改变，那么 5 年后你的年化收益率就是 3%。该示例假设所有的利息支付都用于再投资。如果利率发生变化，那么根据这个变化的方向，你的总收益也许更高或者更低，这是由利息的再投资率的不同造成的。如果在你持有债券期间，利率上涨，那么你的利息支付就会以更高的利率进行再投资，你会获得高于 6% 的收益。反过来也成立：如果利率下跌，你的收益就会低于 6%。

影响利率的两大主要驱动因素是：公布的通货膨胀率和预期的通货膨胀率。如果真实通货膨胀率升高，利率也会升高，债券的价格就会降低；如果出现了低通胀（通货紧缩），利率就会下降，债券的价格就会升高。预期通货膨胀率的变化和实际通货膨胀率影响利率的方式是一样的。但是，如果预测被证明不够精确，利率就会回到原来的水平。图 11-11 表明了通货膨胀率和国债收益之间的反比关系。

图 11-11　利率追踪通货膨胀率的长期表现

图 11-11 显示了美国经济史上利率波动最大的时期。从 20 世纪 60 年代初期到 20 世纪 80 年代初期，通货膨胀率飞涨到了 15%。这导致债券市场上出现了抛售狂潮。到了 1982 年，通货膨胀率下跌的速度和它之前的上涨速度一样快，为债券的历史性重整搭建了舞台。但是，重整的速度非常慢，因为投资者们预期通货膨胀率还会再次上升。但是他们的恐惧毫无理由。20 世纪 80 年代初期，通货膨胀率下降到了两位数，到了 2008 年，通货膨胀率落到了零以下，也就是出现了通货紧缩。结果，债券的收益达到了 60 年间的最低水平。

利率变化的第三个驱动因素就是零风险下的真实收益率。真实收益是指扣除通货膨胀影响之后的债券收益。理解零风险真实收益率的最简便方法，就是观察通货膨胀保值债券的变化。通货膨胀保值债券出现变化的一个原因就是税负。随着通货膨胀率迫使利率上升，通货膨胀保值债券的本金值也会上升。由于在通货膨胀率较高的时候需要缴纳更多的税，那么债券的真实收益也要上升才足够缴纳这额外的赋税。正如我们在第 8 章研究过的，税收是根据国债的总收益收取的，不管收益是来自通货膨胀还是来自利息。

对于一些特定类型的债券来说，其利率还会受到其他驱动因素的影响。

公司债券由于具有信用风险，所以包含信用溢价。随着经济形势的变化，国债和公司债券之间的差幅也会随之升高或降低。由于抵押贷款具有提前偿还的风险，抵押担保基金的收益会随着抵押市场上提前偿还的数量而发生变化。

在预测利率时面临的一个问题是，想要预测出通货膨胀率的变化或信用价差的变化几乎是不可能的。这时候，就可以求助于美国联邦储备委员会。美国联邦储备委员会常有一个可接受的通货膨胀率的范围，在 2%~3%。如果这一数字超过了 4%，美国联邦储备委员会的董事会成员就会忧心忡忡，并采取提升利率的措施。

创建一个预测

我们已经分析了市场收益的几种驱动因素，包括资产风险、以利息和股利的形式进行的现金支付、收入增长和经济原因。根据这些数据，我们制定了表 11-5。3% 的通货膨胀率是从 1980 年到 2009 年的平均值，如果通货膨胀率升高或降低，那么竖栏中 "3% 的通货膨胀率" 也会相应地升高或降低。

表 11-5 是作者对接下来的 30 年的市场收益的保守估计。没有人可以保证其中的任何一项估计都是精确的。即便如此，它们和那些使用实用的方法制定出来的任何市场预估同样有效。

表 11-5　假设通货膨胀率为 3%，对债券、股票以及房地产投资信托基金 30 年的评估

资产类型	真实收益	3% 的通货膨胀率	风险[*]
政府支持的固定收益投资产品			
美国短期国库券（1 年期）	0.5	3.5	1.5
中期美国国债	1.5	4.5	5.0
长期美国国债	2.0	5.0	5.5
美国政府抵押贷款协会按揭债券	2.0	5.0	8.0
中期免税市政债券（信用评级为 A）	1.5	4.5	5.0

（续表）

资产类型	真实收益	3% 的通货膨胀率	风险[*]
公司与新兴市场固定收益投资产品			
中期高级公司债券（AAA-BBB）	2.3	5.3	5.5
长期投资级债券（AAA-BBB）	2.8	5.8	8.5
中期高收益公司债券（BB-B）	4.0	7.0	15.0
外国政府债券（非对冲类型）	2.5	5.5	7.0
美国股票与房地产投资信托基金			
美国大盘股	5.0	8.0	15.0
美国小盘股	6.0	9.0	20.0
美国微型股	7.0	10.0	25.0
美国低价股	8.0	11.0	25.0
房地产投资信托基金	5.0	8.0	15.0
国际股票（非对冲型）			
发达国家	5.0	8.0	17.0
发达国家、小型公司	6.0	9.0	22.0
发达国家、低价公司	8.0	11.0	27.0
所有新兴市场（包括边境国家）[*]	8.0	11.0	27.0

注：[*]预估风险相当于对于年化收益率进行的预估标准差。

本章小结

在创建合适的资产配置的过程中，接受市场预测是非常重要的一个步骤。没有人知道接下来的 30 年间市场收益会是多少，以及经济指数的结果会是多少。但是，有一些稳定因素会影响到市场收益，并可能在未来一直持续产生影响。

相比预测过于乐观，花光下半生的钱，按偏低收益进行保守规划和预测，并惊喜地发现自己预测过低是更加明智的。正如那句老话，小心驶得万年船。

虽然无法预测未来 30 年的市场收益，但是风险和收益之间的关系是可以预测的。小盘股的风险高于大盘股，将来的收益也要高于大盘股。公司债券的风险高于国债，所以将来的收益也要高于国债。将投资风险和相对收益做出正确排序之后，你就可以开始下一步，根据自己的需要确定资产配置。

第 12 章

建立自己的投资组合

关键概念

- 投资者需要设计一个满足自己需求的合适的资产配置方案。
- 资产配置的整体风险不能超过投资者的风险承受能力。
- 投资者可以从生命周期投资法开始入手。
- 按照投资者年龄调整债券比重。

一份成功的投资方案是为其目标投资者特别定制的。在某种程度上，人们的资产配置方案是大同小异的，但具体到个人，每个人的资产配置还是会有其独特的特点。在本章和接下来的两章中，我会就如何制定适合自己需要的投资组合方案给予读者一些指导性的建议。

资产配置的相关书籍一般都会列举一个投资组合的实例，本书也不例外。本章按照目标投资者所处的不同年龄阶段，将投资组合分成 4 个类型。我们提供的投资组合实例都是一般性的，因此你在制定自己的投资组合方案时，仅以此作为参考即可。

"根据投资者年龄调整债券比重"是一个用来确定投资组合中承担风险大小程度的简化方法。这种方法对年轻人较为适用，然而，对于那些将要退休或已退休的人来说，这种方法用起来并不是十分顺畅。本章中我们会讨论如何对基本模型进行调整，从而让投资者进行投资时的年龄与他们的实际生活状况保持一致。

生命周期投资

你的境况和资源会随着时间发生变化，同时你的资产配置也会发生变化。投资者的年龄对于资产配置决策具有深刻的影响，这并不是因为投资者年龄的增长，而是因为投资者在从业过程中将劳动转化为自己的资产，并且将在退休后依靠这些资产为生。此外，不同年龄段的人有着不同的理财需求和目的，而这与投资者对于投资风险的不同看法有着直接的关系。

在我写的《无论经济好坏，都要保护好自己的财富》（*Protecting Your Wealth in Good Times and Bad*）这本书中，我根据投资者在整个生命周期所处的人生阶段，将投资者大致分为了 4 个群体：青年储蓄者、中年积累者、退休过渡期人员和完全退休人员。本章的内容也对应这 4 个人生阶段，介绍处于不同人生阶段的投资者应该如何管理自己的投资组合。

- **青年储蓄者**。这些投资者刚刚开始自己的事业或者家庭。在他们刚刚起步的时候，资产不多，但野心不小。这个群体一般包含了 20~39 岁的年龄层。
- **中年积累者**。这个阶段的投资者已经事业有成而且家庭稳定。他们正处于积累阶段：积累汽车、房产、家用电器甚至是孩子。中年积累者是 40~59 岁的人，对于事业和家庭的发展，他们了然于心，也非常清楚将来的奋斗目标。
- **退休过渡期人员**。这个阶段的投资者已经为退休做好了十足准备，或者马上步入退休生活，或者已经步入了退休生活并有着积极的生活方式。60~79 岁的人通常都属于这个群体。
- **完全退休的投资者**。因为自身身体条件或配偶的身体条件所限，这些完全退休的投资者不如从前活跃了。在理财要求上，他们不同于任何一个群体的投资者。他们的需求主要包括三个方面：健康规划、长期看护和遗产规划。到了这一阶段以后，投资者在理财方面，常常要征询自己的子女、其他家庭成员或专业的托管人员的意见。

所有年龄段的投资者在理财目标和理财问题上都有一些相似之处：这些相似的理财目标包括对财产安全的需求和尽量少缴纳收入所得税的需求；相似的理财问题包括担忧没有足够的钱，以及在有需求的时候没有完善的健康医疗保障。

处于不同人生阶段的投资者，他们的情况都会不一样，具体表现在：事业挑战、家庭情况、由投资经验所决定的风险接受程度、健康问题，以及个性上的优缺点等。

生命中任何一个方面在未来会朝什么方向发展，都是今天的我们无法预知的。这就表明，我们在制定投资组合的时候，并没有足够的信息支持我们做这样的决定，但我们还是需要以我们对未来的预想中已知的部分作为依据，采取更加科学的解决办法，使自己的投资组合实现平衡。

行为本身是一种主观因素。实际生活中总会出现各种各样的意外。从现在来看，我们无法预料这些意外会给我们的行为方式带来什么样的影响。我们可以预料到的只是，假如我们的社会阶层、婚姻状况或健康状况出现意外的话，我们会如何应对。最科学的资产配置方式应该带有很高的数学概率，让我们尽最大可能地完成自己的理财目标。而且，整个理财方案和我们在处理意外事件时可能会出现的情感反应是一致的。本章的宗旨就在于对这些从技术角度也许会对投资者的资产配置决定产生影响的问题进行研究。在第 13 章中，我们会对一些行为问题进行探讨。

每个阶段两个投资组合

本章的剩余部分主要讨论的是生命周期的 4 个阶段的投资。每一个阶段都有向投资者推荐的一些资产配置方案。它们从最基本的建议开始，包括投资者收入中用于日常支出或者应急资金的数量是多少，用于长期投资的是多少，用于投机性投资的又有多少。图 12-1 是一个三层金字塔结构，我们稍后会对它进行讨论。读者可以仔细阅读第 1 章，了解更多和投资金字塔有关的解读。

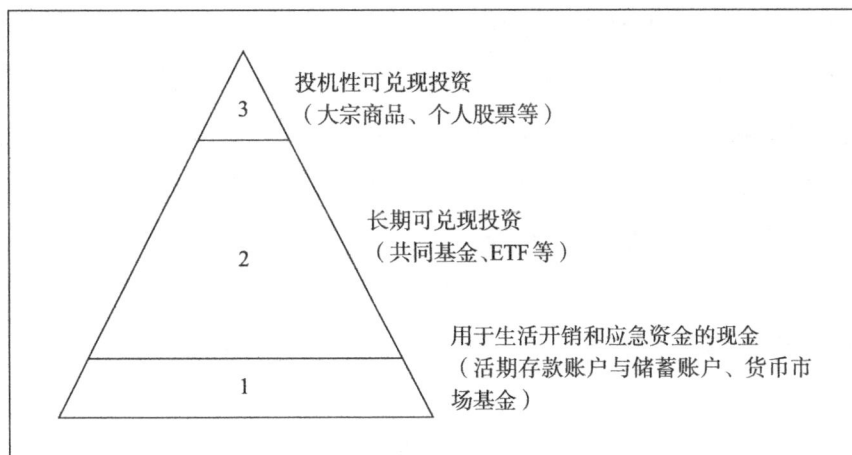

图 12-1　可兑现资产的投资金字塔

金字塔的中间部分代表的是投资者的长期投资组合，也是本章研究的重点部分。金字塔的底座代表的是现金投资，而顶部代表的则是投机性投资，我们先简单地做一个介绍。

在每一个阶段的最后，我们都会给出两种投资组合的示例，这两种示例会把金字塔中的长期投资部分包括进去，也就是中层部分。两种投资组合的示例都具有广泛的多样性，关系到几种全球资产类别。第一种投资组合采用的是 4 种或 5 种成本低廉的共同基金或者 ETF 所构建的一种简单的资产配置模式。而另一种投资组合使用了 9~12 种成本低廉的共同基金或者 ETF，加入了更多的资产类别，更为先进。

在我看来，不管哪种投资组合都提供了一个完美的起点或者终点。投资者可以从某一个投资组合出发，根据自己的实际需求，增减一些基金。投资组合中基金的数量应该不超过 12 支，如果超过这个数字，我们的收益就会接连走低，成本就会持续上升。

本章所推荐的共同基金以及 ETF 都属于低成本的类型。很多不同的共同基金公司提供不同类别的投资产品，可以作为这些示例基金的替代品。在本书中列举的一支 / 几支共同基金或者 ETF，投资者也许不会接触到，就如同有些投资者所在的单位不提供养老金计划一样。假如出现这种情况，我们可以用最接近推荐基金的产品作为替代品。

我们所提供的投资组合示例应该可以帮你缩小资产配置的范围。当然，它们不可能解决你面临的所有问题。投资者还应该把费用、税金以及你对投资风险的承受能力问题考虑进去。在本章中，我们会简要探讨一下这些问题，在其他章节中再对其进行深入的探讨。

第一阶段：青年储蓄者

对于积累财富而言，储蓄习惯、投资方法以及成本控制是最重要的三大要素。对于青年储蓄者来说，投资方法和成本控制都很重要，可是和培养储蓄习惯相比，二者就显得没那么重要了。定期进行储蓄是一个让年轻投资者的个人账户充盈起来的最有效的方法。

没有储蓄意识是年轻人犯的最为严重的错误。最理想的状态是，一个年轻人应该在开始第一份全职工作时就开始进行储蓄了。对这个阶段的储蓄额不要提出太高的要求。通常情况下，将每年收入的10%用于储蓄就是一个很好的开始。如果我们工作的单位提供养老金计划，就可以以雇主储蓄计划来完成，或者，我们也可以直接用工资卡进行储蓄。

对于年轻人来说，不能把储蓄计划坚持下去是个非常严重的问题。因为这个阶段的收入水平在一般情况下都是入门级的，但是他们面对的消费水平却在逐渐攀升。美国有些地方的房价依然很高。年轻人可能需要拿出收入的40%以上用于买房，这部分支出包括缴税和房屋的保养费。此外，在有了孩子之后，家庭生活成本也会有一个比较大的上升，同时，我们还要积攒孩子将来上大学的学费。

对于青年储蓄者来说，另一大干扰因素就是事业上的不稳定性。很多年轻人根本不知道自己的事业要朝哪个方向发展，以及将来的真实收入水平是什么样的。现在的年轻人换工作和改行的速度远超过他们的父辈。这种现象也会导致储蓄规划难以持续下去。

手上越来越没有闲钱，事业又极其不稳定。那么，年轻人应该怎样打算自己的未来呢？首先，很多用人单位都有公司养老金方案，职员的工资可以在缴税前抽取一部分缴纳养老金保险。青年储蓄者应该把这样的机会把握好，特别是公司会缴纳同等数额的养老金保险的情况下，就一定要把握住。其次，年轻人应该从自己的投资风险承受能力出发，确定一个合适的投资组合，不要尝试着去计算稍纵即逝的市场时机或者一时冲动去跟风前一年收益可观的投资产品。最后，年轻人需要尽早意识到，投资成本也是非常重要的一个因素。浪费在共同基金费用以及高昂的理财佣金上的每一美元都不会再回来。这个年龄层的投资者若是可以一直执行自己的税前储蓄方案，然后把存款用在由低成本共同基金构成的较为合理的投资组合的投资上，那么就可以为将来积累一定的财富。

青年储蓄者的资产配置方式

青年投资者的优势在于，他们有充足的人力资本和大量的时间。他们自己在将来的劳动力就是他们的资产，他们可以通过自己的劳动力在未来 40 年的工作时间里取得资本资产。就算他们犯下了投资错误，也不会大伤元气，因为他们用于投资的资金原本就不多，而且他们有足够的时间来对这项损失予以填补。

20 岁和 30 岁左右的投资者应该在银行的活期账户上存一笔钱，用于自己半年的生活支出，或者购买货币商场上的同等大宗商品，以达到储蓄的目的，这样才能负担自己的生活成本。同时，当意外事件来临时，才有能力应对。或者，他们也可以购买短期债券或开设定期账户，为将来比较大的支出进行储蓄，比如购买新居等。

有些时候，相比其他任何年龄段的人，给年轻人制定长期的资产配置方案要难得多。一方面，年轻的投资者年富力强，经常会选择激进的资产配置方案。另一方面，他们的投资经验基本为零，根本就不知道自己有多大的风险承受能力。正是因为如此，尽管从时间的角度来看，为年轻投资者制定激进的投资方案要合适一些，可是投资者一定要警惕投资手段不能太冒进，因为这样很可能在出现熊市时，难以掌控自己和投资组合。

青年储蓄者有更充裕的时间从激进的长期投资组合中获益。可是，全部投资股票就有些太激进了。关于不能在股市上投注所有的资金，有如下两个原因。

1. 大多数投资者都不可能在所有时段内应对所有的股票。如果股市遇到熊市，那些一意孤行地把所有投资资金都倾注在股市中的投资者也许难以承受股市中的波动性。这一点适用于所有人，并不是只适用于青年储蓄者。最近就有两次这样的例子。第一次发生在 1987 年的股市崩盘之后，第二次发生在 2000 年至 2003 年的熊市。在这两段时期内，不管是年老的还是年轻的，他们原以为自己可以承受股票百分之百的损失，但是最后他们并没有坚持到自己的股票全然损失掉。在熊市的中后期，他们就已经开始抛售，锁定了自己的损失。

2. 当股票价格下跌的时候，投资者应该抓住机会，买入更多的股票。如果我们把所有的投资基金都倾注在了股市中，那么我们就不可能再加仓了。如果在债券上投资了 20% 的基金，那么在股票下行的时候，就可以买入股票了。

很有意思的一种现象就是，因为自己误解了风险的起因，导致很多青年储蓄者在投资组合中所购买的股票份额不足，所以让高收益的投资机会溜走了。根据美国教师退休基金会（TIAA-CREF Institute）提供的数据，年轻职员中在低利息的定期账户中存放了大部分养老金计划资产的人多到令人吃惊。这样在投资者步入中年之后，他们就会更好地理解自己的风险承受能力，并增加股票投资的份额。

没有任何一种投资组合是对所有的青年储蓄者都适合的。图 12-2 展现了适合那些对理财风险有所了解的青年投资者的资产配置方式。图 12-2 所代表的是从两者中任选其一的投资组合，而不是在两种投资组合中过渡。也就是说，投资者可以选择在股票上投资 60% 还是 80%，并确定这种固定的投资方式。而不是将投资股票的比例从 60% 提高到 80%，然后再以自己对市场风险的了解为依据，在两个数值之间徘徊。

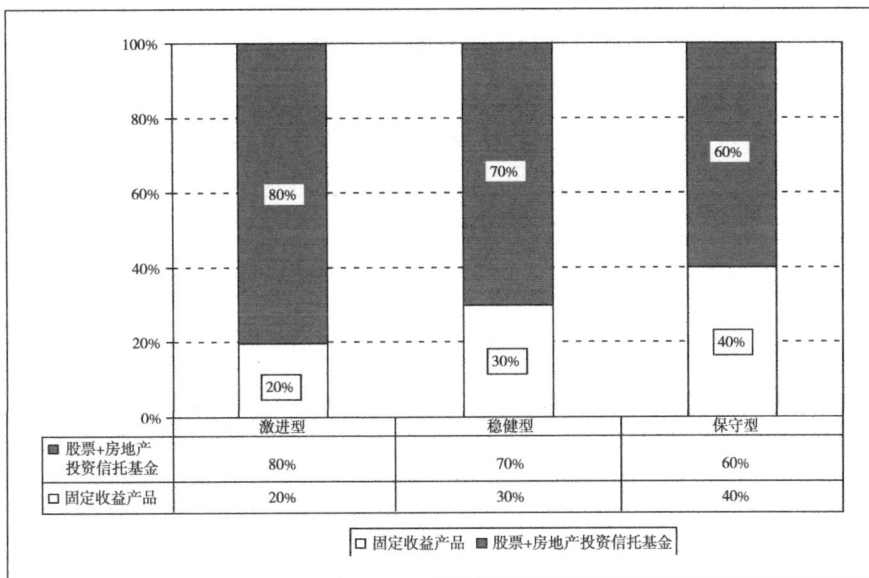

图 12-2 青年储蓄者资产配置范围

对于年轻人来说，将 70% 的资金用来购买股票，余下的 30% 用来购买固定收益产品是比较合适的。相比股票在投资组合中占 100%，70% 的股票与 30% 的固定收益产品的配置方式的风险要小一些，而且投资者也可以有充足的空间来对自己的投资组合进行再平衡。最后的结果就是，风险在可接受的范围内的投资组合具有创造可观的长期收益的潜力。

一旦投资者决定将股票和债券作为战略资产配置的对象，下一步就是划分资产类别。表 12-1 与表 12-2 展现了两种投资组合，反映了两种资产配置方式：一是基本的资产配置；二是多种资产类别的配置。所有列举的投资产品都是低成本、零手续费的共同基金和 ETF。

表 12-1　青年储蓄者——稳健型基本投资组合（开放式共同基金或 ETF）

资产类别	百分比	低成本基金示例和交易代码
美国股票	40%	Vanguard Total U.S.Stock Market Index (VTSMX) or Vanguard Total U.S.Stock Market ETF (VTI)
国际股票	20%	Vanguard Total International Portfolio (VGTSX) or Vanguard FTSE All World ex-U.S.ETF (VEU)
房地产	10%	Vanguard REIT Index Fund (VGSIX) or Vanguard REIT ETF (VNQ)
固定收益产品	30%	Vanguard Total Bond Market Index Fund (VBMFX) or Vanguard Total Bond Market ETF (BND)

表 12-2　青年储蓄者——稳健型多种资产类别投资组合（开放式共同基金或 ETF）

资产类别	百分比	低成本基金示例和交易代码
美国股票		
核心股票	25%	Vanguard Total U.S.Stock Market Index (VTSMX) or Vanguard Total U.S.Stock Market ETF (VTI)
小盘价值股	10%	Vanguard Small-Cap Value Index Fund (VISVX) or iShares S&P 600 Barra Value (IJS)
微型股	5%	Bridgeway Ultra Small Company Market (BRSIX) or iShares Russell Microcap Index ETF (IWC)
房地产	10%	Vanguard REIT Index Fund (VGSIX) or Vanguard REIT ETF (VNQ)
国际股票		
太平洋地区——大型股票	5%	Vanguard Pacific Stock Index (VPACX) or Vanguard Pacific Stock ETF (VLP)
欧洲——大型股票	5%	Vanguard European Stock Index (VEURX) or Vanguard European Stock ETF (VGK)
国际小盘价值股	5%	DFA International Small Cap Value (DISVX) or WisdomTree International Small Cap Dividend (DLS)
新兴市场	5%	DFA Emerging Markets(DFEMX) or Vanguard Emerging Markets Stock ETF (VWO)

（续表）

资产类别	百分比	低成本基金示例和交易代码
固定收益产品		
投资级债券	20%	Vanguard Total Bond Market Index Fund (VBMFX) or Vanguard Total Bond Market ETF (BND)
高收益债券	5%	Vanguard High Yield Bond Fund (VWEHX) or iShares iBoxx High Yield Corporate Bond (HYG)
通胀保值债券	5%	Vanguard Inflation-Protected Securities (VIPSX) or iShares Barclays TIPS Bond Fund (TIP)

　　本章所推荐的所有投资组合都应该根据个人需求、赋税情况和风险承受能力进行调整。

第二阶段：中年积累者

　　在我们沿着生命的轨迹不断前行时，我们会越来越成熟，身体上、理智上、情感上、专业上以及财务上都会更加成熟。当我们和自己的 30 岁说再见，面对中年生活时，我们就会更加审慎地对待自己的钱财，这是因为我们已经开始发现，终将有这么一天，无论我们多么愿意，都不可能继续工作了。这使得我们开始重新思考自己储蓄与投资的方式。基于新的思考方式的影响，我们也许会相应地调整自己的资产配置。

　　大部分人到了中年时都开始认命，接受自己终会老去的事实。同时，我们也开始承认，我们的事业、我们的家庭收入或是生活方式，再也没有什么上升或改良的空间了。此外，人到中年以后，他们也许在过去的生涯中已经经历过一两次经济低迷，他们也许已经看到过股市或利率的动荡不安，也许之前，他们还做过几次错误的投资决定。这些教训是中年投资者极其宝贵的一笔财富，可以帮助他们制定和自己的长期需求相吻合的投资组合。

　　中年投资者开始对退休之后的生活有了比较实际的预期。他们可以先在脑海中盘算，自己的退休生活要想得到满足，需要多少钱。在进行了冷静而有条理的估算以后，中年累积者就应该开始对自己现有的投资方案进行调整，让自己的投资方案可以实现自己将来的预期。

对于中年投资者来说，他们意识到了两个重要问题，使得他们发现必须要调整自己的投资组合。首先，他们意识到自己能够工作的时间已经差不多只有一半了。其次，他们开始意识到，要想达成自己退休以后的愿望，可靠性和可连续性的投资政策非常关键。你要一直坚持自己的储蓄习惯，对于自己退休以后的生活，这些储蓄资金的投资收益也发挥着举足轻重的作用。

到了中年阶段，青年投资者进行的投资实验就要终结了。中年人需要非常严肃地看待退休投资的问题。中年投资者需要制定一个详尽的投资方案，之后严格遵照执行，这样才能给自己退休以后的生活目标提供保证。

中年积累者的投资框架

人们到了中年就会开始估算，要想在退休以后依然维持现在的生活水平，需要多少钱才足够。无论我们多么尽力，这样的估算也不过是粗略估计而已。但是不管怎样，这是一次有用的实践。

资产负债匹配是投资者让资产配置和自己未来的现金流需求进行匹配的一种投资方式。也就是说，我们要在一定程度上对自己的投资组合进行调整，确保我们的投资方案能满足我们退休以后的收入需求。在使用资产负债匹配的过程中，包括下面 5 个基本环节。

1. 估算未来的生活费用。我们可以通过对现在生活费用的追踪，对将来的生活费用进行估算，然后按照未来费用预期变化加以适当调节。在网络上或者理财书籍上有各种各样的预算编制工具，可以帮助你完成自己的现金流分析。当然，你还可以雇用专业的理财规划师来帮助你完成估算。

2. 估算退休时期的非投资性收入来源。非投资性收入来源包括社会保障收入以及退休金收入。但是这部分收入来源中把从退休账户或者个人存款中提取的部分剔除出去了。

3. 对比自己的非投资性收入与自己对退休时生活费用的预期。如果两者之间有收入缺口，那么投资收入就要用来对这个缺口进行弥补。

4. 确定我们到底需要累积多少钱才能够对每年的收入缺口进行弥补。假设自己从投资资金中最多能抽出 5%，这就意味着我们需要年投资收入的 20 倍。例如：如果我们每年需要 12 000 美元的额外收入，那么我们的退休投资组合最起码应该达到 24 万美元。

5. 设计一个储蓄投资方案，然后进行执行和完善。这一储蓄投资方案应该让我们以最低限度的风险和最大的可能性积攒到到退休时需要的钱。在制定投资方案时，资产配置是其中非常关键的一部分。

这些步骤事实上概括出了资产配置方法的一个纲要。为了更详细地了解这种方法，读者可以参考我之前的著作《无论经济好坏，都要保护好自己的财富》。

中年积累者的资产配置

中年时期，投资者的事业已经走到了中间点。在这个时期内，投资者的薪酬水平会一路高歌。这就表明，用于储蓄的收入份额比例也会相应地增加。在人生的这个节点上，对于将来的图景，投资者可以看得更加清楚，也可以从自己对将来的希冀出发，制定充满战略意义的资产配置方案，从而对自己在退休之后的生活需求予以满足。

在人生的这个阶段，如果有能力的话，投资者为应付生活开支以及紧急事件所积攒的现金储蓄应该延长到 12 个月的收入水平。如果我们的应急基金更加雄厚，那么我们在应对那些预料之外的需求时就可以更加从容。

这一阶段的投机性投资所占据的比例应该小于其在青年储蓄时期的比例，如果可能的话，要开始减少这部分所占据的比重。有些投资者可能臆想着在这个人生节点采取投机性的方式大赚一笔，事实上，这种想法是极其危险的，如果你在年轻时都没有采取投机性的方式赚到钱的话，那么就不要冒险尝试。

在中年时期，长期投资账户更加丰盈。而且，我们剩下的工作年限也越

来越短了。在这种情况下，我们需要一种平衡而又科学的资产配置方式。图
12-3 展现的就是对于中年积累者来说典型的资产配置模式。图 12-3 代表的也
是从两组中任选一个投资组合，而不是诱导读者在两种组合方式之间过渡。
不要试着在自己认为合适的时期，在股票与债券之间来回徘徊不定。这种方
法危险性太大，因为市场时机很难把握。

对于中年人来说，60% 的股票加上 40% 的固定收益产品是更加合适的资
产配置方式。表 12-3 与表 12-4 展现的是适用于中年累积者的基本投资组合以
及包含多种资产类别的组合。

在中年阶段，人们的收入水平会节节攀升，这个现象同样也会影响到他
们的投资选择。在确定资产配置的过程中，税金这个因素相当重要。如果某
个人的收入使得他的所得税等级到了 30% 甚至是 30% 以上的水平，那么这个
人就应该考虑选择免税的市政债券产品。免税债券的税后收益可能还会比应
纳税债券扣税之后的真实收益要高。想要了解纳税会如何影响资产配置，读
者可以阅读第 15 章。

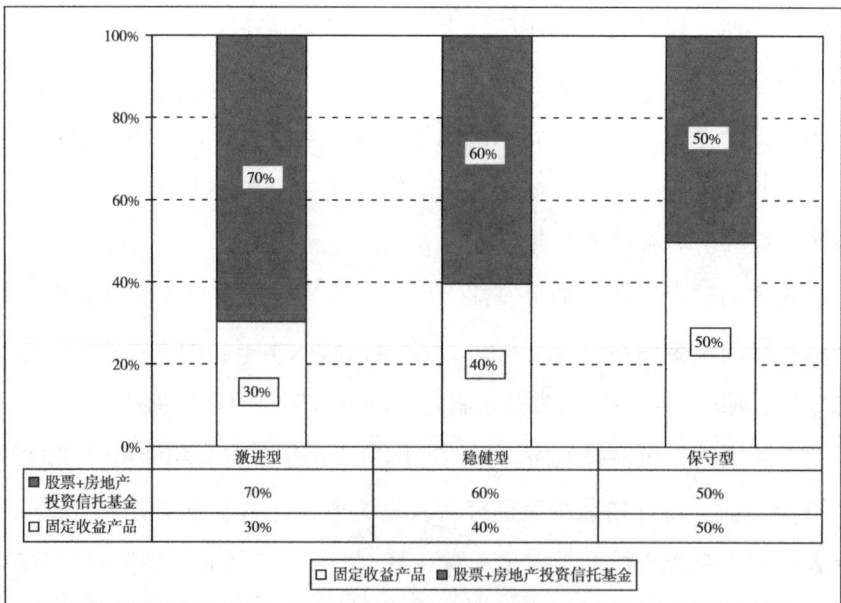

	激进型	稳健型	保守型
■ 股票+房地产投资信托基金	70%	60%	50%
□ 固定收益产品	30%	40%	50%

□ 固定收益产品　■ 股票+房地产投资信托基金

图 12-3　中年投资者的资产配置范围

表 12-3　中年积累者——稳健型基本投资组合（开放式共同基金或 ETF）

资产类别	百分比	低成本基金示例和交易代码
美国股票	35%	Vanguard Total U.S.Stock Market Index (VTSMX) or Vanguard Total U.S.Stock Market ETF (VTI)
国际股票	17%	Vanguard Total International Portfolio (VGTSX) or Vanguard FTSE All World ex-US ETF (VEU)
房地产	8%	Vanguard REIT Index Fund (VGSIX) or Vanguard REIT ETF (VNQ)
固定收益产品	40%	Vanguard Total Bond Market Index Fund (VBMFX) or Vanguard Total Bond Market ETF (BND)

表 12-4　中年积累者——稳健型多种资产类别投资组合（开放式共同基金或 ETF）

资产类别	百分比	低成本基金示例和交易代码
美国股票		
核心股票	20%	Vanguard Total U.S.Stock Market Index (VTSMX) or Vanguard Total U.S.Stock Market ETF (VTI)
小盘价值股	10%	Vanguard Small-Cap Value Index Fund (VISVX) or iShares S&P 600 Barra Value (IJS)
微型股	5%	Bridgeway Ultra Small Company Market (BRSIX) or iShares Russell Microcap Index ETF (IWC)
房地产	8%	Vanguard REIT Index Fund (VGSIX) or Vanguard REIT ETF (VNQ)
国际股票		
太平洋地区——大型股票	4%	Vanguard Pacific Stock Index (VPACX) or Vanguard Pacific Stock ETF (VLP)
欧洲——大型股票	4%	Vanguard European Stock Index (VEURX) or Vanguard European Stock ETF (VGK)
国际小盘价值股	5%	DFA International Small Cap Value (DISVX) or WisdomTree International Small Cap Dividend (DLS)
新兴市场	4%	DFA Emerging Markets Core (DFEMX) or Vanguard Emerging Markets ETF

（续表）

资产类别	百分比	低成本基金示例和交易代码
固定收益产品		
投资级债券	20%	Vanguard Total Bond Market Index Fund (VBMFX) or Vanguard Total Bond Market ETF (BND)
高收益债券	10%	Vanguard High Yield Bond Fund (VWEHX) or iShares iBoxx High Yield Corporate Bond (HYG)
通胀保值债券	10%	Vanguard Inflation-Protected Securities (VIPSX) or iShares Barclays TIPS Bond Fund (TIP)

第三阶段：退休过渡期人员

退休过渡期包括从退休准备期一直到刚刚进入退休期。通常在我们离开自己的全职工作岗位之前的 3~5 年，就已经进入了退休准备期。

退休准备期并不是正式宣布马上退休，而是一种思维过程。在这个过程中，很多人会为诸如什么时候退休、是否有足够退休金，以及他们可以从储蓄中提取出来多少钱才不至于在退休期间捉襟见肘这样的问题而困惑。这也许是一个人一生中最保守的一段时光了。

大多数人在接近退休的时候正处于收入和储蓄的巅峰时刻。他们正在或者接近于事业发展的最高点且赚取高薪。在日常支出中，家庭开支已经固定下来且有可能减少。孩子们要么已经经济独立，要么接近经济独立的阶段。这真是最好的时候，因为你的钱真正属于你自己。

从全职工作走向退休象征着投资的一个新阶段。这个投资组合将从积累转变为分散，也就意味着投资者不久将从投入转为支出。

在这个过渡期，迫近退休的人们的思考方式和行为方式都是最为保守的。他们倾向于将自己的投资组合转变为资产配置，这样在接下来的退休时光可以使用。这样的转变不是一夕之间完成的，而是随着退休时刻的逼近而逐渐发生的。

刚刚退休的人并不了解他们的现金流是怎么运作的，也不清楚他们的退休计划是否正确。这导致其中一些人在进行资产配置的时候变得非常保守，比如减少风险性投资或者持有现金。

在转型阶段对投资组合过分保守几乎没有什么理由。多投一些短期债券是合适的，因为这不会让现金流在一两年内出现紧张的状况。我一般推荐至少有一些生活支出费用放在 1~2 年的活期银行账户中或者投资到短期债券基金中。

金字塔顶的投机型投资在你的退休过渡期间需要避免。如果你目前并没有通过投机来赚钱，那么在退休期间就更加不会了。现在你需要认真对待你的财富了。

处理好退休金和社会保险

大多数退休人员会从社保机构获得收入，也许这就是所谓的福利退休金计划。这些收入应该怎么在资产配置中起作用呢？你是把它们当作债券还是其他什么东西呢？如果你将它们作为债券，那么你怎么给它们定价呢？

从社保机构流入的收入和福利计划并没有票面价值，且并没有到期期限，只要你还活着就能获得。另外，从社保机构或退休金流出的现金有可能减少甚至停止。你的雇主也许因为破产而不得不减少退休金的分配，而且没人能够预测出社保福利在未来会通过何种方式来支付。我觉得我们应该都同意这一点：未来的福利是肯定不能达到目前的水平的。这就使得对退休金或社保进行债券式定价很难，也几乎不可能。

这种资产的另一个方面就是难以控制。你不能改变规则，并且你不能选择退出这个体系。想象某一天你给社保机构打电话说，我不想继续进行社保缴费了，请给我的 IRA 账户转入 20 万美元的社保福利费，我能自己处理好我的钱。这种想法太过天真了，在我们的有生之年都不会发生的。至于福利计划，如果你的雇主陷入财务困境而破产，那么法官将会决定你能获得多少钱。对于这笔资产，你没有控制权。

我们是否应该把这些收入流视为债券？对于财务顾问来说并非如此。变量太大，估值误差太大，以至于无法给这些现金流像资产组合中的固定收入那样来打标签。也就是说，退休人员每个月都有债务需要偿还，这些债务包含食物、居所、衣服、保险、汽车以及其他一些日常开支产生的费用。一个典型的退休人员可能每年都会产生大概 72 000 美元的不可任意支配的支出，每个月 6 000 美元。就这个讨论而言，我们假设每年的退休金和社保有 30 000 美元，也就是每个月 2 500 美元。对于一个一年花费 72 000 美元的退休人员来说，这个数字是远远不够的。

退休金只能部分解决退休人员的每月现金债务问题，剩下的必须来自于个人储蓄、投资以及自我导向的退休账户。在这个例子中，还需要每年 42 000 美元或者每月 3 500 美元才能保障退休人员的正常生活。如果退休收入以及社保福利收入改变，那么投资的数量也会发生改变。另外，像旅游、礼品支出这样的任意支出也应该来自于储蓄和投资。

既然我们用来自退休金和社保福利的现金流已经减少了每月债务，我们就能创造出一种理性的资产配置方式以应对剩余的每月债务。债务相减的方法看起来是处理退休金及社保福利收入的最好方式。这种方式将非流动式现金流及无法控制的资产考虑在内，而没有计算出这些资产的现价，没有将它们当成债券，也并没有将它们强行放入资产配置决策中。

退休阶段的现金流

退休期间的花费也许会有很大的变化，但是随着时间的推移，我们会发现它们并不会像你工作时那么高。刚刚退休的时候，你可能会经常旅游，经常外出吃饭，或者拿钱修缮房屋，花更多的时间购物，也许还会去健身，或者解决自己在全职工作时没有时间解决的小的健康隐患。随着时间的流逝，你会更加适应退休生活，而在服饰、旅行、食品、住房上面的开支减少。对于汽车，你也不会再花费大把的钱。如果你有两辆车，你可能会考虑卖掉一辆。

若有必要，我们的住房也可以成为现金来源，如果我们住的房子太大，也许会换到一个更小的房子去住。这样就能从中获取利润，可以有更多的收入。如果你保留房屋，你也总能通过使用抵押贷款，或者反向贷款的形式增加资产。

社会保险是收入的另一个来源，这个体系在近期都不会消失。按法律规定，获得收入的人都能获得点什么，即使收入在减少。对于年轻一代来说，支出量和退休年龄都会改变，但是对于已经开始收取福利补贴的人却不会。

如果你的父母在世，他们有房产或者有其他人将你作为房产的遗产受益人，那么你的净收入会随着他们的过世而增加。没人愿意谈起他／她会继承多少财产，但是这些钱最终还会是你的。

在预测退休期间的现金流时所有的资产来源都是很重要的因素。如果你需要某些帮助才能弄清楚这些，最好找一个名声较好的、收取报酬合理的理财规划师。

退休期的提现率

处于退休准备期的人经常会问的一个问题就是他们从自己的投资组合中提取多少现金是保险的。在这个问题上已经有几个很有深度的研究了，他们都支持 4% 的提现率。

然而，在你将提现率限制在 4% 甚至更少的时候，还有很多因素需要考虑。

- 你何时退休？年轻的退休者应该将自己的提现率限制到 4% 甚至更少，因为他们离退休还有很长一段时间。而年纪大的退休者可以承担较高的提现率，因为他们的时间跨度短。
- 你离世之后想留下多少财产？如果退休者想给自己的孩子或者其他继承者留下尽可能多的财富，需要将提现率降低一些。
- 你觉得你还有多久会成为一个活跃的退休者？每个人最后都会因为年龄或者疾病而将生活节奏放慢，在退休成熟期的花费要比活跃期的花费少。这就意味着你在活跃期少花一些是好的。

提取的现金可以在投资组合中发挥功效，利息和股息收入是两种不一样的收入来源。此外，投资组合每年都会进行再平衡。你可以很轻松地计算出投资给你带来的收入，继而在再平衡中承受差额损失。

过渡期的退休者的资产配置

图 12-4 为过渡期的人们和进入退休初级阶段的人们展示了一种合理的资产配置方案。

从工作到退休的转变充满了不确定性。相应地，一个退休者的投资组合应该是以稳定性和安全性作为首要目标。然而，一个投资组合还是需要带来收入增长的。根据美国国税局（IRS）公布的信息，一个 65 岁的人有可能还会多活 20 年。处于退休初级阶段的人，其平均资产配置是股票和固定收入各占 50%。

表 12-5 和表 12-6 给出了这一阶段的投资者一些基本的投资组合以及多种资产类别的投资组合。

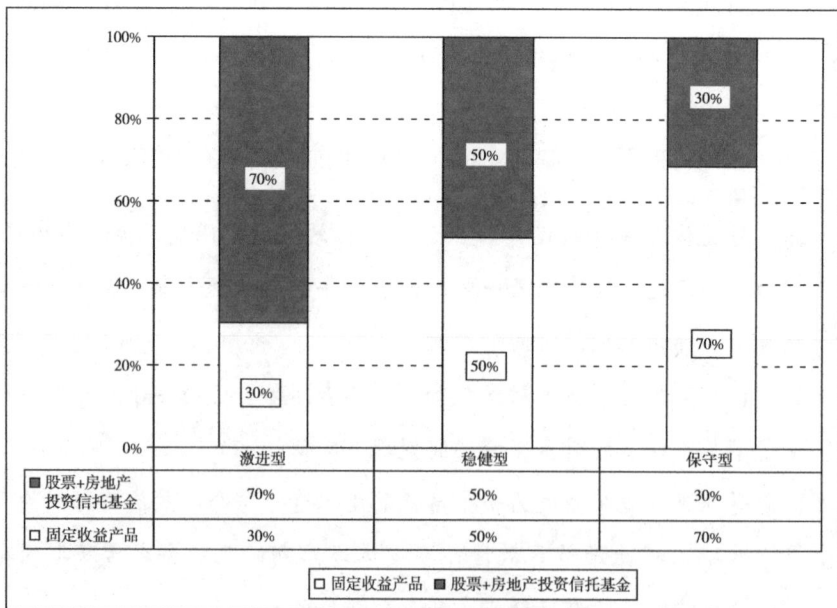

	激进型	稳健型	保守型
■ 股票+房地产投资信托基金	70%	50%	30%
□ 固定收益产品	30%	50%	70%

□ 固定收益产品　■ 股票+房地产投资信托基金

图 12-4　包含活跃退休者的过渡期退休者的投资范围

表 12-5　过渡期退休者和活跃退休者——稳健型基本投资组合（开放式共同基金或 ETF）

资产类别	百分比	低成本基金示例和交易代码
美国股票	30%	Vanguard Total U.S.Stock Market Index (VTSMX) or Vanguard Total U.S.Stock Market ETF (VTI)
国际股票	15%	Vanguard Total International Portfolio (VGTSX) or Vanguard FTSE All World ex-US ETF (VEU)
房地产	5%	Vanguard REIT Index Fund (VGSIX) or Vanguard REIT ETF (VNQ)
固定收益	48%	Vanguard Total Bond Market Index Fund (VBMFX) or Vanguard Total Bond Market ETF (BND)
现金等价物	2%	Low-cost money market fund with checking

表 12-6　包含活跃退休者的过渡期退休者——稳健型多种资产类别的投资组合
（开放式共同基金或 ETF）

资产类别	百分比	低成本基金示例和交易代码
美国股票		
美国核心股票	18%	Vanguard Total U.S.Stock Market Index (VTSMX) or Vanguard Total U.S.Stock Market ETF (VTI)
小盘价值型股票	8%	Vanguard Small-Cap Value Index Fund (VISVX) or iShares S&P 600 Barra Value (IJS)
微型股	4%	Bridgeway Ultra Small Company Market (BRSIX) or iShares Russell Microcap Index ETF (IWC)
房地产	7%	Vanguard REIT Index Fund (VGSIX) or Vanguard REIT ETF (VNQ)
国际股票		
太平洋地区大盘股	3%	Vanguard Pacific Stock Index (VPACX) or Vanguard Pacific Stock ETF (VLP)
欧洲大盘股	3%	Vanguard European Stock Index (VEURX) or Vanguard European Stock ETF (VGK)
国际股票	4%	DFA International Small Cap Value (DISVX) or small-cap valueWisdomTree International Small Cap Dividend (DLS)

（续表）

资产类别	百分比	低成本基金示例和交易代码
新兴市场	3%	DFA Emerging Markets（DFEMX）or Vanguard Emerging Markets Stock ETF (VWO)
固定收益		
投资等级债券	24%	Vanguard Total Bond Market Index Fund (VBMFX) bonds or Vanguard Total Bond Market ETF (BND)
高收益债券	12%	Vanguard High Yield Bond Fund (VWEHX) or iShares iBoxx High Yield Corporate Bond (HYG)
通货膨胀保值债券	12%	Vanguard Inflation-Protected Securities (VIPSX) or iShares Barclays TIPS Bond Fund (TIP)
现金		
现金等价物	2%	Low-cost money market fund with checking

第四阶段：成熟期的退休人员

虽然人类的寿命更长了，但是我们不会长生不老。据美国财政部称，对于一个65岁的老人，其平均寿命为86岁，这与1940年相比大概多出了10年。今天的老年人也更加健康活跃。他们与前人相比，吃得更好，锻炼更多，吸烟更少。长寿的趋势开始变得更强劲，以至于由保险精算师给出的最新人寿保险可以延长至120岁。

可惜，没人可以长生不老，总有一天，我们需要整理好自己的财务状况且为过世后做准备。这就意味着你在活着的时候就要为此做好准备。

对于完全退休的投资者来说，进行细致化的财产计划是很普遍的现象。其中一个决定就是在自己没法进行管理的时候，谁会是自己的代理人。当夫妻双方都健在的时候，这个事务一般由配偶一方来承担。当独身一人时候，这个工作一般来说是由儿子或者女儿、一个亲属或者一个专业的代理人进行处理。

如果你选择子女来处理你的财务，我建议你早早就开始提醒他们。一旦定好人选，你就必须要告诉他/她你的财务状况。这包含你的财产计划信息、你的投资账户、你的保险相关文件以及你把这些文件归置到了哪里。

任何一个理财规划师都会告诉你，从父母转移到子女身上的债权债务关系，结果可能极好或者极坏。以下几个步骤可以帮助你顺利进行转移。

1. 写下你归置文件的地方，你的代理人是谁，并将这些东西交给你离世后的代理人手中。

2. 将你所有的投资账户都汇总到一个或者两个管理人手中，比如嘉信理财公司（Charles Schwb）、先锋公司（Vanguard）或者富达公司（Fidelity）。这可以使投资管理变得容易，还能在你离世后，帮助你的继承人处理好这些资产。

3. 用你自己平时的口吻写下详细的声明文件，描述你的投资组合怎样或者你希望在未来怎样进行管理。这个文件应该包含一个基本的投资策略和一些联系方式。

4. 保证由你选择的管理你的资产的人能够理解一些基本的财务原理，比如资产配置基本原则以及为什么你会使用低成本共同基金。

成熟期退休者的资产配置

成熟的退休人员的投资组合的资产配置方案取决于由谁来使用这笔钱。成熟的退休人员应该将自己近两年的生活开销储存在银行账户或者购买短期债券，而且不应该有金字塔顶端的投机性投资。不过，投资者对于长期流动投资的配置可能存在很大的不同。

一方面，投资组合的管理方式应该是保守的，以便承担一个退休者余生的开支。另一方面，这个配置应该能够在退休者不需要花光自己的钱的同时，能够适合受益人的年纪且有利于受益人需求。一般来说，投资组合的管理需要考虑到以上两方面的因素。图 12-5 是给成熟期退休者的资产组合的建议。

　　和处于人生其他阶段的投资者一样，图 12-5 也为处于成熟期的退休人员提供了 3 种不同的投资组合。在不同的投资组合间来回进行选择和放弃，以为自己可以算出市场变化，这并不是明智的策略。表 12-7 和表 12-8 给出了这个阶段投资者的投资组合的示例。

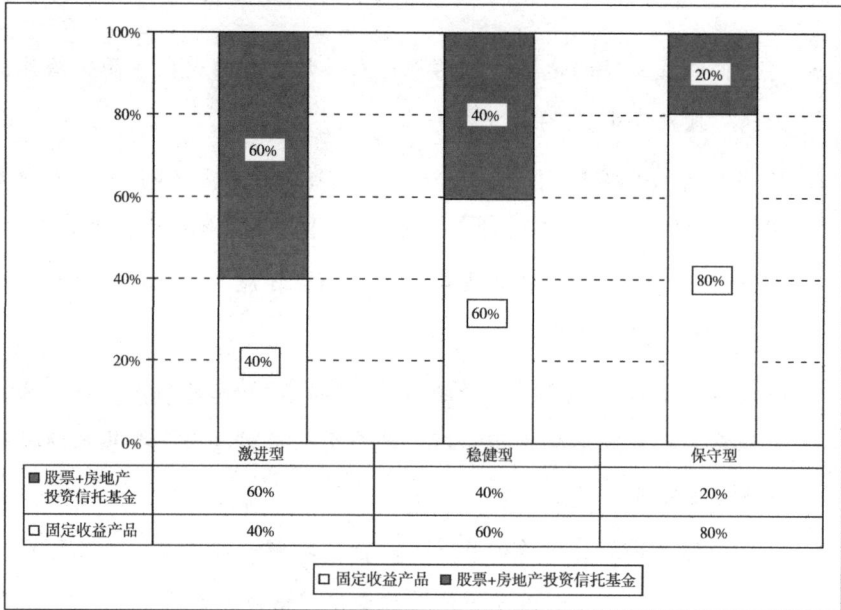

图 12-5　成熟期退休者的配置范围

表 12-7　成熟期退休者——稳健型基本投资组合（开放式共同基金或 ETF）

资产类别	百分比	低成本基金示例和交易代码
美国股票	25%	Vanguard Total U.S.Stock Market Index (VTSMX) or Vanguard Total U.S.Stock Market ETF (VTI)
国际股票	10%	Vanguard Total International Portfolio (VGTSX) or Vanguard FTSE All World ex-US ETF (VEU)
房地产	5%	Vanguard REIT Index Fund (VGSIX) or Vanguard REIT ETF (VNQ)
固定收益	40%	Vanguard Total Bond Market Index Fund (VBMFX) or Vanguard Total Bond Market ETF (BND)

（续表）

资产类别	百分比	低成本基金示例和交易代码
短期债券	18%	Vanguard Investment Grade Short-Term (VFSTX) or Vanguard Short-Term Bond ETF(BSV)
现金等价物	2%	Low-cost money market fund with checking

表 12-8 成熟期退休者——稳健型多种资产类别投资组合（开放式共同基金或 ETF）

资产类别	百分比	低成本基金示例和交易代码
美国股票		
美国核心股票	20%	Vanguard Total U.S.Stock Market Index (VTSMX) or Vanguard Total U.S.Stock Market ETF (VTI)
小盘价值型股票	5%	Vanguard Small-Cap Value Index Fund (VISVX) or iShares S&P 600 Barra Value (IJS)
房地产	5%	Vanguard REIT Index Fund (VGSIX) or Vanguard REIT ETF (VNQ)
国际股票		
太平洋地区大盘股	4%	Vanguard Pacific Stock Index (VPACX) or Vanguard Pacific Stock ETF (VLP)
欧洲大盘股	4%	Vanguard European Stock Index (VEURX) or Vanguard European Stock ETF (VGK)
新兴市场	2%	DFA Emerging Markets (DFEMX) or Vanguard Emerging Markets Stock ETF (VWO)
固定收益		
投资等级债券	30%	Vanguard Total Bond Market Index Fund (VBMFX) or Vanguard Total Bond Market ETF (BND)
短期债券	18%	Vanguard Investment Grade Short-term (VFSTX) or Vanguard Short-Term Bond ETF (BSV)
通货膨胀保值债券	10%	Vanguard Inflation-Protected Securities (VIPSX) or iShares Barclays TIPS Bond Fund (TIP)
现金		
现金等价物	2%	Low-cost money market fund with checking

表 12-7 和表 12-8 中推荐的资产配置代表了可以由成熟期退休者一生使用的投资组合。大多数情况下，大部分的资产不会被退休者使用到，而是转移到继承者身上。因此，投资组合应该是基于继承者的需要来进行分配的。

债券比例受投资者年龄影响：改良版本

决定股票和债券投资分配的简单方法就是使用一个基本原则：资产配置需要依仗投资者的年龄。年龄在决定资产配置中起到了很重要的作用。年纪越大，风险越小。这是有道理的，首先，你已经没有太多时间去承担损失了；其次，如果你还在工作，你只有有限的时间来承担从储蓄中产生的损失了。

很简单，不管处于什么年纪，资产配置中都需要有债券。其余的投资组合都可以进行股票这样的风险性投资。比如，一个 55 岁的人应该有 55% 的资产是债券形式，其他的资金分配到不同的股票组合中。随着年龄的增长，这个百分比也随之每年或者每几年发生一次变化。

"债券投资比例受投资者年龄的影响"，这一理念简单而富有吸引力。它容易被理解，也是解决资产配置中的复杂财务规划问题的一个途径。但是，这个法则适用于所有人吗？并非如此，让我们看看两个年龄组：30 岁时和 55 岁时。我们来看看"债券投资比例受投资者年龄的影响"在不同年龄组中发挥的作用和效果。

大多数 30 岁的人还处于事业初创期，或者也许正在经历第一次事业变动。他们还有很多年来积攒大量的财富。30 岁的人一般来说储蓄不会多，这就意味着市场变动对于净值的影响很小。相应地，30 岁的人应该制定一个有规律的储蓄计划，他们所有储蓄的钱都应该大量投资在股票中，只要是在可承受的风险范围内。因此，70% 的股票和 30% 的债券比例对于大多数 30 岁的人都是适合的。

对于 55 岁的人来说，收入的范围比 30 岁的时候要大很多。55 岁的人财富大量累积，而其他年龄段的人相对累积较少。一些人会受益于雇主的退休金，而其他人还在 100% 依赖着退休储蓄账户。家庭状况也是各异的，一些人结婚了，一些人离异了，还有人再婚了，也有一些人还是未婚。有一些人是靠自己在养活一大家人，有一些人是小家庭，有一些人没有家庭。因此，对于典型的 55 岁的人来说，他们的资产组合需要考虑到他们各自的家庭状况。

总的来说，适用于年轻人的通用的、综合性的投资组合模型，对于年长者则不适合。随着年龄的增长，总会出现更加复杂的细则——这些细则应该在设计投资组合时予以考虑。简单来说，对于 30 岁的人进行资产配置需求的考量不会有损于个人境况，而超过 55 岁的投资者就有其他考量因素了，情况变得比较复杂，他们的个人境况也需要考虑到投资组合中。

我们把年龄作为投资组合决策的一个重要考虑因素，将年龄作为重要的变量。这个模型是否就是无用的呢？不是这样的，但是需要作出修正，修正投资者的"资产配置年龄"。这个概念在标题为"你的资产配置年龄是多大"（*What's Your Asset Allocation Age?*）这篇文章中有详细描述，这篇文章是由杨百翰大学（Brigham Young）的克雷格·L. 艾思瑞尔森（Craig. L. Israenlsen）教授和我共同写就的，发表在 2009 年 11 月的《财务计划杂志》（*Financial Planning Magazine*）上。

一个人的资产配置年龄也许比这个人的真实年龄要大或者小，这取决于投资者本身。也就是说，起初的资产配置需要依据投资者的年龄，而接下来的调整应该是基于个体的不同而进行。

以下是一个基于真实年龄进行资产配置的简单例子。假设一对 65 岁的夫妇在短期投资领域已经积累了 200 万美元。这对夫妇有两个孩子，分别为 33 岁和 37 岁，他们都处于经济独立的状态。这对夫妇每年大约花费 10 万美元，其中有 6 万美元来源于退休金和社保福利，只有 4 万美元来自于储蓄账户。

让我们在纸面上将 200 万美元分配到两个账户。第一个账户有 100 万美元，这个账户为这对夫妇的余生提供了 4 万美元的生活津贴，基于 4% 的分配率来说这是合理的。第二个 100 万美元在储蓄账户，这将完全不可能被这对夫妇使用，而会由两个孩子来继承。

在这个状态下，该如何对两个独立的 100 万美元账户进行资产配置，又该如何对资产总额 200 万美元进行资产配置呢？这对夫妇使用的 100 万美元其实应该按照其年龄来进行配置，应该设立 65% 的债券和 35% 的股票的投资组合。其余的 100 万美元也应该根据两个孩子的年龄进行资产配置，因为孩子的平均年龄是 35，我们使用根据这个平均年龄，设立 35% 的债券和 65% 的股票的投资组合。这两个账户可以分开管理，或者组合到一起进行管理。在 200 万美元的账户中，债券和股票可以各占 50%。这对夫妇的资产配置年龄是 50 岁，这与他们的生理年龄之间存在很大差距，但是对于他们的实际情况来说，这样的配置更为合适。

另一个例子：假设有两个 55 岁的女性投资者。怎样来根据两人的不同情况来配置资产呢？需要询问的问题包含很多方面，比如，收入需求、退休需求、退休金、当前及未来的生活支出情况、遗产分配、副业收入以及其他附加因素（比如：风险承受能力）等。这些真实的生活变量将会对每个女性投资者有巨大的影响。55 岁的真实配置年龄也许是开始资产配置的一个很好的基准线。还有很多生活变量会最终决定投资者的决策。

假设其中一个 55 岁的女性几乎不懂理财，而另一个却做得很好。第一位在 401（K）中的储蓄很少，有一些家庭债务并且照顾着已经 80 多岁的父母。按照"投资者年龄确定债券投资比例"来设定投资组合，45% 应该用于股票投资。根据她的情况，这太过激进了，需要做出一些调整。根据她的现金流风险以及自身情况，更好的组合则是 70 岁的配置年龄。她不能承受储蓄流失的巨大风险。第二个女性有着健康且丰硕的退休金计划，没有家庭债务，并且有一个资金可观的罗斯个人退休账户（IRA）。此外，几年之后她会继承一笔非常可观的财产。她的配置年龄可以接近 40 岁，因为她的现金流风险小，没有债务，且没有可预知的未来债务关系。

对于两位女士来说，采取"按投资者年龄确定债券投资比例"的方法局限性太大。我们知道，她俩都是 55 岁，然而第一位女士因为其紧缩的财务状况，所以她需要将 70% 的资产投资在债券中。第二位因为其财务状况好很多，则只需要 40% 投资在债券，60% 投资在股票中。

本章小结

在整个生命周期中选择合适的资产配置对于长期投资计划很重要。一个成功的投资计划会考虑到投资者的基本需求、稳定性、纳税管理及成长性，且需要充分考虑到一些因人而异的特殊的配置。

尽管投资者在某些层面上是相似的，但他们在很多其他方面都是各异的。相应地，大多数投资组合都会在一些层面上表现相似，而在其他方面各有各的唯一性。如果你管理得很好，你的投资组合就应该适用于你的整个退休期并能延伸到继承者手上。

生命周期的方法就是你在设定合理的资产配置中可以使用的入门级策略。本章针对生命的 4 个阶段的资产配置和投资选择只是提供一些指导性的建议。你还需要调整投资组合来适配你随着年龄增长而出现的特殊情况，根据你的"资产配置年龄"购买债券也是一个很好的解决办法。

第13章

投资行为如何影响资产配置决定

关键概念

- 行为金融学就是对投资者决策行为的研究。
- 保持风险低于你的最大容忍度是投资成功的关键。
- 资产配置压力检查可以帮助改善投资者的风险容忍度。
- 再平衡可以使你的投资组合和你的投资策略保持一致。

投资者行为是影响资产配置的另一个主要因素,无论市场好与坏,只有投资者坚持投资计划,一份好的投资方案才能产生效果。那就意味着,投资者一定要非常诚实地正视自己掌控风险的能力。

现代投资组合理论(MPT)假设所有的投资者都能获得关于有价证券的信息,与此同时,当他们做出决定的时候,会根据这些信息更加理性地做出行动。这一理论还假设投资者也能在创建一种资产配置时对不同市场内的风险和收益有所了解,包括每个市场之间的相互关系。一旦一份投资计划已经被设计并且付诸实施,那么这种理论所期望的再平衡就要以一种有规律的方式发生,目的是为了获得分散投资效益并且控制风险。

理论终究只是理论,并不是所有的投资者都是按照理论执行的。投资者确实想将利润最大化并且将风险控制在最小范围内,然而,没有一个人能够掌握所有的投资知识,也没有任何一个投资者在投资组合管理的每一个阶段中的行为不受个人情绪的影响。这些人性的弱点最终会导致大多数投资者的投资组合的收益低于他们所投资的市场的收益。

研究者已经揭露的大量惊人的证据表明，投资过程中的不理智行为和判断的重复性错误是在个人投资表现中不尽如人意的主要原因。这些人性的弱点是长期存在的，并且是可以预测的，而且波及范围很广。

金融市场并不是导致投资计划失败的起因，而是投资者自己导致了他们投资的失败。在过去的 20 年间，我有很多和个人投资者在一起工作的经验，因此，我已经看清了这一点。一个好的投资方案从来不会使一个投资者失败，而一个投资者却可以使投资方案失败。无论是低迷的熊市还是强劲的牛市，一个合理的投资方案通常都会被放弃。

一个成功的资产配置策略要求投资者个人理解资产多样性和再配置背后的变化，同时，也要求投资者警惕由于他们自己的错误判断而造成整个计划的崩溃。

低估市场风险是使投资者行为错误的罪魁祸首。如果一个投资者在不知道或者没理解投资组合中的风险的情况下，就承担了太多的风险，那么投资者就会犯错误，这是不可避免的。过度逞强的投资者在市场不景气的情况下就会对他们的资产配置感到担忧，因此，他们最终会放弃他们的长期投资方案，而选择那些安全的低收益的短期投资。每个投资者在执行他们的投资计划之前，都要了解在他们的资产配置中要承担多大的风险，这是至关重要的，目的是要确保他们不会过早地放弃一份资产配置方案。在一份可行的投资计划中，情绪化的决定要不得。

行为金融学

行为金融学是一个学术领域，这个领域尝试理解并解释投资者的心理是如何影响投资者作出决定的过程。这是 20 世纪 60 年代早期刚刚兴起的一个研究领域，但是，如今却已经发展成为一些有影响力的机构中一个很重要的研究领域，在这个领域中非常有名的泰斗级的学者包括丹尼尔·卡尼曼

（Daniel Kahneman，普林斯顿大学）、梅尔·斯特曼（Meir Statman，圣克拉大学）、理查德·泰勒（Richard Thaler，芝加哥大学）、罗伯特·希勒（Robert J. Shiller，耶鲁大学）以及阿莫斯·特沃斯基（Amos Tversky)。特沃斯基是大家公认的行为金融学之父。

以下清单列出了由行为金融学研究人员观察到的一些现象。不幸的是，这个清单仅仅是触及了表面。

- 人们倾向于在股票市场走高后就变得更乐观，在股票市场走低后就变得更加悲观。
- 投资者总是对最近的信息给予太多的关注，例如，一个季度内的收入，而对长期的基本指标关注较少。
- 人们倾向于购买最近表现突出的投资产品。投资者购买的共同基金中有80%都是一年内收益最好的基金品种。
- 投资者对投资产品的"好"或"坏"的评价是基于目前的价格和成交的价格，而不是以投资的潜在基本信息为基础。
- 人们不愿承认在判断中所犯的错误。因此，很多人会支付高额的佣金或者费用去雇用股票经纪人或者投资顾问，这样就可以让别人去承担失误和责任。
- 投资者对高价格公司的预期收益总是自信满满，而对低价格公司的预期收益的增长往往缺乏自信。
- 过度自信的投资者通常认为，他们拥有比实际上更多的知识和信息。结果，他们交易过于频繁，而且，他们的收益总是低于市场的平均水平。

资产配置策略依靠的是理性的决定和对那些决定的坚持。不幸的是，在提到投资决定时，个人投资者总是变得很不理智，尤其是在市场上有大的波动期间。成功的投资者能够理解市场和自己的局限，并且他们会创建一种适应这两种局限的适当的资产配置方案。

更多有趣的信息

　　行为金融学研究的一个令人吃惊的问题就是大多数受访的个人投资者认为他们并不善长投资。根据先锋集团对于 401（K）计划投资者的调查，85%的职员都认为他们自己是没有技巧的投资者，因此，他们宁愿雇用一个专业的投资经理。

　　有意思的是，先锋集团发现在 401（K）计划中表现最差的投资账户属于那些受过最好教育的参与者，他们有最高的收入，并且认为他们自己是有技巧的投资者。宾夕法尼亚大学沃顿养老金研究委员会的研究人员奥利维亚·米切尔（Oliva Mitchell）与史蒂芬·尤特克斯（Stephen Vtkus)共同研究了高收入职业人士得到的投资收益反而更低的原因。他们研究发现，那些高收入的个人投资者可能都处于更高的管理层，因此他们可以更自由地撑控自己的命运。尤特克斯还发现，高收入投资者的过度自信导致了他们的交易更加频繁。这是导致投资表现不尽如人意的主要因素。

　　梅尔·斯特曼教授是以研究"惧怕后悔"而闻名的行为专家。当人们在判断中犯错误之后，就会感到痛苦和悲伤。当某人证券的成交价格高于目前的价格，投资者就会受到情绪的影响。一些心理学家已经得出结论，投资者认为 1 美元的损失所带来的痛苦程度是得到 1 美元收益所感受到的快乐的 2 倍。

　　斯特曼教授的发现对投资者使用资产配置策略有直接的影响。在对投资组合进行再平衡的过程中，需要投资者卖掉一些表现良好的投资产品，同时购买更多亏损的投资产品。投资者要卖掉可以使自己开心的投资产品并且买进使自己难过的投资产品，这是很难的，尤其是当股市处于熊市，每个人都沮丧的时候。

　　行为金融学的研究范围很广，而且非常有深度。近几年，有许多关于这一主题的书出版。大多数这类的书都可以到你当地的图书馆查阅，也有很多重要的信息可以在网络上免费获得。

发现你的风险承受能力

在根据你的资产状况和未来的负债情况规划了一份恰当的资产配置方案之后，下面就要看你的风险承受能力了。制定资产配置方案和发掘自己的投资风险承受能力相当于硬币的两个面。风险承受力就是在改变你的行为之前，对价格的波动和你所能经得起的亏损的评估。理想的投资组合可能会在熊市期间让你忧心，但是没有足够的价格波动可以导致你改变你的投资策略。一个具有巨大风险的投资组合将会在市场波动期间使投资者的投资行为发生改变，这就导致了投资者改变或者完全放弃一份投资计划。

由于市场风险，投资者情绪化的决定导致其改变甚至完全放弃整个投资计划，最终增加了投资组合的风险并且减少了收益。只有在亏损之后，人们才会变得情绪化。如果一个投资者长期处在一个不好的市场状态以致亏损，那么他在市场稍有转机时也不想走出市场。这也就意味着投资者承担了所有风险并且没有任何收益。

一个情绪化的决定没有必要卖掉有风险的投资产品。那就意味着当投资者打算投资的时候并没有按计划往市场上注入新的资金，或者，当你观望市场上会发生什么的时候，延迟将再平衡的投资组合投入到股票市场。

如果偶然的情况下，一个投资者在短期内碰巧正确地预测了市场，那么从长期效益看，这有可能导致大量的亏损。一次猜得正确的投资者可能倾向于把他的幸运归功于他们的投资技术而不是他们的幸运。一旦人们认为他们能够读懂市场，他们就可能犯下巨大的而且损失惨重的错误。

行为金融学如何对投资者产生影响

发现投资者个人的风险承受能力可能是一件有技巧的事情。人们知道，投资就需要有风险；然而，投资者往往会高估他们承受风险的能力。尤其是如果牛市的状态持续了很长一段时间，这种现象就更加普遍。

在 20 世纪 90 年代末，几乎每个投资者在股票市场上都能赚到钱。投资就像是一条几乎没有风险却有高收益的单行街道一样。每当股票价格下跌的时候，所有的声音都是"逢低买入"。那时候，很难发现一个积极活跃的又认为自己不明智的投资者。电视媒体也在通过连续不断的市场直播告知投资者，同时加强了他们的这种信念。网上的股票聊天室充满着没有受过正式培训的自学成才的股票分析师，他们在聊天室里夸夸其谈。那段时期，人们最喜欢的陈词滥调就是"时代不同了"和"我们正处于一个股票价值的新时代"。

很多机会主义作家也不会错过这次行动。1999 年年初，詹姆斯·格拉斯曼（James Glassman）和凯文·哈赛特（Kevin Hassett）出版了《道指 36 000 点》（Dow 36 000）的图书，这本书在市场上被公认为是最畅销的书，这两位作者使用了一系列的历史数据，得出的结论是从长期来看，股票市场没有风险。他们认为，当整个世界都了解了这个事实，道琼斯工业平均指数的价格会翻 2 倍。也有一些作者不甘示弱，1999 年 9 月，查尔斯·W. 卡德莱克（Charles W. Kadlec）出版了《道指 100 000 点：现实还是梦幻》（Dow 100 000：Fact or Fiction）。卡德莱克预测，道琼斯工业平均指数到 2020 年价值会增加 10 倍。

对那些选择忽视风险或者自认为风险会消失的投资者，时间让他们得到了惨痛的教训。2000 年 3 月至 2003 年 3 月，道琼斯工业平均指数下跌了40%，以技术股票为主的纳斯达克指数的跌幅达到了 80%。当投资者减持了他们的股票并且尽力保留他们所剩无几的财富，整个华尔街都陷入了一片血海。不用说，这两本书《道指 36 000 点》和《道指 100 000 点：现实还是梦幻》现在可以在大部分跳蚤市场上找到，价格可能不到 1 美元。

2007 年，标普 500 指数逐渐缓慢回升，并在 10 月份再次达到了历史新高。后来，一场经济海啸袭击了美国房地产市场，引起了多米诺效应，这也极大地影响了全世界的金融市场。那些规模庞大而不轻易失败的金融机构最终也被连根拔起。首先，贝尔斯登公司宣告破产；接着，雷曼兄弟与美国国际集团也纷纷破产。整个美国银行业都处于危险境地中。要不是美国联邦储备委员会和美国财政部联手推出了改革创新的新方法，整个金融行业有可能真的走到了穷途末路。由于国会的允许，几千亿美元的税金投入银行系统，通过提供流动资金，提高了银行的偿债能力，从而稳定了金融市场。

在这 18 个月期间，标普 500 指数比起 2007 年 10 月 12 日的 1562 个点下滑了 57%。到了 2009 年 3 月 9 日，这一指数更是跌到 666 个点的最低水平。在此期间，银行的股票下跌了 70%。对于很多股票投资者来说，这是一段非常可怕的时期，并且对他们的金融风险的承受能力是一次真正的考验。

当一个人过高地估计了他对金融风险的承受能力时，像 2008 年的熊市就会说明这种判断是错误的。这将是几年内都让人无法忘记的惨痛教训。在 2000 年和 2009 年再次出现熊市，这两次熊市给予了逞强的投资者太大的压力，并且很多人在市场接近低谷的时候卖出……只有那些使自己的资产配置在自己所能承受的风险水平之内的投资者才能在熊市中幸存下来。寻找到一种在所有的市场周期中都能幸存下来的资产配置是不容易的，但是却值得人们为此付出努力。

风险承受能力问卷

风险承受能力问卷在投资行业是普遍存在的。风险承受能力问卷可以通过共同基金公司、经济业务公司以及私人投资顾问获得，除此之外，你还可以在理财规划的书籍和与投资有关的杂志中找到这种问卷。

风险承受能力问卷的主要目标就是要找到投资者能够承受的风险的最大水平。在这个过程中，他们会问关于你的投资经历的各种各样的问题，并且尽力去模拟塑造你的风险和收益投资组合，根据你的问卷中的答案给你推荐一种合适的投资组合。如果投资者感到好奇的话，本章的结尾部分有一些经常在投资风险调查问卷中出现的问题。

风险承受能力调查问卷是一个开始探寻你的风险承受能力的出发点；然而，你不应该完全依赖这种调查问卷。通常你不能在问卷里得到足够的信息。问卷上每一个问题的答案对于最终的风险数据都非常重要，如果一个问卷上的问题较少，就意味着一个不可靠的结果。除此之外，如果你在一年内的几个时间段分别完成同样的一份风险承受能力的调查问卷，你回答的结果可能每次都不同，这一切都取决于你当时的感受和近期的股票市场经历。

关于风险承受能力的调查问卷的另一个问题是信息被错误地使用。风险承受能力调查问卷是决定投资者风险承受能力的最大水平。这种调查问卷是为了根据投资者的金融需求来决定投资者适当的风险承受能力水平而设计的。尽管如此，投资产品的销售者就会使用这些问卷结果去指导投资者按照自己所能承受的最大风险来选择投资产品，无论投资者是否需要这些投资产品，为什么呢？这种现象的原因就是风险投资需要投资者付给投资顾问更多的佣金。股票共同基金的费用就要比债券共同基金的费用更高，并且要支付给投资经纪人更高的佣金。

进行风险承受能力调查问卷的时间也会影响投资者给出的答案。如果股票市场处于上升时期，股价波动性较小，那么投资者会持比较乐观的态度，并且这也会从他们意愿接受的风险水平上反映出来。但是那并不是进行风险承受能力调查问卷的关键。这个想法的目的是要看投资者在处于熊市的时候如何反应。考虑到这一点，我建议只有在股票市场急剧下降 10% 或者更多的时候做一份风险承受能力的调查问卷，那时投资者就会感受到这份问卷的益处所在。

尽管围绕投资问卷有很多问题，但是投资问卷会让投资者考虑到他们所能承受的最大风险水平，那是一个开始。这些工具就像是你投资过程中的一把利箭，目的是为了帮助你选出一份适合的投资产品。

资产配置压力测试

一旦你认为你有一份适合自己需要的资产配置时，另外有一个工具可以帮助你决定你的投资是否在你的风险承受能力的范围内。资产配置压力测试是市场模拟的一种简单的形式，这种测试将会帮助你看清楚在金融市场的下一个中低收益期间你可能会如何反应。

这种测试的问题形式是"如果怎么样，该如何做"，投资者要诚实地回答。下面是关于这种问题的一个简单的例子。

假设你将你毕生积蓄的一半购买了整体股票市场指数基金，而将积蓄的另一半购买了美国综合债券市场指数基金。到了年底，股票基金下降了 30%，而债券基金上涨了 10%。你本计划为使你的投资组合保持平衡，要保证债券和股票的份额各占 50%，然而，股票部分却出现了很大的亏损，你会采取什么措施呢？

1. 通过再平衡，回到股票和债券各占 50% 的目标。

2. 直到你有一个清晰的市场方向之后再采取行动。

3. 为了降低你的风险，卖掉一部分股票基金并且买进更多的债券基金。

如果股票和债券各占 50% 的这种资产配置在你所能承受的风险范围内，你可以选择答案 1——卖出债券买进股票以实现再平衡，回到原有的目标。另一方面，如果你使你的投资组合维持在失去平衡的状态下（答案 2），那么这种投资组合就超出了你的风险承受能力。或者，你想要卖掉股票（答案 3）也会证明投资组合超出了你的风险承受能力。如果答案 2 和答案 3 就是你会采取的措施，那么，50% 的股票和 50% 的债券的这种资产配置就超出了投资者的风险承受能力的范围。我还发现，大多数人的实际的风险承受能力往往要低于他们宣称的风险承受能力。换句话说，人们不想让别人认为他们不能承受亏损，原因是那样有可能被看作是个性缺点。

大男子主义的态度在投资上并不能帮助你。你所能承受的风险水平再低也没关系，只要你了解自己所能承受的风险就可以。了解你的资产亏损的底限将会指导你进行适当的资产配置，这样，无论市场好与坏都能增加你维持原有的投资计划的可能性。

压力测试范例

下面是一个详细的资产配置压力测试的范例。它先会向投资者推荐一种资产配置，然后对这种资产配置进行压力测试，观察投资者对市场波动的反应。如果投资者面对亏损产生了情绪化的反应，那么就要对资产配置作出改变，使投资组合处于投资者真正的风险承受能力的范围内。

假设一位 55 岁的单身女性决定接受单位的内退安排。这位女性每个月都可以获得少量的养老金，同时 401（K）理财计划的个人退休账户里还有 30 万美元的积蓄。她找到一位理财规划师，就如何对个人退休账户中的 30 万美元的积蓄进行投资向其寻求帮助。

规划师得出的结论是，这位女士的养老金不够支付她的生活费用和旅游计划的费用。她需要每个月从她的个人退休账户中取出 1 000 美元来补充她的养老金收入。在确定了这位女士的现金流需求之后，讨论转向了资产配置。理财规划师向这位女士解释了每种资产类别的历史收益和风险水平，以及现代投资组合理论是如何发挥效用的，还有每年实现再平衡的必要性。为了测试这位女士所能承受的风险的最大水平，理财规划师让这位女士完成了一份风险承受能力调查问卷。

这位女士完成了风险承受能力的调查问卷之后，理财规划师计算出了结果。他得出的结论是，这位女士可以接受激进型的投资组合。这位理财规划师建议，资产配置中 70% 为股票，30% 为债券。

在推荐具体的投资产品之前，理财规划师希望确保 70% 的股票和 30% 的债券的投资组合不会超出这位女士的风险承受能力范围。因此他建议这位女士去做一个资产配置的压力测试。

理财规划师创造了一个虚拟的投资组合，模拟在 2000 年和 2002 年之间 70% 的股票和 30% 债券的每个月的价值。为了研究需要，理财规划师选择了两种投资产品：一种是先锋债券市场指数基金，另一种是先锋美国股票市场指数基金。

理财规划师假设这位女士在 1999 年 12 月用 30 万美元进行投资，在 2000 年 1 月末开始每月取回 1 000 美元，现在每年年底实现再平衡，以保证投资组合中有 70% 的股票和 30% 的债券。表 13-1 是 3 年期投资结果的总结。

表 13-1 压力测试 1：2000—2002 年，70% 的股票和 30% 的债券的投资组合，起始投资资金为 30 万美元

季度末	先锋整体美国股票市场基金	先锋整体债券市场基金	70% 的股票	30% 的债券	总投资收益 / 损失	金额支出 1 000 美元 / 月	最终值
1999 年 12 月			210 000	90 000			300 000
2000 年 3 月	3.84%	2.42%	216 564	90 678	10 242	(3 000)	307 242
2000 年 6 月	-4.39%	1.48%	205 557	90 520	2 077	(6 000)	296 077
2000 年 9 月	0.27%	3.07%	204 612	91 799	5 411	(9 000)	296 411
2000 年 12 月	-10.17%	3.98%	182 303	93 953	(11 745)	(12 000)	276 255
2001 年 3 月	-12.27%	3.24%	168 151	84 062	(32 787)	(15 000)	252 213
2001 年 6 月	7.47%	0.79%	179 212	83 226	(19 562)	(18 000)	262 438
2001 年 9 月	-15.93%	4.29%	149 164	85 296	(44 540)	(21 000)	234 460
2001 年 12 月	12.32%	-0.08%	166 041	83 728	(26 231)	(24 000)	249 769
2002 年 3 月	0.97%	0.06%	175 034	73 476	(24 490)	(27 000)	248 510
2002 年 6 月	-12.69%	2.80%	151 322	74 033	(44 645)	(30 000)	225 355
2002 年 9 月	-16.84%	3.71%	124 340	75 279	(67 381)	(33 000)	199 619
2002 年 12 月	7.82%	1.47%	132 563	74 886	(56 551)	(36 000)	207 449

理财规划师将 2000 年的结果拿给客户看，相对而言，这位女士还是比较能接受这个结果的。尽管 2000 年的亏损是 11 745 美元，并在这期间从账户中取出 12 000 美元，但她还是能够接受这种投资表现的，并在 2000 年年底对自己的投资组合进行了再平衡。

2001 年，还是以资产配置再平衡的目标 70% 的股票和 30% 的债券开始。然而，在 2001 年，股票市场继续走低。到年底的时候，这位女士的投资组合中有 249 769 美元的资金，和起始的投资资金 30 万美元相比，她已经亏损了 50 231 美元。这位女士的脸上已经没有笑意了。她承认在过去的两年里已经从她的投资组合中取出了 24 000 美元，并且，她并不情愿在 2002 年年初将她的投资组合重新调整到原有的目标，也就是 70% 的股票和 30% 的债券基金。

当理财顾问对 2002 年的投资状况进行计算时，这位女士缴械投降，本次测试宣告结束。在 2002 年 6 月，投资组合的价值跌到了 225 355 美元，这位女士非常担心。9 月，投资组合的价值跌到 20 万美元以下，达到 199 619 美元。这就是这位女士崩溃的临界点。她对于她的 70% 的股票和 30% 的债券的这种资产配置变得情绪化，这种转变非常明显，她说："按这个速度，在 5 年之内，我将彻底破产。"

在回答风险调查问卷上的问题时，投资者很容易错误地评估他们能承担风险的能力，而且往往高估了自己所能承受的风险的能力。尽管这位女士退休时还算年轻，而且她也愿意承受风险，但是她不能承受 70% 的股票和 30% 的债券这样的投资组合的风险。

理财规划师向这位女士解释，如果她在亏损之后可能想放弃这个投资计划，那么 70% 的股票和 30% 的债券的这种投资组合形成的资产配置就是太激进了，从一开始就应该采用一种比较温和的资产配置。于是理财规划师建议使用一种温和的资产配置，也就是 40% 的股票和 60% 的债券这种投资组合。

表 13-2 展现了第二次压力测试，这次的测试对象是 40% 的股票和 60% 的债券的投资组合。这位女士在 1999 年 12 月用 30 万美元开始投资，每个月取回 1 000 美元，这个投资组合在每年年底进行再平衡，实现 40% 的股票和 60% 的债券这种目标的资产配置。

表 13-2　压力测试 2：2000—2002 年，40% 的股票和 60% 的债券的投资组合，起始投资资金为 30 万美元

季度末	先锋整体美国股票市场基金	先锋整体债券市场基金	70% 的股票	30% 的债券	总投资收益/损失	金额支出 1 000 美元/月	最终值
1999 年 12 月			120 000	180 000			300 000
2000 年 3 月	3.84%	2.42%	124 608	184 356	8 964	3 000	305 964
2000 年 6 月	-4.39%	1.48%	117 013	186 295	3 266	6 000	300 308
2000 年 9 月	0.27%	3.07%	120 448	185 717	9 230	9 000	303 164
2000 年 12 月	-10.17%	3.98%	108 933	189 138	5 024	12 000	295 071
2001 年 3 月	-12.27%	3.24%	103 546	182 779	-6 661	15 000	283 325
2001 年 6 月	7.47%	0.79%	121 796	171 338	2 330	18 000	290 134
2001 年 9 月	-15.93%	4.29%	97 566	181 548	-7 059	21 000	276 115
2001 年 12 月	12.32%	-0.08%	124 053	165 536	3 731	24 000	286 589
2002 年 3 月	0.97%	0.06%	115 748	172 057	1 917	27 000	284 804
2002 年 6 月	-12.69%	2.80%	99 465	175 667	-7 570	30 000	272 132
2002 年 9 月	-16.84%	3.71%	90 522	169 337	-17 415	33 000	256 859
2002 年 12 月	7.82%	1.47%	110 778	156 381	-8 737	36 000	264 159

在 2002 年 9 月市场出现低谷时，40% 的股票和 60% 的债券这个投资组合的市场价值是 249 585 美元。然而，由于不景气的市场条件而造成的损失只有 17 415 美元。这位女士对于这个投资组合更容易接受，由此，也决定 40% 的股票和 60% 的债券这个投资组合对于她的风险承受能力来说是适合的。

在 2007 年 10 月到 2009 年 3 月期间投资者经历 57% 的股价跌幅的时候，40% 的股票和 60% 的债券这种投资组合真的不会让这位女士"割肉"吗？这很难说。从我和我的客户们接触的经验来看，我只能说这位女士投资 70% 的资金购买股票所能坚持下来的可能性要比投资 40% 的资金购买股票的可能性小。70% 的股票所造成的压力太大，这种情况下，这位女士在市场处于熊市的时候就卖出股票，就是因为这种资产配置不适合她，她的财富总值会因此减少。

有效的投资包括对市场的波动有切合实际的预期，然后将这些预期与你认识到的你能承受的风险水平相结合。如果你认为在一个投资组合中有太多的风险，那么在市场严重滑坡期间，你放弃你的投资策略的可能性就会更大。相反地，已经承受了压力测试并且对他们已经选择的风险承受能力有了思想准备的投资者就能够在任何的市场状况下仍然维持他们的资产配置。维持投资策略的原则是投资成功的必要因素。

再平衡金融风险

投资组合的再平衡是资产配置中的重要环节。实现再平衡可以减少投资产品的风险，并且以更高的长期收益的形式实现分散投资效益。

实现再平衡的方法有很多，尽管它们都能达到预期效果。要比较投资组合的既定目标和目前的配置，当资产配置远离了预先确定的目标时，就要进行调整使其再平衡。

最常见的再平衡的类型就是以一定的时间间隔为周期进行调整，例如，以月度、季度或者年度为单位。另外一种方法是采用资产类别的百分比区间

的方式。其他的再平衡的策略也是可以使用的，只是有些很复杂。有些方法
会将百分比与时间因素相结合，可实行起来就会花费很长的时间，而且也会
包含更多的交易费用。

我建议独立的个人投资者避免使用复杂的再平衡策略。为了更简单方便，
按年度进行再平衡是符合实际需要的，在这本书中也使用了这种方法。每年
进行一次再平衡可以获得大部分的分散投资效益。和其他的方法相比，投资
者在这个过程中不需要花费太多的时间和金钱。

在一些其他的情况下，你的投资组合可能会需要现金才能实现再平衡。
把现金注入你的投资组合中时，就是检查你的资产配置的理想时机，然后将
多余的现金投资到需要投资的地方。如果你要从你的投资组合中取出部分资
金，那么这样就创造了另一个再平衡的机会。你也可以将利息和股利从投资
流中取出，注入货币市场基金中，而不是使其自动进行再投资（参见本书第
14章）。由目前的投资创造的现金收入如果不需要取出，可以在需要的地方再
进行投资。

看看自己能否坚持对自己的投资组合进行再平衡也是测试自己风险承受
能力的好方法。如果投资组合在投资者的风险承受能力范围内，那么，投资
者就会在适当的时间毫不犹豫地将投资组合进行再平衡。如果投资者在市场
处于熊市的情况下，对投资组合进行再平衡犹豫不决，那么这份投资产品的
资产配置就可能太过激进，可能会超出投资者的风险承受能力。如果股票市
场不景气，而你又是个犹豫不决的人，那么就可能是时候重新考虑你的投资
计划，并对自己的股票债券组合中各组成部分的投资比例进行重新调整。

什么时候使用风险规避

风险规避和风险承担是完全不同的概念。风险规避是指投资者在达到自
己的风险承受能力水平的情况下，有意识地决定不再投资。这是一种风险控
制措施。你只需要承担你需要完成的金融目标的风险就可以。总之，投资者

要了解自己的痛处，并知道什么时候需要避开它。

避免持有一个有风险的投资组合有几个好的理由。一旦你已经积累了足够的资产，可以在低风险下很容易地达到你的投资目的，那么就没必要在高风险水平的情况下投资。在根本没有必要承受高风险的情况下使自己的投资组合保持较高的风险系数，最终的结果对于投资者来说将是灾难。没有比有足够的钱可以退出却因为不愿意控制风险而变得一无所有更糟糕的了。

很多已经破产的公司的前员工很容易就能在第一时间知道公司会陷入风险。如果你可以回忆起第 2 章讲述的内容，对于员工来说，投资他们公司的股票是很常见的。然而，如果公司破产，这些员工不仅要失去工作，还会损失他们大部分的积蓄。

这种风险规避的天平也可能向过于保守的方向摇摆。当你认为你已经承担了足够多的风险，就将一个投资组合中所有有投资风险的产品通通删除，那样做是很不谨慎的，因为也许你需要更高的收益来击败未来的通货膨胀。所有的投资都面临着通货膨胀和赋税的影响。在投资组合中保留一些有风险的投资产品，那么在扣除通货膨胀影响之后，我们的税后收益也许还会有一些结余。而且，大多数人在他们活着的时候不会把他们所有的钱都花光，因为至少有一部分资产会交给他们下一代的继承人。一个适合的资产配置所带来的收益可能会超越你的一生，并延续到你的孩子或者其他的继承人身上。

表 13-3 就是一个低风险的投资组合的实例。这个投资组合包含短期债券产品和长期债券产品，除非你在几年内要将投资产品兑换成现金，否则就应该至少将一半的固定收益产品定为中期债券，才能实现更高的收益。投资组合中还应该至少有 20% 的成长型的投资产品，例如一般的股票和房地产。20% 的成长型产品和 80% 的固定收益产品的投资组合比 100% 固定收益的投资组合更加有效。

表 13-3　低风险资产配置示例

投资类别	百分比
各种美国股票基金	12%
多种外国股票基金	5%
房地产投资信托共同基金	3%
中期债券基金	40%
短期债券基金	35%
货币市场基金	5%

　　风险规避应该以你现有的资产和你未来的负债情况为基础，在时机正确的时候降低投资风险，就可以确保市场不会夺走我们一直为此努力想要获得的财产的安全性。

本章小结

　　成功的资产配置需要你具有理性的投资行为，并且在管理你的投资组合的时候注意策略。最好的资产配置就是投资者无论面对任何的市场状况都能感到轻松，甚至在市场长期处于不景气时也能遵守自己的原则维持原有的资产配置。当然，说往往比做容易得多。大多数投资者在他们作出的决定的过程中不是完全理性的。行为金融学领域的研究者发现，导致更低的投资收益的是大量的不理智的行为和错误。

　　当投资者无法应对投资组合包含的风险时，就容易导致失败。在市场滑坡期间，承担太多的投资风险会导致投资者的不理智行为。合理的风险系数就是在市场处于滑坡的情况下，投资者对于自己的投资组合仍然不会变得情绪化。

　　本章中还有一些性格测试，投资者可以通过它们来发掘自己对抗投资风险的真实能力，并打造适合自己的资产配置方案。想要测量最大的风险承受能力的方法就是使用投资风险承受能力调查问卷。投资组合压力测试也能帮助投资者找到适合他们需要的适当的资产配置。最后，投资组合管理就像数学一样，谨慎永远不会让人沦落到救济院。

一旦设定了资产配置模式，就要按照一定的周期进行再平衡，获得分散投资效益，掌控风险。实现再平衡的策略可以非常简单，也可以非常复杂。每年进行再平衡不但非常简单，也能带来良好的分散投资效益。

风险承受力测试问题样例

（这并不是一份完整的问卷）

1. 在制定长期投资方案时，我希望这一方案持续的时间为：

☐ 1~2 年

☐ 3~4 年

☐ 5~6 年

☐ 7~8 年

☐ 9~10 年以上

2. 股票在 2008 年快速下跌了 20%，假如我购买的投资产品也出现这样的跌幅，我会：

☐ 把手中剩余的投资产品都抛掉

☐ 把手中剩余的投资产品卖掉一部分

☐ 坚守原有投资方案，不卖掉任何产品

☐ 对亏损的产品进行增持

3. 对我来说，我对哪个投资类别有一定的投资经验（可单选，也可多选）

☐ 短期资产（现金、货币市场）

☐ 美国政府 / 公司债券或者是债券共同基金

☐ 大盘股和股票基金

☐ 小公司股票和基金

☐ 国际股票和股票基金

4. 总体而言，我更看好波动不大的投资产品，哪怕这种产品的收益不高，我还是喜欢投资这种产品。对此，你会有什么看法？

☐强烈反对

☐反对

☐从某种程度上反对

☐同意

☐强烈同意

5. 市场下滑时，我会想将手中风险系数较高的投资产品抛出去，然后增持一些风险系数低的产品。对此，你会有什么看法？

☐强烈反对

☐反对

☐从某种程度上反对

☐同意

☐强烈同意

6. 在与朋友、同事或者亲戚谈话之后，我有可能作出投资某一共同基金的决定。对此，你会有什么看法？

☐强烈反对

☐反对

☐从某种程度上反对

☐同意

☐强烈同意

7. 有些债券产品在2009年第一季度就下跌了6%，假如我手中已有的投资产品的风险系数较低，却在很短的时间里下跌了6%，此时我会怎么做？

☐把手中剩余的投资产品都抛掉

☐把手中剩余的投资产品卖掉一部分

☐坚守原有投资方案，不卖掉任何产品

☐对亏损的产品进行增持

8. 我现在和将来的收入来源（比如工资、社保福利、养老金等）状态如何？

☐非常不稳定

☐不稳定

☐基本稳定

☐稳定

☐非常稳定

这些问题的答案可以帮助你根据自己的风险承受能力制定总的资产配置方案。不过，想要找到可以满足你的投资需求的合适的投资组合，你还有很多工作要做。

第 14 章

什么时候需要改变你的资产配置

关键概念

- 资产配置决策通常不是永久性的。
- 生活变化可能会导致资产配置的变化。
- 如果投资组合的风险过大，我们应该通过有效的手段使它降至正常水平。
- 财产规划需要对资产配置进行最终设定。

资产配置的改变通常由两种不同的原因导致：一种是基于投资者多变的理财需求；另一种是对资产的错误评估。

基于多变的理财需求而带来的资产配置变动需要在深思熟虑之后再采取相应的行动。当我们的日常生活出现变数时，可能导致未来的负债情况也随之发生变化，那么调整我们的资产配置就是不可避免的。大多数时候，这些债务的改变是由于我们自身的情况。当然，有些时候原因应该归于那些负债情况发生变动而突然需要我们提供经济援助的人。

在日常生活中，我们都犯过资产配置不当的错误。这些错误决策往往会在牛市或者熊市里被暴露出来，此时我们才会意识到自己手中的投资组合收益并不如我们所预期的那样好。当资产配置出现明显错误时，我们必须对投资产品组合做出必要调整，使其重新回到我们原先规划好的路线中。但是调整应该是在深思熟虑后，而非情绪化状态下作出的鲁莽决定。贸然做出的资产配置方案无法为投资者带来最大利益，因为它们往往是由恐惧或者贪婪驱使的。

改变你的资产配置的三个原因

资产配置的改变对我们生活的影响不容小觑，其重要程度不亚于个人职业生涯的转变。在我们漫长一生的不同阶段中，有很多原因足以让你对原有的资产配置方案做出改变。但在决定对资产配置方案作出调整的过程中，我们必须进行深层次的思考和对现有局面做出无偏见的判断，从而确保调整之后的资产配置方案能为自己带来更大的收益。而且在受到外部压力的时候，投资者应先将其搁置一旁。以下是我个人感觉非常充分让人可以合理地对资产配置做出变动的原因：

1. 你的财务目标触手可及；
2. 你已经意识到了你的存款在应付日常生活的所有开销后还有富余；
3. 你发现自己对风险的承受能力比想象中的要低很多。

尽管还有许多其他原因，但上述 3 个因素在投资者决定对自己的资产配置方案作出调整时是最常见的。举个例子，如果投资者建立了一个新企业，它所带来的新的商业风险会让投资者在处理资产配置时变得更加保守，所需要的额外流动资金也会更多。一场离婚可以改变配偶双方的资产配置，因为他们都将眼光放在各自未来的经济情况上，再从一个完整家庭的角度对资产配置、财产状况作出分析和调整已经不合时宜了。如果投资者的身体健康情况不佳，那么他的长期理财目标也会发生改变，而这也可能对资产配置产生影响。最后，配偶的死亡也是影响资产配置决策的因素之一，因为比起两个人，一个人的负债会更低。

无论对资产配置进行检查的出发点是什么，投资者都应该在像第一次对自己的投资组合进行配置那样思虑再三、慎之又慎的前提下进行。投资者对自己的资产配置作出的任何改变都应该把目光放远，考虑其长期发展，以满足长期负债需求和实现长期储蓄目标为主。

你的理财目标触手可及

当理财目标触手可及的时候，投资者该考虑的问题是如何调整自己的投资组合以降低风险。在激烈的投资市场中，某一时刻我们可能会意识到自己积累了足够的资金，下一步要做的是找到恰当的时机退出市场。如果把握住了时机，我们就可以不用再在投资上花费很多精力，这将会是开启生命中另一段旅程的好机会。

假如，你希望自己在 3 年后退休，届时能有 200 万美元的存款，而现在你的银行账户中已经有了 180 万美元。想要在 3 年后实现 200 万美元的目标其实没有那么难，我们完全没必要为此去选择高风险的资产配置，去承担较大的风险压力。我们可以选择降低股票在自己的投资组合中所占的比重，从而满足自己的储蓄目标和长期理财目标。

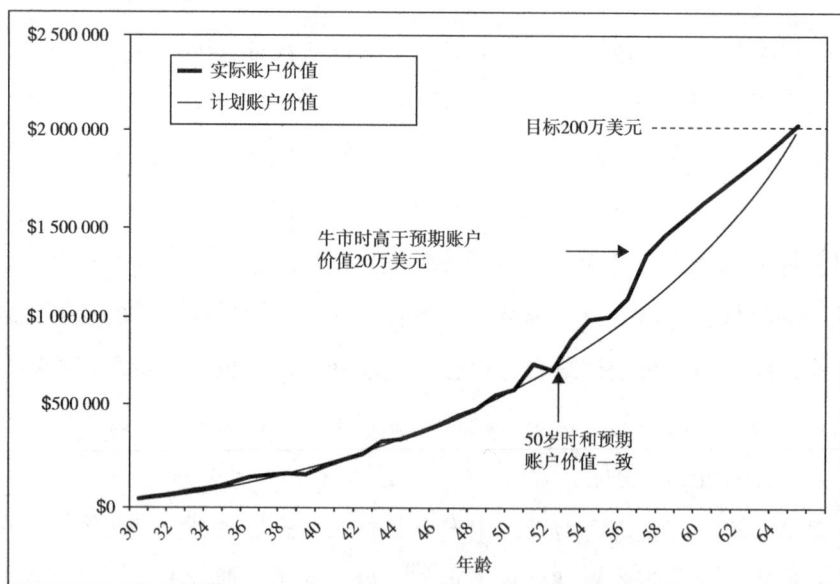

图 14-1　将风险降低作为投资目标更容易实现

图 14-1 对降低风险的想法做了详细的阐述。图中有两条曲线：（1）一条曲线模拟的是投资者的预期账户价值，投资者的起步年龄是 30 岁，初始

资金是 3 万美元，假设每月能储蓄 1 000 美元，账户资金的年增长率为 7%；
（2）另一条曲线反映的是基于实际金融市场收益的投资者的实际账户价值。

图 14-1 显示，投资者在 52 岁时，他的预期账户价值与实际账户价值是
相等的。然而，在未来 5 年的股市中，牛市将会把实际账户价值提高到 25 万
美元以上，超过了 57 岁时的预期账户价值。面对这样的情况，投资者有了大
幅度降低投资组合风险的机会，在 65 岁之前还有可能实现自己 200 万美元
退休存款的梦想。如果一个投资者在 57 岁之前持有的股票价值占投资资金的
60%，那么即使之后这个比重下降到 30%，200 万美元也还是能够到手的。

牛市能够大大加快投资组合产品的发展，使得它可以以更少的时间达到
原定的理财目标。根据每个人职业生涯的不同情况，牛市提供的不仅是降低
投资组合风险的机会，还有一路畅通达到目标退休金的机会。虽然这并不意
味着每个投资者都必须选择稳健前行、降低自己的投资风险，但是即将面临
退休的人至少对此应该做过最基本的分析和考虑。

退休前面对熊市该做些什么

在退休之前，投资者可能会遭遇熊市，那么这种突发状况会导致他 / 她的
投资组合收益低于预期投资收益。面对这种情况，投资者采取何种措施应对
才是最恰当的呢？即使熊市发生在投资者退休之前，也不该因此降低投资组
合的风险。当然，这更不是增加风险的好时机，因为此举可能会使得投资组
合带来的风险超过投资者能够承担的范围。以下是对即将退休的投资者提出
的 5 个应对熊市到来的小建议。

1. 不要增加投资组合风险。为了增加投资收益，不惜提高投资组合的风
   险，绝非明智之举。事实证明，此举只能让人追悔莫及。一切不过是
   徒劳。
2. 避免过分追求投资组合的风险的降低。坚持你现有的投资组合配置，

不因外界因素而动摇，你唯一要做的就是静静地等待。从来没有一个
熊市能够做到完全回温。

3. 尝试在退休之前的最后几个月甚至几年中努力增加自己的退休资金。

4. 或许你可以考虑继续工作，将自己的退休计划延后一两年。这一两年
   带来的收入将足以让你再支撑超过 10 年的开销。

5. 如果你最后作出了提前退休的决定，那么你可能需要省吃俭用，直到
   你的账户价值回到比预期更高的水平。只动用投资组合所带来的利息
   和分红收益是个不错的尝试。尽管这么做会使投资组合的价值有暂时
   的下降，但其带来的收益还是比较稳定的。

你不会再全部为了自己而投资

如果我们发现，我们自己并不是自身财产的唯一受益者，那么证明你已经
到了该考虑重新对资产配置做出调整的时候了。在这样的情况下，你需要将自
己的投资组合分成两个部分：一部分是对自己的投资；另一部分是对其余的受
益人所做的投资。对整体资产的配置应该能够反映出各方所关心的需求。

我们来做一个假设：你已经拥有了 200 万美元的退休储蓄。你的需求可
能只需要 100 万美元就能够被满足，这笔钱的 30% 来源于股票，另外的 70%
则来源于债券。剩余的 100 万美元会留给你的继承人。由于继承人往往年纪
较轻，他们会更加敢于冒险。因此这 100 万美元的配置由 70% 的股票和 30%
的债券构成会更合适。这两笔资金合并在一起，股票和债券各占 50% 是较为
合理的配置。

当你停止单纯地为自己投资的时候，年龄是否还值得被看重？也许该被
重视的是你的受益人的年龄，当然对你个人的年龄和你的财产获益人的年龄
的综合考量也是必要的。这也是对传统观念所提倡的在生命的后半阶段应该
降低风险的说法的反驳。不过，如果这笔钱对你来说可有可无，那么对那些

有资金需求的你的继承人来说，提高风险以满足他们的需求是有意义的。

"依据投资者年龄确定债券投资比例"是一种简单的资产配置方法，根据这种方法，无论投资者的年龄是多少，都会有他 / 她应该拥有的一定的债券比例分配。但如果不只一个人从你的资产中获益，那么这些人的年龄应该被综合考虑。这个概念在本书第 12 章和一篇由杨百翰大学的克雷格·L. 伊斯雷尔斯教授与我共同发表在 2009 年 11 月《金融计划杂志》上的题为"你的资产配置年龄是多少？"的文章中都被讨论过。

你已经力不从心了

这一小节中我们先来讨论一下通过历史性的市场收益数据来确定资产配置的问题。一般来说，投资者手中的市场收益率的数据来源大多是年度、季度和月度报表。这些周期性数据在研究和统计等方面都发挥了非常大的作用，但是，它们往往忽略了细节，尤其是那些发生在投资者身上的严重事件。而正是这些严重事件给投资者带来的紧张焦虑，使得投资者在辗转难眠的时候容易作出情绪化的决策，最终这些严重事件却没有体现在这些周期性的市场数据中。

年度报表遗漏了对一年之中的很多大事件的记录。回想 1987 年，那个股票市场几近崩溃的时候，很多人都还对 1987 年 10 月 19 日发生的事情记忆犹新，在那个著名的黑色星期一里，股市狂跌了不只 20%。如果投资者只把自己的眼光放在年度总收益上，那这场股灾还会发生吗？答案是否定的。标普 500 指数在 1987 年的总收益率为 5.1%。如果投资者只专注于年度总收益，那么黑色周一就不会发生。

同样地，别被季报和月报所呈现的收益率蒙蔽了你的双眼。从 2009 年 1 月 1 日到 2009 年 1 月 9 日，短短 9 天时间，标普 500 指数暴跌 22%，让人大跌眼镜。然而，此番损失在 3 月底已经降至 11% 以下了，所以季度收益率反映出来的损失仅仅是市场预测的一半。而到了年底，标普 500 指数的回涨幅

度已经超过了 26%。这样的大涨大跌是无法从月报中得知的。像这样涨跌幅
度超过 10% 的股票行情并不少见。

日收益率和日内收益都与我们的生活息息相关，我们每天都在真实地感
受着它们的波动，那些让人提心吊胆的时刻随时都有可能到来。我们可以从
日常报表和价格波动中看到这一表现。图 14-2 反映了从 2007 年到 2009 年芝
加哥期权交易所（CBOE）波动性指数水平，呈现出了由于投资者情绪化所带
来的不平静的局面。

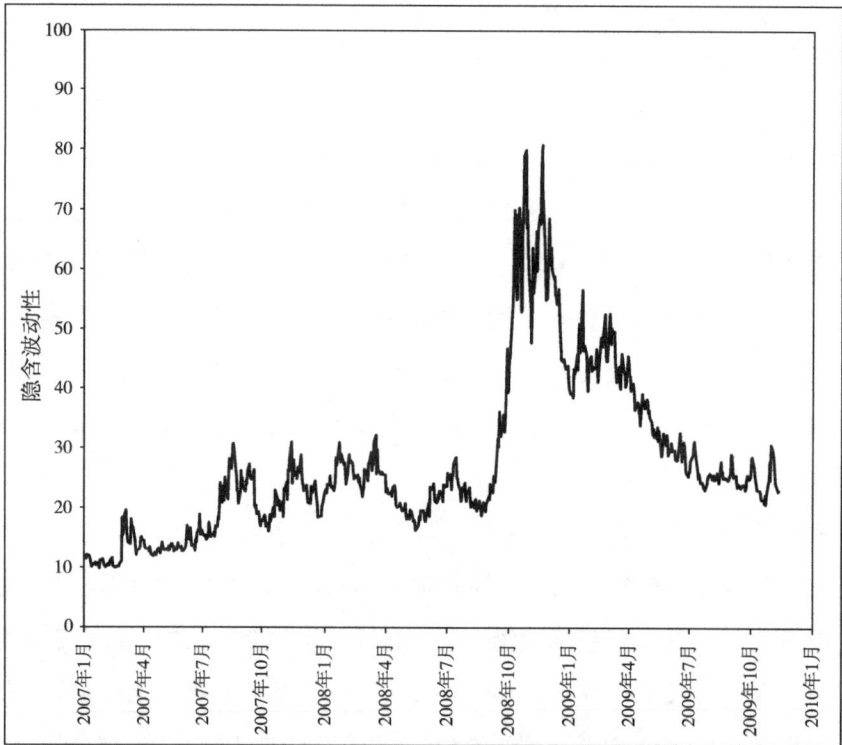

图 14-2　市场波动信号强烈总是让投资者的生活变得不平静

价格的大幅度波动使得金融市场给投资者带来了更多的恐惧和不确定性。
一般来说，波动性指数高于 30，意味着投资者已经陷入恐慌之中。2008 年年
末到 2009 年年初这段时间的波动性指数突破了 50 大关，而且一直处于这样
的水平，期间还不只一天飙升超过了 80。

每次遇到熊市，我们都忍不住要猜测市场的走势究竟能低到什么地步。在那几天里，看电视节目、听广播甚至是浏览电子邮件的时候我们都有可能看到那些关于股票价格走低的消息，它们无孔不入。除此之外，还有每天 6 点钟的新闻标题、报纸上的文章都在告诉你你究竟损失了多少钱，甚至会有许多所谓的投资专家在对投资者的进一步损失作更深层次的预测。

当你手足无措的时候应该怎么办

所有的这些压力可能会让你陷入一种高度焦虑的情绪中而无法自拔。如果你对自己手中的投资组合过于担心以至于开始夜不成寐，这时候你已经到了作出情绪化决策的边缘了："全部抛售！"那么就必须有所行动了！以下行为供投资者参考。

1. 统计到目前为止自己从投资中得到的收入。尽管物价飞涨，但是从投资中得到的收入往往不会减少。股票和债券依旧会为你带来收益——股息和利息。当你的股息、利息和外部收入等资金流足够负担你的年度开支时，摆脱熊市的困局会更容易。这个"收入现状核查"帮助许多投资者平安度过了 2008 年的熊市。

2. 如果"收入现状核查"不能完全让你放宽心、不再沉浸在经济状况带给你的压力中，你仍旧对自己手中持有的投资组合未来的收益忧心忡忡。如果投资者手中持有了太多的股票，需要永久性地减少股票在投资产品组合中的占比，那么应该如何做？如何把股票份额降低 10%？举个例子，如果投资者持有 60% 的股票，那就把它降至 50%；如果投资者持有 40% 的股票，那就相应地把它降至 30%。把手中持有的股票减少 10% 通常能有效缓解投资者的焦虑情绪，使投资者耐心等待股市情况恢复正常。一旦手里的股票减少了 10%，投资者要在市场底部区间保持原有的配置。千万不要回到你的投资组合原有的风险水平，因为你可能会让自己在下一个熊市来临的时候作出另一个情绪化的抛售决定。这种小幅度的股票减持对你的投资组合的长期收益的影响微乎其微，但是对你短期内的心理状态却有巨大的影响。

3. 如果在手中的股票减少了 10% 之后，投资者的情绪反应还没有消失，那么情况依然令人担忧，因为仍然存在着太大的风险隐患。那就再减少 10% 吧。此举应该在投资者思虑再三、慎之又慎的情况下进行并确保能顺利度过熊市危机。如果投资者的风险已经到了这样的地步，那么就请按兵不动，直至股市恢复正常。

无论投资者内心的担忧有多深，千万不要抛售出去，因为如果你再也无法忍受压力，那么恐惧就会把你彻底压垮。情绪失控状态下作出的决定只能让你在尝到苦果之后捶胸顿足、懊恼万分。在恐慌情绪下抛售的投资者总是向价格已经跌至底部的市场投降，即使在经济复苏期间他们也不愿意重返市场，然后只能再次向市场投降。于是，投资者眼睁睁地看着自己的多年积蓄因为自己一时的不明智之举而全部付之东流，并对华尔街、银行业和美国经济体系产生偏见。这种偏见将会持续很长时间。这可不是明智的投资。

本章小结

资产配置推动着你的投资组合的风险和收益的发展。对资产配置的变动应该再三考虑、慎之又慎。任何的变动都应该像自己第一次创建投资组合那样谨慎，并花费尽量多的时间和精力去制定新的配置方案。

资产配置变动的原因有很多，但有 3 个原因是比较常见的：（1）希望自己目前的财务状况能得到进一步的改善；（2）想要与他人分享自己的财富；（3）之前的投资组合超过了自己的风险承受能力。由于前两个原因而决定作出的改变资产配置的决策可以随着时间的推移而完成，这期间我们可以再三考虑、反复推敲。但是除非投资者意识到了早期过多的风险，并确信自己有能力恰当地应对这些风险带来的问题，否则第三种配置变动将会在情绪化的心理状态下被完成。

第15章

资产配置计划中的费用问题

关键概念

- 费用对投资收益有直接影响，投资者应该将费用降低。
- 通过适当的管理，可以控制税金。
- 遵守原则是投资成功的关键。
- 专业的投资顾问可以为投资者提供帮助。

成功的资产配置是指制定并实施投资计划，同时遵守投资原则，它是以投资者的需求和定期维护为基础的投资选择。有效的成本控制，包括税金管理，也在投资中起到至关重要的作用。所有这些要素的结合，形成了一个实用而又有效的理财方法。

本章的主旨包括两个方面。首先，包括税金管理的成本控制问题。其次，当投资者有需求时，向他们介绍寻求帮助的有效方法。在费用和佣金上支付得越多，赚得的收益就越少。控制成本在任何投资战略中都有着举足轻重的作用。在资产配置过程中和跟踪走势问题上，有些人选择去雇用一个专业的投资经理来给予其帮助。本章的最后部分会讨论雇用一个投资顾问的优势和劣势。

投资的成本

"省1分等于挣1分"，这句谚语对投资做出了最好的诠释。对于不必要的共同基金费用、托管费用、佣金、咨询费用以及其他费用多花 1 分，那么退休后可支配的收入就会少 1 分。提高投资者的投资绩效的一个简单的办法，就是降低投资成本。投资者必须认真考量他们的投资产品，回避因价格过高而影响收益的投资产品。

投资成本是如何影响到投资收益的呢？高投资成本会使投资者每年少赚几千美元的投资收益。在此，我们不妨举个案例进行说明。

假定一位年轻的投资者，其年龄为 24 岁，他每个月的工资是 3 600 美元，他会将工资的 10% 存起来。按此种存储收益计算，他在工作的 40 年时间里，其工资每年会有 3% 的增幅。而这位投资者会取出增幅部分的 10% 再用来存储。在投资者 65 岁退休时，他每年可以从自己的账户中拿出 4% 的金额用于生活。我们假定投资者可以投资成本不高的共同基金，同时也可以投资成本较高的基金。那么，低成本基金的年费为资产的 0.5%，而高成本的基金的年费则为 1.5%。

假如投资者每年的回报率可以保持在 7.5%，如此通过表 15-1 展示了组合的收益差距：低成本共同基金的投资组合在扣除年费之后，收益率为 7%，而高成本共同基金的投资组合在扣除年费后，收益率只有 6%。

表 15-1　1% 的费用差距会对你的财富产生巨大的影响

	6% 的收益率	7% 的收益率	差幅	提高
退休账户资产总值	$1 471 394	$1 943 699	$472 305	32%
年提取率 4%	$58 856	$77 748	$18 892	32%
每个月提取数额	$4 905	$6 479	$1 574	32%

在这个例子中，费用较低的基金在 40 年中多积攒了 32% 的资金，最后的现金收益超过了 472 000 美元。对于已经退休的人来说，这是一个很大的数字。如果将提取率设定在 4%，受到额外收入的影响，这个人每年的退休收入约为 19 000 美元。

基金费用的比较

2009 年，晨星数据库列举了 2 万多种共同基金，它们的最低首付金额不足 1 万元。这份清单包括 ETF 和所有股票类型的开放型基金，但是不包括货币市场基金。这些基金中大概有 70% 是股票型的投资产品，剩余部分是债券基金、平衡基金、货币基金和大宗商品基金。所有基金的平均年费用率为 1.4%。所有基金中有大概一半是零手续费基金，也就是说它们的前端销售和后端销售都是免费的，也不会按年收取手续费。只有大约 4 500 种基金既不收取任何手续费，也不收取 12b -1 费用。所谓的 12b -1 费用要支付给经纪人公司或理财咨询师。它经常可以在零交易费代理账户中代替佣金，比如嘉信公司的共同基金市场账户。

基金费用会对基金的市场表现有直接的负面影响。你如何支付费用并不重要，总的来说，你支付的费用越多，你的收益就越少。不要怀着高收益的希望而支付大量的成本，这种成本投入并不值得。

图 15-1 比较了几种先锋指数基金和晨星基金节省的费用及 5 年前的年化收益率。先锋指数基金的平均费用率为 0.2%，而晨星基金的平均费用率为 1.0%~1.4%。在各个类型中，零手续费的指数基金要比一般基金节省很大的一笔费用，这就为各个类别中的指数基金带来了更高的收益。

指数基金不存在销售佣金的问题。但是，清单上的很多基金都会收取销售佣金。图 15-1 并没有从 5 年平均值里扣除佣金。如果在分析的过程中包含了佣金这个因素，指数基金的收益会更高。

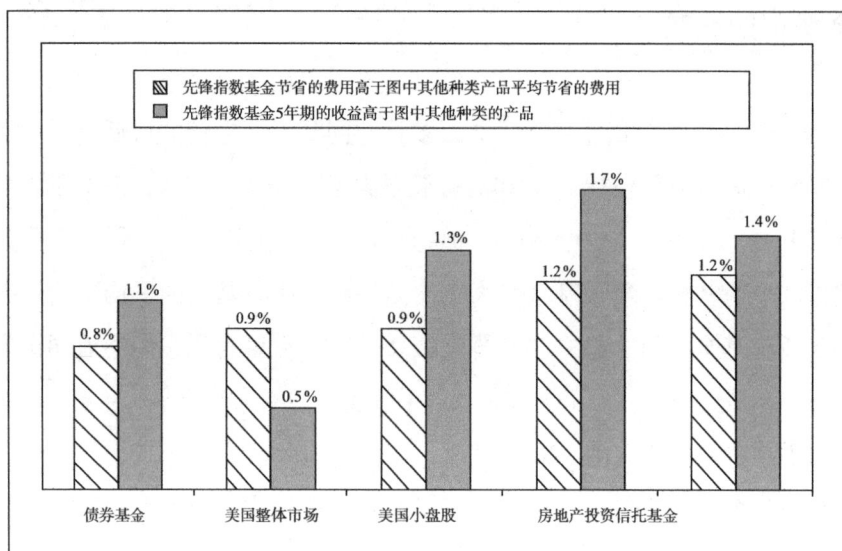

图 15-1　指数基金费用节省和收益优势

资料来源：晨星信息数据库，2010 年 1 月

　　即使再粗心的观察者都会一眼看出，低成本的股票和债券指数基金相比其他收取平均费用的基金有着非常显著的优势，事实上，每个学术机构对共同基金的调研都得出同样的结论：共同基金费用至关重要。在进行投资时要避免支付高额的费用和销售佣金。

　　据报道，每年大约有 6% 的共同基金的费用低于 0.5%，这些是投资者应该选择的基金。有一些低成本、零手续费的基金公司可供投资少于 1 000 美元的投资者选择。先锋集团有 90 多种低成本、低首付的基金产品名列在晨星数据库榜单中，先锋基金和 ETF 的平均费用少于 0.3%。对于投资者来说，这是巨大的成本优势。

　　很多人都对他们所付的费用没有意识，这并不全是投资者的错误。基金公司聪明地隐藏了共同基金的成本。例如，共同基金公司会定期通过"软美元"支付研究、电脑终端以及软件所产生的费用，并且通过"回扣"的形式和经纪公司暗中进行交易，这些额外的费用不会告知给投资者，却会体现在低于预期水平和基金收益上。

税金也是一笔费用

用一个普通投资者账户购买共同基金的投资者可能会阻碍其他成本费用的产生，那就是税金的成本。共同基金股份持有人需要缴税是由四种不同的情况产生的，其中有三种情况是由共同基金的现金分配产生的，投资者通过卖出共同基金股份产生了第四种税金。

共同基金公司会定期给股份持有者分发普通利息和股利收入，利息收入需要按照普通联邦个人所得税的税率的规定来缴税，而股利收入部分以较低的税率缴税。

由基金公司进行资本获利分配也是常见的现象，这也是需要缴税的。已实现的资本收益被划分为 1 年期或 1 年期以下的投资产品短期收益和超过 1 年的投资产品长期收益。和股利一样，长期的资本收益缴税的税率要比普通收入缴税的税率低，短期收益与普通收入的缴税率一样。即使股份持有人自动地将现金投资在更多的股份上，共同基金分配的收益仍需要缴纳所得税。

共同基金经理会毫不犹豫地分配所有的收入和已实现的资本收益，因为如果基金经理不分配收入和收益，那么基金本身就必须要支付 35% 的税金。

谈及分配资本收益这个问题时，ETF 要比传统的共同基本有赋税方面的优势，ETF 基金经理基本上能够抵消基金的已实现收益，这都得归功于 ETF 的交易方式被结构化。对于 ETF 的结构，在本章后面的部分会进行详细的讨论。

共同基金和 ETF 收入和资本收益分配每年都以表 1099-DIV 的形式呈报给缴税的股份持有人。这份针对过去一个纳税年度的报告会在 1 月底寄出。并非所有呈现在表 1099-DIV 上的现金分配都代表应纳税收入。市政债券基金分配的免税利息收入是不需要缴纳联邦税费的，但是也会有一些例外：某些市政债券基金收入也要缴纳税费，或者可能债券基金需要缴纳可代替性的最低税费。除此之外，一些共同基金每年都会返还资本，这是你自己的投资，又返还到你手里。税费收入和资本分配也会列在表 1099-DIV 中。

产生缴税行为的第四种情况是个人销售或者共同基金的交换及 ETF 有一个未实现的资本收益，所有的投资者都被要求追踪他们的共同基金股份的购买和销售价格，并且在纳税申报单中的 D 表里呈报实现的收益和损失。如果你用一种基金交换了相同基金家族中的另一种基金，你就会被要求呈报第一种基金的卖价，并且缴纳任何已实现收益的税金。

按照美国国税局规定，追踪共同基金的股份销售所生产的收益和损失是投资者的责任。投资者至少应该为每一种基金保留一个独立的账簿。每年年末，都要使所有的股份销售和购买价格相匹配。共同基金公司和经纪公司可能提供给你收益和损失的信息，但是确保数据的正确性并且把信息呈报给美国国税局也是投资者的责任。

资产放置可减少税金

资产配置（Asset Allocation）是指在投资者所有的投资产品组合中，不同类型的投资产品所占的百分比。资产放置（Asset Location）是每种投资的账户类型。有一些账户类型是需要缴税的，而有一些账户是可以延期缴税的账户，并且至少有一个账户是免费的。不同类型的投资以不同的税率缴税。因此，由于投资者选择将资产适当地放置在不同类型的账户，所以投资者便可以减少整个投资产品组合中的赋税负担。

延期缴税和免税储蓄机会的存在已经让投资者对传统的资产配置模式增添了新的考虑。延期缴税账户包括个人退休账户、401（K）计划账户、基奥计划账户、403（b）计划账户，但是并不限于这些账户。在延期缴税账户里的投资只有在投资者兑现时才需要缴税。

罗斯个人退休账户允许免税增长和免税兑现。整个账户也可以直接传给后代而不会涉及所得税问题。

一些投资产品在税收问题上不如其他投资产品划算。公司债券的利息的税率要高于股利收入的税率。短期资本收益的税率要高于长期资本收益的税率。因为不同的投资和不同类型的账户缴纳的税率不同，投资者可以通过在合适的账户里适当地放置资金来减轻每年的纳税负担。投资者应该把纳税较多的投资产品投放在延期缴税账户或免税账户中，把股利税率较低或者长期资本收益的投资产品投放在普通的投资账户中。

投资者应该考虑放置在延期缴税账户和免税账户中的投资产品包括：

- 公司债券和债券基金；
- 存款证明、机构债券和抵押贷款；
- 成交量较大的共同基金；
- 房地产投资信托基金和房地产投资信托共同基金；
- 大宗商品基金。

投资者应该考虑放置在普通投资者账户的投资产品包括：

- 成交量较低的股票基金，其中包括股票指数基金；
- 股票型 ETF；
- 市政债券与市政债券基金。

在纳税上节省是一个很好的想法，然而，任何事情都不是像看起来那么容易。缴税资产放置策略会有负面的影响，这些负面影响可能会阻碍投资策略的顺利进行，因此，投资者需要考虑以下这些问题。

- 缴税资产放置策略会使资产再平衡的过程变得困难。如果投资者把不同的投资产品放置到几个不同的账户，这样会使再平衡过程陷入困境之中。
- 投资者的个人税率并不是始终如一的。现在认为是理想的缴税放置策略，可能 5 年后就不再适合了。
- 今天的税率不可能是将来的税率，任何改变都有可能会影响到你的投资策略。

关于资产放置，另一个需要关注的问题就是投资者的行为方式。投资者有时会将他们所拥有的投资账户的投资表现和另外一个投资账户相比，而不是从上到下地纵观全局。如果投资者错误地将注意力集中在每一个单独账户的投资表现，可能会把资产放置策略变成一个定时炸弹。当一个账户与另外一个账户相比较时，投资者可能在没有考虑资产配置全局的情况下替换了表现不佳的账户里的投资产品。实践资产放置策略的投资者需要记得一点，资产配置的整体情况在投资中才是至关重要的，而不是单个账户的市场表现。

通过税收互换获得更高的税后收益

股票和债券的价格每天都在发生变化。有时，在普通投资账户中的某支共同基金可能会有损失。当损失发生时，"互换"共同基金就可能增加税后收益。税收互换意味着售出一种投资产品，从而引发税收损失，而同时购买与售出的投资产品相似的但却是完全不同的另一种投资产品。那样会使你的整个资产配置符合目标，但是结果可能会有纳税损失。这部分纳税损失可以被其他投资产品带来的收益抵消，可以被共同基金的收益抵消，或者被每年3 000美元的普通收入抵消。当投资者可以获得实现纳税损失的机会时，便可以出现将柠檬变成樱桃的神奇结果。

举一个例子。假设投资者持有的先锋美国整体债券市场ETF（交易代码：VTI）亏了本。于是投资者先卖掉了先锋美国整体债券市场ETF，然后再买进安硕罗素3000ETF（交易代码：IWV）。图15-2中的曲线就是这两种基金的市场表现轨迹。

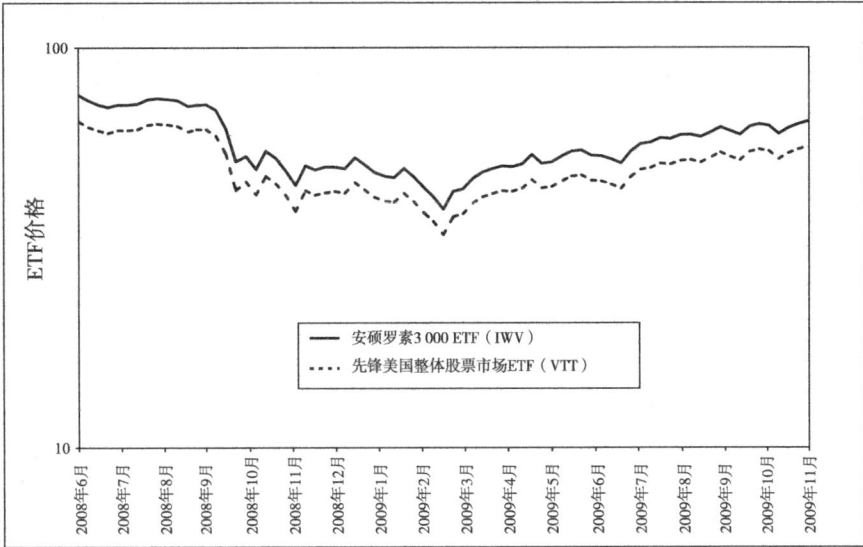

图 15-2 VTI 和 IWV 的每周收盘价格

这两种基金有着几乎相同的收益，但它们却有着本质上的不同，因为它们被不同的共同基金公司管理，而且和不同的股票指数挂钩。先锋美国整体债券市场 ETF 追踪的是 MSCI 指数美国整体市场指数。而安硕罗素 3 000 ETF 追踪的则是罗素 3 000 指数。从先锋美国整体债券市场 ETF 到安硕罗素 3 000 ETF 这样的一个交换可以让投资者在维持股票市场中百分百不变的投资中获得纳税损失。

通过平均成本法来构建的纳税份额

大多数投资者一有额外的资金时，就会购买共同基金。我建议投资者先积攒可纳税资金，然后按季度制定定期的投资计划。这种策略就是人们普遍熟知的平均成本法。这种方法可行的一个原因就是它可以为投资者的股票产品建立不同的"纳税份额"。每个季度我们都会以不同的价格购买股票，从而建立不同的课税情况。例如，投资者不要第 1 个月投资 1 000 美元，第 2 个月投资 500 美元，第 3 个月又投资 1 500 美元，而是要每个季度定期投资 3 000 美元，这样就会使纳税互换变得更加容易些。

让我们看看在下面这个例子中，纳税互换是如何操作的。假设你在每个季度的第 1 天购买价值为 3 000 美元的先锋美国整体债券市场 ETF。你分别在 1 月和 4 月以每股 50 美元的价格买进，而在 7 月以每股 60 美元的价格买进。这些购买情况体现在表 15-2 中。

表 15-2　1—7 月的购买情况

买进日期	VTI 价格	持股数	成本	7 月 1 日的价值
1 月 1 日	$50	60	$3 000	$3 600
4 月 1 日	$50	60	$3 000	$3 600
7 月 1 日	$60	50	$3 000	$3 000
7 月 1 日账户中的股数及价值		170	$9 000	$10 200

假设在第 3 季度期间，股票市场遭受了 10% 的跌幅。在 8 月 1 日时，VTI 的成交价格从 7 月份的每股 60 美元下降到每股 54 美元。你的账户价值和税收份额价值现在就体现在表 15-3 中。

表 15-3　8 月 1 日的价值

买进日期	成本	持股数	8 月 1 日的价值	收益（损失）
1 月 1 日	$3 000	60	$3 240	+240
4 月 1 日	$3 000	60	$3 240	+240
7 月 1 日	$3 000	50	$2 700	（300）
8 月 1 日账户中的股数及价值		170	$9 026	+180

整个投资账户有 180 美元的收益，但是在 7 月 1 日购买的 50 股 VTI 就产生了 300 美元的损失，如果你追踪具体的税收份额，就可以在进度表 D 上标出这 300 美元的损失是由于 7 月 1 日购买的 50 股清算股票时产生的。这种损失会让投资者节省税金。如果你没有明确指出 7 月 1 日的税收份额，那么美国国税局就会假设这些已经被售出的股票是第一批被买进的股票，也就是 1 月份购买的股票。因此，你将为 240 美元的短期资本收益缴纳税金。

在进度表 D 上指出卖出的股票是 7 月 1 日买进的股票，整个投资产品组合就会产生 300 美元的损失而不是 240 美元的短期资本收益，资本损失可以从 3 000 美元的普通收入中扣除。那就意味着这种损失可能会减少一年内大约

105 美元的税额，假设税率为 35%。卖出 240 美元的短期股份的收益和卖出 300 美元的短期股份的损失之间的差额是 189 美元（84 美元 +105 美元）。

在你卖出 VTI 的同一天，买进价值为 2 700 美元的安硕罗素 3 000 ETF，目的就是维持原有的资产配置的稳定性。这种交易的最终结果就是产生了 300 美元的纳税损失，而这些损失可以抵消收入所得税，同时还可以在一个广阔的市场指数基金中维持 100% 的投资。

在投资者尝试这个策略之前，应该认真考虑到纳税互换会出现很多问题。首先，问题的出现取决于投资者交易的场所、佣金和可能会减少纳税互换效力的其他费用。其次，由于美国国税局还没有在共同基金和 ETF 中处理纳税互换问题，那么就意味着对于基金投资者而言，"从本质上一致"就还没有清晰的定义。根据上述情况，在投资产品组合中使用这种纳税互换之前要先咨询你的税务顾问。税务顾问对税法的解释也可能和我的观点有所不同。

指数基金——低费用和低税金

纵观全书，我已经多次提到指数基金和 ETF 这两个名称。指数基金可以是共同基金或者也可以是 ETF 这类基金，能够产生和一枝独秀的市场指数基金同样的收益。和主动型管理基金相比，指数基金的费用较低，而且在投资产品组合中也有较少的证券流通量，因此也能够使成本降低。

指数基金和 ETF 在机构性投资者中有很多的追随者，例如养老基金和保险公司。讽刺的是，在个人投资者中，最为大力提倡指数基金之一的就是沃伦·巴菲特，这位靠自己的能力成为亿万富翁并同时担任伯克希尔·哈撒韦公司的总裁一职。尽管巴菲特是通过个股的选择使自己赚得财富，但是在伯克希尔·哈撒韦公司 2004 年的年度报告中，巴菲特非常确定地解释了个人投资者应该买进并且持有指数基金的原因。

> 在过去的 35 年里，美国商业呈现出极好的状态。这种积极的态势也使投资者更容易赚得更大的收益。投资者所要做的事就是买进

美国公司多样化、低成本的投资产品。实际上,他们从来没有接触过的指数基金就可以完成这项工作。相反地,很多投资者经历的是从平庸到灾难。

造成投资者失败主要有三个原因。第一,高成本,通常是因为投资者的交易过于频繁,或者是在投资管理上花费太多。第二,投资者在投资产品组合的选择过程中以别人的意见为左右并出于对投资产品的一时狂热,而不是通过深思熟虑后作决定,也没有对大宗商品进行量化评估。第三,不合时宜地进入投资市场(在股市上扬已经持续了很长一段时间之后),然后又不合时宜地退出投资市场(经济萧条或者是股市下滑持续了一段时间之后)。投资者应该铭记,过度兴奋和过高的费用是他们的敌人。如果投资者坚持去瞄准他们参与股票的时机的话,那么,他们应该在其他人表现出贪婪的时候感到恐惧;在其他人表现出恐惧的时候而更加贪婪。

市场上有很多的美国股票基金、国际股票基金、债券基金,甚至大宗商品基金或黄金基金。如果你正在考虑要购买某一种特别的资产类型中的某个投资产品时,那么你很可能会选择一支指数基金或者 ETF,或者在短期内会出现的投资产品。

晨星数据库中列出了 1 150 种指数基金和以指数为基础的 ETF,这些基金都可以在美国市场上交易,每年还会增加一些新的基金。这些基金覆盖了更广阔的多样市场,并且由几个竞争公司发行。标普 500 指数是最普遍使用的指数,晨星数据库的名单上列出了 25 种基金,这些基金都在尝试达到标普 500 指数的市场表现。

对于那些在他们的投资产品组合中追求使用资产配置策略的投资者来说,指数共同基金和 ETF 是他们理想的选择,主要有如下三个原因。

1. **追踪错误率较低。**几乎所有的资产配置分析数据直接来源于市场收益。根据上述所说,市场匹配指数基金和 ETF 对那些想要进行资产配置分析的投资者来说是最合乎逻辑的选择。来自指数基金的任何偏差都会增加一份危险，而这些危险在资产配置分析中是不能被捕捉到的。

2. **费用比率较低**。大体上说，股票、债券指数基金以及 ETF 在业内都有较低的投资费用。低成本指数基金和 ETF 费用每年大约为 0.1%，这比业内的平均水平 1.4% 还低很多。但值得投资者注意的是，并非所有的指数基金都有较低的费用。当投资者投资和低成本基金相同的指数时，有些投资公司的费用就可能超过 1.0%。因此，投资者要当心，谨慎行事。

3. **低课税负担**。指数基金和主动管理型基金相比，其证券流通量较低。较低的流通量就导致了分配给纳税的股份持有人的资本收益会减少。这就意味着纳税金额较低。除此之外，在基金经理将低成本股票的投资组合分配给第三方后，投资者会得到 ETF 的特殊的税收收益。

为了获得关于指数基金和 ETF 更多的信息，包括详细的指数分析和它们的构成，请阅读我之前的著作——《指数基金从入门到精通》（第 2 版）和《ETF 投资手册》（第 2 版）。

雇用收费较低的顾问

资产配置过程对于一些投资者来说是很难的，甚至对有些人来说是令人讨厌的累人的工作。资产配置的设计、实施、监管、再平衡、税收管理以及偶尔的策略评估都要花费很大的精力，并且很多投资者不想将自己的闲暇时间花费在资产配置过程中。

如果一个投资者不愿管理自己的投资产品组合，或者他们是因为健康原因或者法律原因不能管理自己的账户，那么，解决这个问题的办法就是雇用一个专业的投资经理。一个合格的投资经理能够帮助你规划一种资产配置，执行制定的计划，监管投资结果，在需要的时候进行再平衡，以及当你发现原有的方案存在问题时，对资产配置进行修改。

如果你认为你应该雇用一个投资经理的话，那么下面这几点雇用收费较低的投资经理的好处供你参考。

1. **规划与实施**。投资经理可以帮助客户理解他们的现金流需要，然后设计、实施并且维持特定的资产配置来满足客户的需求。当投资者的个人状况发生改变时，投资经理会建议在资产配置中作出适当的改变。

2. **策略的稳定性**。遵守原则是投资成功的关键。投资者需要遵循他们自己的投资计划并且定期地再平衡他们的投资组合产品。确保这个过程的顺利进行便是投资经理的工作。

3. **打破僵局**。在不确定的市场环境下，投资者需要和别人交流他们所关注的问题。通常，一通打给投资顾问或者理财规划师的电话能够舒缓投资者的紧张情绪，并且可以阻止投资者因情绪上的不稳定而作出错误的决定。

4. **一年365天都为自己服务**。所有的投资者都会遇到很多难题。一个投资经理整天都要为投资者打理那些令人苦恼的投资产品。

雇用一个投资经理最大的挑战就是要找到一个好的人选。投资顾问各种各样，他们有着不同的专业水平以及不同的投资理念。如果投资顾问与投资者有相似的想法并且收费合理，那么投资者可能会比较满意。

一定要当心那些有着隐密不明的动机的投资顾问。在业内有很多投资顾问，他们声称他们是和投资者站在一边，代表他们的利益，但实际上他们是作为某些投资公司的代表来销售他们的投资产品。从定义上来说，任何通过佣金获得补偿的人都不是一个真正的投资顾问，这样的人不过是一个销售人员。在这种情况下，投资者认为投资顾问会给他们一个公正的投资建设是不现实的。

如果投资者对于这个投资顾问的能力水平还心存疑虑的话，那么就继续寻找他人。

投资者需要查明一个投资顾问的工资是如何支付的，并且弄清楚具体费用是多少。投资顾问所收的费用应该是合理的，并且投资顾问的费用不应该和客户投资产品组合有利益冲突。一个投资顾问应该把所有的成本信息以书面形式呈现出来。不要雇用一个不能将投资者的各项投资成本列出来的投资顾问。你会获得投资服务吗？这些服务要收取多少费用？你会获得理财计划建议吗？这些建议要收取多少费用？你的纳税申报表可以由其准备好吗？如果可以，收取多少费用？

一般来说，投资顾问会以投资者账户的资产价值为基础按照一定的百分比来收取费用。这种费用可能是合理的也可能是昂贵的，要确保你现在没有付出太多的成本让别人管理自己的投资产品组合。在投资管理服务上支付大量的费用，投资者是什么都得不到的，因为那些服务会以更低的价格在别处获得。我的公司——投资组合解决办案有限公司（Portfolio Solutions）的收费标准是按照资产价值的 0.25% 收取费用，每个季度会有一个最低标准的门槛费。这种收费在投资管理服务行业中是比较公平合理的。

本章小结

降低投资费用和税收控制对投资计划的成功起到很重要的作用。你所支付的费用和赋税越多，你的长期投资实效就越低。如何配置你在不同账户里的投资产品，使纳税额低一些，依旧前路漫漫。除此之外，投资者可以通过互换出损失的基金来减少应付税款，从而增加投资者的税后收益。

一个成功的资产配置策略取决于投资者确信，这种跨越多个资产类型、低成本的投资组合确实适合他自己。由于这份信心的存在，才可能在任何的市场环境下，维持这种资产配置。一份设计比较合理投资产品组合不但包含的是低成本投资产品，而且需要投资者承担的风险在其可以容忍的范围内，那么无论市场环境好与坏，投资者都能实行这项投资计划。

《资产配置从入门到精通》已经涵盖了很多层面的问题。在这本书中讨论的工具和策略提供给投资者一种严肃认真地管理其投资产品组合有效的方法。通过本书，投资者可以学习资产配置的原则，设计一种适合你的需求的投资计划，实施并维持该计划，并且使成本降低。做到这些，那么投资者一定会在未来的投资道路上走得更远。